U0330647

2022年版全国一级建造师执业资格考试专项突破

建设工程项目管理重点难点
专 项 突 破

全国一级建造师执业资格考试专项突破编写委员会　编写

中国建筑工业出版社

图书在版编目（CIP）数据

建设工程项目管理重点难点专项突破／全国一级建
造师执业资格考试专项突破编写委员会编写. — 北京：
中国建筑工业出版社，2022.5
2022年版全国一级建造师执业资格考试专项突破
ISBN 978-7-112-27305-8

Ⅰ.①建… Ⅱ.①全… Ⅲ.①基本建设项目－项目管
理－资格考试－自学参考资料 Ⅳ.①F284

中国版本图书馆 CIP 数据核字（2022）第 062550 号

本书按知识点进行划分，根据 2009—2021 年考试命题形式进行分析总结。本书的形式打破传统思维，采用归纳总结的方式进行题干与选项的优化设置，将考核要点的关联性充分地体现在"同一道题目"当中，该类题型的设置有利于考生对比区分记忆，这种方式大大压缩了考生的复习时间和精力。对部分知识点采用图表方式进行总结，易于理解，降低了考生的学习难度，并配有经典试题，用例题展现考查角度，巩固记忆知识点。

本书既能使考生全面、系统、彻底地解决在学习中存在的问题，又能让考生准确地把握考试的方向。本书的作者旨在将多年积累的应试辅导经验传授给考生，对辅导教材中的每一部分都做了详尽的讲解，辅导教材中的问题都能在书中解决。

本书可作为一级建造师执业资格考试的复习指导书，也可供广大建筑施工行业管理人员参考使用。

责任编辑：田立平
责任校对：张　颖

2022年版全国一级建造师执业资格考试专项突破
建设工程项目管理重点难点专项突破
全国一级建造师执业资格考试专项突破编写委员会　编写

*

中国建筑工业出版社出版、发行（北京海淀三里河路9号）
各地新华书店、建筑书店经销
北京红光制版公司制版
天津安泰印刷有限公司印刷

*

开本：787 毫米×1092 毫米　1/16　印张：16　字数：386 千字
2022 年 6 月第一版　2022 年 6 月第一次印刷
定价：**40.00** 元
ISBN 978-7-112-27305-8
(39047)

前　言

为了帮助广大考生在短时间内掌握考试重点和难点，迅速提高应试能力和答题技巧，更好地适应考试，我们组织了一批一级建造师考试培训领域的权威专家，根据考试大纲要求，以历年考试命题规律及所涉及的重要考点为主线，精心编写了这套《2022年版全国一级建造师执业资格考试专项突破》系列丛书。

本套丛书共分8册，涵盖了一级建造师执业资格考试的3个公共科目和5个专业科目，分别是：《建设工程经济重点难点专项突破》《建设工程项目管理重点难点专项突破》《建设工程法规及相关知识重点难点专项突破》《建筑工程管理与实务案例分析专项突破》《机电工程管理与实务案例分析专项突破》《市政公用工程管理与实务案例分析专项突破》《公路工程管理与实务案例分析专项突破》和《水利水电工程管理与实务案例分析专项突破》。

3个公共科目丛书具有以下优势：

一题敌多题——采用专项突破形式将重点难点知识点进行归纳总结，将考核要点的关联性充分地体现在"同一道题目"当中，该类题型的设置有利于考生对比区分记忆，该方式大大压缩了考生的复习时间和精力。众多易混选项的加入，有助于考生更全面地、多角度地精准记忆，从而提高考生的复习效率。以往考生学习后未必全部掌握考试用书考点，造成在考场上答题时觉得见过，但不会解答的情况，本书一个题目可以代替其他辅导书中的3~8个题目，可以有效地解决这个问题。

真题全标记——将2009—2021年度一级建造师执业资格考试考核知识点全部标记，为考生总结命题规律提供依据，帮助考生在有限的时间里快速地掌握考核的侧重点，明确复习方向。

图表精总结——对知识点采用图表方式进行总结，易于理解，降低了考生的学习难度，并配有经典试题，用例题展现考查角度，巩固记忆知识点。

5个专业科目丛书具有以下优势：

要点突出——对每一章的要点进行归纳总结，帮助考生快速抓住重点，节约学习时间，更加有效地掌握基础知识。

布局清晰——分别从施工技术、进度、质量、安全、成本、合同、现场、实操等方面，将历年真题进行合理划分，并配以典型习题。有助于考生抓住考核重点，各个击破。

真题全面——收录了2012—2021年度一级建造师执业资格考试案例分析真题，便于考生掌握考试的命题规律和趋势，做到运筹帷幄。

一击即破——针对历年案例分析题中的各个难点，进行细致的讲解，从而有效地帮助考生突破固定思维，启发解题思路。

触类旁通——以历年真题为基础编排的典型习题，着力加强"能力型、开放型、应用型和综合型"试题的开发与研究，注重关联知识点、题型、方法的再巩固与再提高，加强考生对知识点的进一步巩固，做到融会贯通、触类旁通。

为了配合考生的备考复习，我们开通了答疑 QQ 群：1164194539、429250532（加群密码：助考服务），配备了专家答疑团队，以便及时解答考生所提的问题。

由于编写时间仓促，书中难免存在疏漏之处，望广大读者不吝赐教。

目　录

全国一级建造师执业资格考试答题方法及评 分 说 明

  全国一级建造师执业资格考试设《建设工程经济》《建设工程项目管理》《建设工程法规及相关知识》三个公共必考科目和《专业工程管理与实务》十个专业选考科目（专业科目包括建筑工程、公路工程、铁路工程、民航机场工程、港口与航道工程、水利水电工程、矿业工程、机电工程、市政公用工程和通信与广电工程）。

  《建设工程经济》《建设工程项目管理》《建设工程法规及相关知识》三个科目的考试试题为客观题。《专业工程管理与实务》科目的考试试题包括客观题和主观题。

一、客观题答题方法及评分说明

1. 客观题答题方法

  客观题题型包括单项选择题和多项选择题。对于单项选择题来说，备选项有 4 个，选对得分，选错不得分也不扣分，建议考生宁可错选，不可不选。对于多项选择题来说，备选项有 5 个，在没有把握的情况下，建议考生宁可少选，不可多选。

  在答题时，可采取下列方法：

  （1）直接法。这是解常规的客观题所采用的方法，就是考生选择认为一定正确的选项。

  （2）排除法。如果正确选项不能直接选出，应首先排除明显不全面、不完整或不正确的选项，正确的选项几乎是直接来自于考试教材或者法律法规，其余的干扰选项要靠命题者自己去设计，考生要尽可能多排除一些干扰选项，这样就可以提高选择出正确答案的概率。

  （3）比较法。直接把各备选项加以比较，并分析它们之间的不同点，集中考虑正确答案和错误答案关键所在。仔细考虑各个备选项之间的关系。不要盲目选择那些看起来、读起来很有吸引力的错误选项，要去误求正、去伪存真。

  （4）推测法。利用上下文推测词义。有些试题要从句子中的结构及语法知识推测入手，配合考生自己平时积累的常识来判断其义，推测出逻辑的条件和结论，以期将正确的选项准确地选出。

2. 客观题评分说明

  客观题部分采用机读评卷，必须使用 2B 铅笔在答题卡上作答，考生在答题时要严格按照要求，在有效区域内作答，超出区域作答无效。每个单项选择题只有 1 个最符合题意，就是 4 选 1。每个多项选择题有 2 个或 2 个以上符合题意，至少有 1 个错项，就是 5 选 2~4，并且错选本题不得分，少选，所选的每个选项得 0.5 分。考生在涂卡时应注意答题卡上的选项是横排还是竖排，不要涂错位置。涂卡应清晰、厚实、完整，保持答题卡干净整洁，涂卡时应完整覆盖且不超出涂卡区域。修改答案时要先用橡皮擦将原涂卡处擦干净，再涂新答案，避免在机读评卷时产生干扰。

二、主观题答题方法及评分说明

1. 主观题答题方法

主观题题型是实务操作和案例分析题。实务操作和案例分析题是通过背景资料阐述一个项目在实施过程中所开展的相应工作，根据这些具体的工作下提出若干小问题。

实务操作和案例分析题的提问方式及作答方法如下：

（1）补充内容型。一般应按照教材将背景资料中未给出的内容都回答出来。

（2）判断改错型。首先应在背景资料中找出问题并判断是否正确，然后结合教材、相关规范进行改正。需要注意的是，考生在答题时，有时不能按照工作中的实际做法来回答问题，因为根据实际做法作为答题依据得出的答案和标准答案之间存在很大差距，即使答了很多，得分也很低。

（3）判断分析型。这类型题不仅要求考生答出分析的结果，还需要通过分析背景资料来找出问题的突破口。需要注意的是，考生在答题时要针对问题作答。

（4）图表表达型。结合工程图及相关资料表回答图中构造名称、资料表中缺项内容。需要注意的是，关键词表述要准确，避免画蛇添足。

（5）分析计算型。充分利用相关公式、图表和考点的内容，计算题目要求的数据或结果。最好能写出关键的计算步骤，并注意计算结果是否有保留小数点的要求。

（6）简单论答型。这类型题主要考查考生记忆能力，一般情节简单、内容覆盖面较小。考生在回答这类型题时要直截了当，有什么答什么，不必展开论述。

（7）综合分析型。这类型题比较复杂，内容往往涉及不同的知识点，要求回答的问题较多，难度很大，也是考生容易失分的地方。要求考生具有一定的理论水平和实际经验，对教材知识点要熟练掌握。

2. 主观题评分说明

主观题部分评分是采取网上评分的方法来进行，为了防止出现评卷人的评分宽严度差异对不同考生产生影响，每个评卷人员只评一道题的分数。每份试卷的每道题均由2位评卷人员分别独立评分，如果2人的评分结果相同或很相近（这种情况比例很大）就按2人的平均分为准。如果2人的评分差异较大超过4～5分（出现这种情况的概率很小），就由评分专家再独立评分一次，然后用专家所评的分数和与专家评分接近的那个分数的平均分数为准。

主观题部分评分标准一般以准确性、完整性、分析步骤、计算过程、关键问题的判别方法、概念原理的运用等为判别核心。标准一般按要点给分，只要答出要点基本含义一般就会给分，不恰当的错误语句和文字一般不扣分，要点分值最小一般为0.5分。

主观题部分作答时必须使用黑色墨水笔书写作答，不得使用其他颜色的钢笔、铅笔、签字笔和圆珠笔。作答时字迹要工整、版面要清晰。因此书写不能离密封线太近，密封后评卷人不容易看到；书写的字不能太粗、太密、太乱，最好买支极细笔，字体稍微书写大点、工整点，这样看起来工整、清晰，评卷人也愿意多给分。

主观题部分作答应避免答非所问，因此考生在考试时要答对得分点，答出一个得分点就给分，说的不完全一致，也会给分，多答不会给分的，只会按点给分。不明确用到什么规范的情况就用"强制性条文"或者"有关法规"代替，在回答问题时，只要有可能，就在答题的内容前加上这样一句话：根据有关法规或根据强制性条文，通常这些是得分点之一。

主观题部分作答应言简意赅，并多使用背景资料中给出的专业术语。考生在考试时应相信第一感觉，往往很多考生在涂改答案过程中，"把原来对的改成错的"这种情形有很多。在确定完全答对时，就不要展开论述，也不要写多余的话，能用尽量少的文字表达出正确的意思就好，这样评卷人看得舒服，考生自己也能省时间。如果答题时发现错误，不得使用涂改液等修改，应用笔画个框圈起来，打个"×"即可，然后再找一块干净的地方重新书写。

1Z201000 建设工程项目的组织与管理

1Z201010 建设工程管理的内涵和任务

专项突破 1 建设工程管理的内涵

例题：根据国际设施管理协会的界定，下列设施管理的内容中，属于物业运行管理的是(　　)。【2018年真题题干】

A. 财务管理【2016年、2018年考过】　　　B. 空间管理【2016年、2018年考过】

C. 用户管理【2016年、2018年考过】　　　D. 维修管理【2016年、2018年考过】

E. 现代化管理

【答案】D、E

重点难点专项突破

1. 本考点还可以考核的题目有：

(1) 根据国际设施管理协会的界定，下列设施管理的内容中，属于物业资产管理的是 (A、B、C)。

(2) 根据国际设施管理协会的界定，下列属于设施管理的有 (A、B、C、D、E)。

2. 在2016年、2018年考试中均是对物业运行管理的考核，而且都是单项选择题，设置的备选项基本相同。

3. "建设工程管理"涉及参与工程项目的各个方面对工程的管理，即包括投资方、开发方、设计方、施工方、供货方和项目使用期的管理方的管理。【2012年考过】

4. 本考点还需要掌握几个术语。

(1) 决策阶段的管理，可译为项目前期的开发管理。决策阶段管理工作的主要任务是确定项目的定义。

(2) 实施阶段的管理，即项目管理。

(3) 使用阶段的管理，即设施管理。

专项突破 2 建设工程管理的任务

例题：建设工程管理工作是一种增值服务工作，其核心任务是(　　)。【2011年、2012年、2014年、2015年、2021年考过】

A. 为工程建设和使用增值【**2011 年、2012 年、2014 年考过**】

B. 确定项目的定义

C. 项目的目标控制

D. 为项目建设的决策和实施增值

E. 提高建设项目生命周期价值

F. 实现业主的建设目标和为工程建设增值

【答案】A

重点难点专项突破

1. 本考点还可以考核的题目有:

(1) 建设工程项目的全寿命周期包括项目的决策阶段、实施阶段和使用阶段,其中决策阶段管理工作的主要任务是 (B)。

(2) 工程项目管理的任务是 (C)。

> 重点提示:
>
> 对于第 (2) 题,工程项目管理与建设工程管理是不一样的。工程项目管理是建设工程管理中的一个组成部分,它的工作仅限于在项目实施期的工作。

2. 例题题干中的"增值服务",这也是一个采分点,在 2015 年考试中以判断正确与错误说法的备选项出现,2020 年作为采分点考查了单项选择题。

3. 上述选项 D、E、F 是可能会出现的干扰选项。

4. 本考点中讲到的为建设和使用增值,具体包括哪些,通过下图来说明。

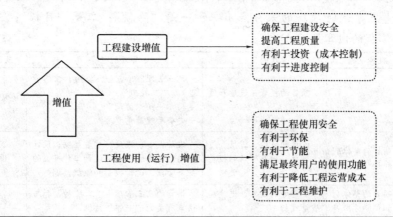

> 命题形式:
>
> 1. 下列建设工程管理的任务中,属于为工程使用增值的是( )。【**2019 年真题题干**】
>
> 2. 建设工程管理工作是一种增值服务工作,下列属于工程建设增值的是( )。【**2017 年真题题干**】

1Z201020 建设工程项目管理的目标和任务

专项突破1 各参与方项目管理的目标和任务

例题：建设工程项目业主方的项目管理工作涉及项目的( )阶段。

A. 设计前的准备　　　　　　　　　B. 设计

C. 施工　　　　　　　　　　　　　D. 动用前准备

E. 保修期

【答案】A、B、C、D、E

重点难点专项突破

1. 本考点还可以考核的题目有：

(1) 建设工程项目设计方的项目管理工作主要在 (B) 阶段进行。

(2) 作为工程项目建设的参与方之一，供货方的项目管理工作主要是在 (C) 阶段进行。【2011年真题题干】

(3) 项目总承包方的项目管理工作涉及 (A、B、C、D、E) 阶段进行。

> *重点提示：*
>
> 业主方、项目总承包方的项目管理工作主要在实施阶段进行。2013年、2014年考试中都是以"实施阶段"作为采分点考核的项目总承包方的项目管理工作阶段。

(4) 建设工程项目施工方的项目管理工作主要在 (C) 阶段进行，但也涉及其他阶段。

2. 本考点考试时涉及的采分点有三：一是"阶段"；二是"目标"；三是"任务"，需要掌握的内容见下表：

参与方	服务范围	管理的目标	管理的任务	涉及的主要阶段
业主方	业主	项目的投资、进度和质量目标	"三管理"（安全、合同、信息管理）；"三控制"（投资、进度、质量）；"一组织协调"安全管理最重要	实施阶段
设计方	项目的整体利益和设计方本身	设计的成本、进度和质量目标，以及项目的投资目标	设计成本、进度、质量控制；设计合同、信息管理；与设计工作有关的安全管理、造价控制和组织协调	设计阶段
供货方	项目的整体利益和供货方本身	供货方的成本、进度和质量目标	供货的"三管理""三控制"和与供货有关的"一组织协调"	施工阶段
总承包方	项目的利益和建设项目总承包方本身	项目的总投资目标和总承包方的成本目标、项目的进度目标和项目的质量目标、工程建设的安全管理目标	风险、进度、质量、费用、安全、职业健康与环境、资源、沟通与信息、合同管理	实施阶段
施工方	项目的整体利益和施工方本身	施工的安全管理、成本、进度和质量目标	"三管理""三控制"和与施工有关的"一组织协调"	施工阶段

3. 学习这部分内容一定要把各参与方对应着学习，看上去内容比较多，但只要一对比就发现很好记忆。

4. 本考点内容很多，下面将还可能考核的知识点总结如下：

（1）业主方的投资目标指的是项目的总投资目标。

（2）业主方的进度目标指的是项目动用的时间目标，也即项目交付使用的时间目标，如工厂建成可以投入生产、道路建成可以通车、办公楼可以启用、旅馆可以开业的时间目标等。【2009 年、2014 年、2016 年、2019 年考过】

（3）业主方的质量目标不仅涉及施工的质量，还包括设计质量、材料质量、设备质量和影响项目运行或运营的环境质量等。【2015 年考过】

（4）业主方项目管理是建设工程项目管理的核心。【2015 年考过】

（5）项目总承包方的管理工作涉及：项目设计管理、采购管理、施工管理、试运行管理和项目收尾。【2020 年考过】

（6）施工方的项目管理包括施工总承包方、施工总承包管理方和分包方的项目管理。施工总承包方或施工总承包管理方应对合同规定的工期目标和质量目标负责。【2009 年、2012 年考过】

（7）施工总承包方或施工总承包管理方必须按工程合同规定的工期目标和质量目标完成建设任务。【2021 年考过】

（8）施工总承包方或施工总承包管理方的成本目标是由施工企业根据其生产和经营的情况自行确定的。【2021 年考过】

（9）分包方则必须按工程分包合同规定的工期目标和质量目标完成建设任务，分包方的成本目标是该施工企业内部自行确定的。【2021 年考过】

（10）施工方项目的整体利益和施工方本身的利益是对立统一关系，两者有其统一的一面，也有其矛盾的一面。【2018 年考过】

（11）施工总承包方或施工总承包管理方的成本目标是由施工企业根据其生产和经营的情况自行确定的。【2018 年考过】

（12）按国际工程的惯例，当采用指定分包商时，不论指定分包商与施工总承包方，或与施工总承包管理方，或与业主方签订合同，由于指定分包商合同在签约前必须得到施工总承包方或施工总承包管理方的认可。

专项突破 2 建设工程项目管理的发展趋势

例题：项目管理作为一本学科，该学科的第二代是(   )。

A. 传统的项目管理   B. 项目集管理

C. 项目组合管理   D. 变更管理

【答案】B

重点难点专项突破

1. 本考点还可以考核的题目有：

(1) 项目管理作为一本学科，第一代项目管理是指（A）。

(2) 项目管理作为一本学科，第三代项目管理是指（C）。

(3) 项目管理作为一本学科，第四代项目管理是指（D）。

(4) 项目管理作为一门学科在不断的发展，它包括（A、B、C、D）等几代的发展。

2. 本考点主要掌握以下几个概念：

(1) 项目集指的是一组相互关联且被协调管理的项目【2018年考过】。项目集中可能包括各单个项目范围之外的相关工作。【2018年考过】

(2) 项目集管理指的是对项目集进行统一协调管理，以实现项目集的战略目标和利益。

(3) 项目组合指的是为有效管理、实现战略业务目标而组合在一起的项目、项目集和其他工作。项目组合中的项目或项目集不一定彼此依赖或有直接关系。【2018年考过】

(4) 项目组合管理指的是为了实现特定的战略业务目标，对一个或多个项目组合进行的集中管理，包括识别、排序、管理和控制项目、项目集和其他有关工作。【2018年考过】

> **重点提示：**
> 这部分内容在 2018 年是以判断正确与错误说法的综合题目考核，对其中的某一句话单独出题的概率不大。

3. 根据《项目管理知识体系指南（PMBOK 指南）》，项目经理应具备的技能包括项目管理技术、领导力、商业管理技能和战略管理技能。

1Z201030 建设工程项目的组织

专项突破 1 组织论和组织工具

例题：下列组织论基本内容中，反映一个组织系统中各子系统之间或各工作部门之间指令关系的是(   )。【2015年考过】

A. 组织结构模式   B. 工作任务分工

C. 管理职能分工   D. 工作流程组织

【答案】A

重点难点专项突破

1. 本考点还可以考核的题目有：

（1）组织分工反映了一个组织系统中各子系统或各元素的（B、C）。【2009 年、2010 年、2015 年考过】

（2）下列组织论基本内容中，反映一个组织系统中各项工作之间逻辑关系的是（D）。【2015 年考过】

（3）下列组织论基本内容中，属于相对静态的组织关系的有（A、B、C）。【2009 年、2015 年考过、2016 年、2019 年考过】

（4）下列组织论基本内容中，属于相对动态的组织关系的是（D）。【2015 年、2019 年考过】

（5）下列组织工具中，反映一个组织系统各项工作之间逻辑关系的是（D）。【2021 年真题题干】

2. 该考点在命题时也会以这样的题型来考核："施工项目组织结构模式反映的是施工组织系统中各子系统之间或各元素之间的（指令）关系。"

3. 组织工具是组织论的应用手段，用图或表等形式表示各种组织关系。组织论的基本内容如下图所示。

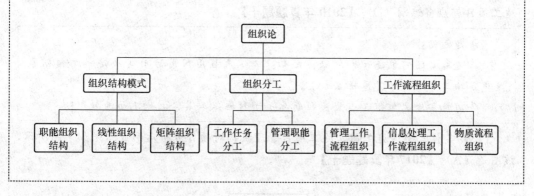

专项突破 2 项目结构图、组织结构图、合同结构图和工作流程图的区别

例题：下列组织工具中，能够反映项目所有工作任务的是（   ）。【2010 年、2011 年、2016 年考过】

A. 项目结构图   B. 合同结构图

C. 组织结构图   D. 工作流程图

【答案】A

重点难点专项突破

1. 本考点还可以考核的题目有：

(1) 对项目的结构进行逐层分解所采用的组织工具是（A）。【2016 年考过】

(2) 下列组织工具中，在（A）中，矩形框表示一个项目的工作任务。

(3) 下列组织工具中，在（A）中，用直线连接矩形框。

(4) 下列组织工具中，能反映一个建设项目参与单位之间合同关系的是（B）。

(5) 下列组织工具中，能够反映一个组织系统中各组成部门之间组织关系的是（C）。

(6) 用来表示组织系统中各子系统或各元素间指令关系的工具是（C）。【2015 年真题题干】

(7) 下列组织工具中，在（C）中，矩形框表示一个组织系统中的工作部门。

(8) 下列组织工具中，在（C）中，用单向箭线连接矩形框。

(9) 下列组织工具中，反映各工作单位、各工作部门和各工作人员之间组织关系的是（C）。

(10) 能反映项目组织系统中各项工作之间逻辑关系的组织工具是（D）。【2009 年考过】

(11) 下列组织工具中，在（D）中，用矩形框表示工作，箭线表示工作之间的逻辑关系，菱形框表示判别条件。

(12) 为明确混凝土工程施工中钢筋制安、混凝土浇筑等工作之间的逻辑关系，施工项目部应当编制（D）。【2010 年真题题干】

> 命题总结：
>
> 上述题目还可能逆向来命题，比如：工作流程图用图的形式反映一个组织系统中各项工作之间的（逻辑关系）。
>
> 还可能会给出组织工具图，判断属于哪种组织工具，例如下面的题型：

(13) 某住宅小区施工前，施工项目管理机构对项目分析后形成结果如下图所示，该图是（A）。【2017 年真题题干】

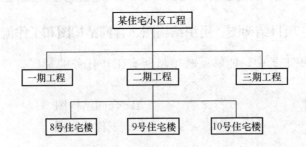

(14) 下列组织工具图，表示的是（A）。【2012 年真题题干】

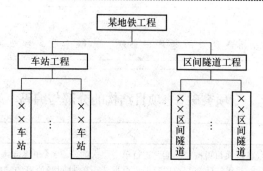

（15）下列组织工具图，表示的是（B）。

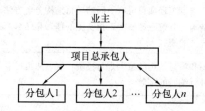

2. 本考点需要掌握项目结构图、组织结构图、合同结构图和工作流程图的含义，矩形框的含义及连接方式。上述题目几乎涵盖了所有可能考到的题目，要注意掌握。

3. 关于组织工具图中矩形框的含义，在命题过程中，还可能会改编为案例形式的题目，举例如下：

项目管理人员在编制混凝土分部工程成本控制工作流程时，可以用矩形框表示的有（　　）。

A. 支模板　　　　　　　　　　　　B. 混凝土浇筑
C. 混凝土浇筑质量是否合格的判别条件　D. 支模板和混凝土浇筑的先后顺序
E. 混凝土养护

【答案】A、B、E

4. 关于工作流程组织，考生还应掌握以下采分点：

（1）三个类别：管理工作流程组织【2010年、2015年、2020年考过】、信息处理工作流程组织、物质流程组织。

命题总结：

这部分内容在历年考试中一般会以单项选择题考核，考核题型是给出工作流程，判断是属于哪类流程组织。这三个类型中，管理工作流程组织是考核的重点。通常会采用下题的方式考核：承包商就已完工、经检验合格的工程提出支付申请，监理工程师复核后，业主批准支付，此工作程序属于（　　）流程。

【2015年真题题干】

（2）工作流程组织的任务会是一个多项选择题采分点，2018年考核过一次。

（3）工程流程图应视需要逐层细化，业主方和项目各参与方都有各自的工作流程组织的任务。

专项突破3 项目结构的分解与编码

项目	内容
项目结构分解	(1) 群体项目可按照功能区进行第一层次的分解。【2018年考过】 (2) 一些居住建筑开发项目, 可根据建设的时间对项目的结构进行逐层分解【2018年考过】; 而一些工业建设项目往往按其生产子系统的构成对项目的结构进行分解。 (3) 同一个建设工程项目可有不同的项目结构分解方法。【2018年考过】 (4) 项目结构的分解应和整个工程实施的部署相结合, 并和将采用的合同结构相结合。 (5) 没有统一的模式
项目结构编码	项目结构图和项目结构的编码是对投资控制、进度控制、质量控制、合同管理和信息管理等管理工作进行编码的基础

重点难点专项突破

1. 本考点应重点掌握项目结构的分解, 以下是可能会出现的干扰选项:

(1) 同一建设工程项目只能有一个项目结构分解方法。

(2) 项目结构分解应采用统一的分解方案。

2. 本考点可能会这样命题:

(1) 关于项目结构分析的说法, 正确的是( )。【2018年真题】

A. 同一个建设工程项目只有一个项目结构的分解方法

B. 居住建筑开发项目可根据建设的时间对项目结构进行逐层分解

C. 群体项目最多可进行到第二层次的分解

D. 单体工程不应再进行项目结构分解

【答案】B

(2) 采用项目结构图对建设工程项目进行分解时, 项目结构的分解应与整个建设工程实施的部署相结合, 并与将采用的( )相结合。

A. 组织结构   B. 工作流程

C. 合同结构   D. 职能结构

【答案】C

(3) 承包商对工程的成本控制、进度控制、质量控制、合同管理和信息管理等管理工作进行编码的基础有( )。

A. 项目结构的编码   B. 组织结构编码

C. 项目组织结构图   D. 工作流程图

E. 项目结构图

【答案】A、E

专项突破 4　基本的组织结构模式

例题： 某建设工程项目设立了采购部、生产部、后勤保障部等部门，但在管理中采购部和生产部均可在职能范围内直接对后勤保障部下达工作指令，则该组织结构模式为（　　）。

A. 职能组织结构　　　　　　　　　B. 线性组织结构

C. 矩阵组织结构　　　　　　　　　D. 直线职能组织结构

【答案】 A

重点难点专项突破

1. 本考点还可以考核的题目有：

（1）每一个工作部门可根据它的管理职能对其直接和非直接的下属工作部门下达工作指令，则该组织结构模式为（A）。

（2）每一个工作部门可能得到其直接和非直接的上级工作部门下达的工作指令，有多个矛盾的指令源，则该组织结构模式为（A）。

（3）每一个工作部门只能对其直接的下属部门下达工作指令，每一个工作部门也只有一个直接的上级部门，则该组织结构模式为（B）。

（4）每一个工作部门只有唯一一个指令源，可以避免相互矛盾的指令影响系统运行，则该组织结构模式为（B）。**【2009 年考过】**

（5）指令来自于纵向和横向两个工作部门，指令源为两个，则该组织结构模式为（C）。

（6）某施工企业组织结构如下图所示，该施工企业采用的组织形式是（A）。

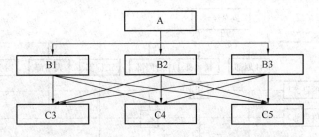

（7）某施工企业组织结构如下图所示，该施工企业采用的组织形式是（B）。

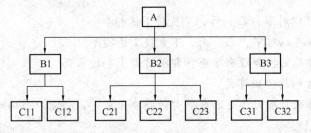

（8）某施工企业组织结构如下图所示，该施工企业采用的组织形式是（C）。

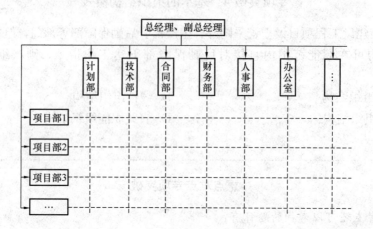

2. 看过上述题目我们发现 D 选项是没有被选择的，它是考试时经常会出现的干扰选项，记忆的时候不要与 A 选项混淆。

3. 组织结构模式的特点还会有两种考核题型：

第一种：关于特点的表述题，比如："关于项目管理组织结构模式的说法，正确的有（　　）。"**【2011 年真题题干】**

第二种：根据图示判断特点表述是否正确，比如：

某施工单位采用下图所示的组织结构模式，则关于该组织结构的说法，正确的有（　　）。

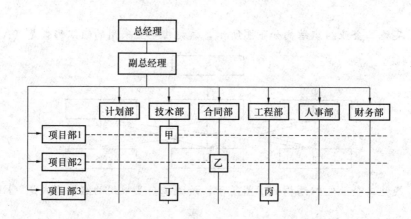

A. 技术部可以对甲、乙、丙、丁直接下达指令

B. 工程部不可以对甲、乙、丙、丁直接下达指令

C. 甲工作涉及的指令源有 2 个，即项目部 1 和技术部

D. 该组织结构属于矩阵式

E. 当乙工作来自项目部 2 和合同部的指令矛盾时，必须以合同部的指令为主

【答案】C、D

4. 为了方便记忆，将组织结构模式的特点总结如下：

项目		内容
职能组织结构	指令源	多个
	指令传达	每一个职能部门可根据它的管理职能对其直接和非直接的下属工作部门下达工作指令
	特点	多个矛盾的指令源会影响企业管理机制的运行
线性组织结构	指令源	唯一一个
	指令传达	每一个工作部门只能对其直接的下属部门下达工作指令，不能跨级
	特点	避免了由于矛盾的指令而影响组织系统的运行
矩阵组织结构	指令源	2个，自于纵向和横向两个工作部门，指令发生矛盾时，由该组织系统的最高指挥者（部门），也可以采用以纵向工作部门指令为主或以横向工作部门指令为主的矩阵组织结构模式
	特点	较新型的组织结构模式

专项突破 5　工作任务分工在项目管理中应用

步骤	明确的内容	特点
对管理任务进行详细分解→明确项目经理和管理任务主管工作部门或主管人员的工作任务→编制工作任务分工表【2010 年、2011 年、2014 年、2019 年考过】	明确各项工作任务由哪个工作部门（或个人）负责，由哪些工作部门（或个人）配合或参与【2009 年考过】	（1）业主方和项目各参与方都应编制项目管理任务分工表。【2021 年考过】 （2）是一个项目的组织设计文件的一部分。 （3）在项目的进展过程中，应视必要性对工作任务分工表进行调整。【2019 年考过】 （4）随着工程的进展，任务分工表将不断深化和细化。 （5）明确主办，协办和配合部门。 （6）每一个任务，都有至少一个主办工作部门。 （7）运营部和物业开发部参与整个项目实施过程

重点难点专项突破

1. 该考点每一句话都可能作为采分点进行考查。

2. 编制项目管理任务分工表的步骤考核题型有两种：

（1）排序题目，给出三项工作，判断正确的顺序。可能会这样命题："编制施工管理任务分工表，涉及的事项有：①确定工作部门或个人的工作任务；②项目管理任务分解；③编制任务分工表。正确的编制程序是(　　)。"

（2）判断编制项目管理任务分工表前的首要工作或者是某项工作的紧前/紧后工作。

3. 上述内容如果考查判断正确与错误说法的综合题目，可能会设置的干扰选项有：

（1）一个工程项目只能编制一张工作任务分工表。

（2）工作任务分工表中的具体任务不能改变。

（3）每一个任务只能有一个主办部门。

（4）运营部和物业开发部应在项目竣工后介入工作。

4. 本考点可能会这样命题：

（1）编制项目管理任务分工表时，首先进行管理任务的分解，然后（   ）。

A. 确定项目管理的各项工作流程

B. 分析项目管理合同结构模式

C. 明确项目经理和各主管工作部门或主管人员的工作任务

D. 分析组织管理方面存在的问题

【答案】C

（2）施工单位的项目管理任务分工表可用于确定（   ）的任务分工。【2014 年真题】

A. 项目各参与方   B. 项目经理

C. 企业内部各部门   D. 企业内部各工作人员

E. 项目各职能主管工作部门

【答案】B、E

专项突破 6 管理职能分工在项目管理中的应用

例题： 建设工程施工管理是多个环节组成的过程，第一个环节的工作是（   ）。

A. 提出问题   B. 筹划

C. 决策   D. 执行

E. 检查

【答案】A

重点难点专项突破

1. 本考点还可以考核的题目有：

（1）管理是由多个环节组成的过程，包括（A、B、C、D、E）。

（2）某施工项目技术负责人从项目技术部提出的两个土方开挖方案中选定了拟实施的方案，并要求技术部对该方案进行深化。该项目技术负责人在施工管理中履行的管理职能是（C）。

（3）某施工项目经理部为了赶工，制订了增加人力投入和夜间施工两个赶工方案并提交给项目经理。项目经理最终选择增加人力投入的赶工方案，则该项目经理的行为属于管理职能的（C）环节。

（4）为了加快施工进度，施工协调部门根据项目经理的要求，落实有关夜间施工条件、组织夜间施工的工作，属于管理职能中的（D）环节。【2009 年真题题干】

2. 项目管理职能的含义要理解，上述题目是一种考核方式，还可能会逆向命题，比如给出管理环节，判断备选项中哪个属于这个环节的工作。

> 助记：
>
> 管理职能环节用五个字来记忆：提→想→定→做→查。

3. 项目管理职能分工表的编制经常会以判断正确与错误说法的表述题目，考生要掌握以下采分点：

（1）业主方和项目各参与方都应该编制各自的项目管理职能分工表。【2012年、2014年、2019年、2020年、2021年考过】

（2）管理职能分工表反映各工作部门（各工作岗位）对各项工作任务的项目管理职能分工。【2014年、2016年考过】

（3）管理职能分工表可用于项目管理，也可用于企业管理。【2014年、2019年、2020年、2021年考过】

（4）如果使用管理职能分工表还不足以明确每个工作部门（工作岗位）的管理职能，则可辅以使用管理职能分工描述书。【2014年、2016年、2020年考过】

（5）不同的管理职能可由不同的职能部门承担。

（6）管理职能实际上就是管理过程的多个工作环节。【2012年、2019年、2021年考过】

（7）可以用管理职能分工表来区分业主方和代表业主利益的项目管理方和工程监理方等的管理职能。【2016年考过】

1Z201040　建设工程项目策划

专项突破 1　建设工程项目策划的任务

例题：建设工程项目实施阶段策划的主要任务是（　　）。【2011年真题题干】

A. 定义项目开发或建设的任务【2009年考过】

B. 确定如何组织该项目的开发或建设【2010年、2011年、2012年考过】

C. 编制项目投资总体规划

D. 确定建设项目的进度目标

E. 确定项目建设的指导思想

F. 确定如何实现项目的目标

G. 确定项目建设的总目标

【答案】B

1. 本考点还可以考核的题目有：

建设工程项目决策阶段策划的主要任务是（A）。【2009 年、2021 年考过】

2. 上述题目中 C、D、E、F、G 选项是可能会设置的干扰选项。

3. 建设工程项目策划的任务可能会像 2011 年考试直接命题，还可能会作为备选项在表述题目中出现，比如 2012 年考试题目。

关于项目实施阶段策划的说法，正确的是(   )。【2012 年真题】

A. 策划是一个封闭性的、专业性较强的工作过程

B. 项目目标的分析和再论证是其基本内容之一

C. 项目实施阶段策划的主要任务是进行项目实施的管理策划

D. 实施阶段策划的范围和深度有明确的统一规定

【答案】B

4. 关于建设工程项目策划还需要掌握以下采分点：

（1）建设工程项目策划旨在为项目建设的决策和实施增值。

（2）工程项目策划是一个开放性的工作过程，需要整合多方面专家的知识。

（3）建设工程项目实施阶段策划的内容涉及的范围和深度，在理论上和工程实践中并没有统一的规定。

专项突破 2 建设工程项目策划的工作内容

例题：下列工程项目策划工作中，属于实施阶段管理策划的是(   )。【2019 年真题题干】

A. 项目实施期管理总体方案【2014 年、2015 年、2018 年、2019 年考过】

B. 生产运营期设施管理总体方案【2014 年、2015 年、2018 年、2019 年考过】

C. 生产运营期经营管理总体方案【2014 年、2015 年、2018 年、2019 年考过】

D. 项目实施各阶段项目管理的工作内容【2014 年考过】

E. 项目风险管理与工程保险方案【2015 年、2018 年、2019 年、2021 年考过】

【答案】D、E

1. 本考点还可以考核的题目有：

下列工程项目策划工作中，属于决策阶段管理策划的是（A、B、C）。

2. 项目决策阶段策划的工作内容中，在 2014 年、2015 年、2016 年、2018 年、2019 年都考核了管理策划的工作内容。项目实施阶段策划的工作内容中，在 2013 年、2020 年考核了组织策划的工作内容；2015 年、2018 年考核了合同策划的工作内容；2019 年考核了经济策划的工作内容；2021 年考核了管理策划的工作内容。由此可见这部分内容的重要性了，考生可以根据下表进行对比记忆。

项目	决策阶段	实施阶段
项目环境和条件的调查与分析	自然环境、宏观经济环境、政策环境、市场环境、建设环境（能源、基础设施等）	自然环境、建设政策环境、建筑市场环境、建设环境（能源、基础设施等）、建筑环境（民用建筑的风格和主色调等）等
项目定义和项目目标论证（决策阶段）/项目目标分析和再论证（实施阶段）	（1）确定项目建设的目的、宗旨和指导思想。 （2）项目的规模、组成、功能和标准的定义。 （3）项目总投资规划和论证。 （4）建设周期规划和论证	（1）投资目标的分解和论证。 （2）编制项目投资总体规划。 （3）进度目标的分解和论证。 （4）编制项目建设总进度规划。 （5）项目功能分解。 （6）建筑面积分配。 （7）确定项目质量目标
组织策划	（1）决策期的组织结构。 （2）决策期任务分工。 （3）决策期管理职能分工。 （4）决策期工作流程。 （5）实施期组织总体方案。 （6）项目编码体系分析	（1）业主方项目管理的组织结构。 （2）任务分工和管理职能分工。 （3）项目管理工作流程。 （4）建立编码体系
管理策划	（1）项目实施期管理总体方案。 （2）生产运营期设施管理总体方案。 （3）生产运营期经营管理总体方案	（1）项目实施各阶段项目管理的工作内容。 （2）项目风险管理与工程保险方案
合同策划	（1）决策期的合同结构。 （2）决策期的合同内容和文本。 （3）实施期合同结构总体方案	（1）方案设计竞赛的组织。 （2）项目管理委托、设计、施工、物资采购的合同结构方案。 （3）合同文本
经济策划	（1）项目建设成本分析。 （2）项目效益分析。 （3）融资方案。 （4）编制资金需求量计划	（1）资金需求量计划。 （2）融资方案的深化分析
技术策划	（1）技术方案分析和论证。 （2）关键技术分析和论证。 （3）技术标准、规范的应用和制定	（1）技术方案的深化分析和论证。 （2）关键技术的深化分析和论证。 （3）技术标准和规范的应用和制定等

重点提示：

实施阶段还包括风险策划。

3. 本考点在考试命题时，主要有两种题型：

第一种：判断备选项中的工作内容是属于决策阶段策划内容还是实施阶段策划内容。是这样命题的："下列建设工程项目策划工作中，属于实施阶段策划的是（　　）。"【2016年、2017年、2020年考过】

第二种：题干中给出决策阶段或实施阶段策划类别，判断备选项中属于这个类别的工作内容。比如："下列工程项目策划工作中，属于项目决策阶段合同策划的是（　　）。"【2015年真题题干】

> 重点提示：
> 第二种题目也就是上述例题题型，是考试的主要题型。在这类型题目考试时，如果考核的是实施阶段管理策划的内容，那么干扰选项的设置会是决策阶段管理策划的内容，几乎不会设置实施阶段组织策划、合同策划、经济策划或技术策划的内容为干扰选项。对于组织策划、合同策划、经济策划或技术策划内容的考核时，干扰选项的设置也会是决策阶段组织策划、合同策划、经济策划或技术策划的内容。

1Z201050　建设工程项目采购的模式

专项突破1　项目管理委托的模式与设计任务委托模式

项目	内容
项目管理委托的模式	在国际上，项目管理咨询公司（咨询事务所，或称顾问公司）可以接受业主方、设计方、施工方、供货方和建设项目工程总承包方的委托，提供代表委托方利益的项目管理服务【2010年考过】。项目管理咨询公司所提供的这类服务的工作性质属于工程咨询（工程顾问）服务【2011年考过】
设计任务委托的模式	工业发达国家多数设计单位是专业设计事务所，而不是综合设计院，如建筑师事务所、结构工程师事务所和各种建筑设备专业工程师事务所等。对工业与民用建筑工程而言，在国际上，建筑师事务所往往起着主导作用，其他专业设计事务所则配合建筑师事务所从事相应的设计工作。【2012年考过】 我国业主方主要通过设计招标的方式选择设计方案和设计单位【2011年考过】

重点难点专项突破

1. 本考点只在2010—2012年这三年中考查过，采分点在复习时容易被忽略。

2. 本考点可能会这样命题：

（1）在国际上，项目管理咨询公司所提供的代表委托方利益的项目管理服务，其工作性质属于（　　）服务。【2011年真题】

A. 工程顾问　　　　　　　　　　　B. 工程采购

C. 工程监督　　　　　　　　　　　D. 工程技术

【答案】A

（2）我国建设工程的业主方选择设计方案和设计单位的主要方式是（　　）。
【2011年真题】

A. 设计竞赛　　　　　　　　　　B. 设计招标

C. 直接委托　　　　　　　　　　D. 设计竞赛与设计招标结合

【答案】B

专项突破2　项目总承包的内涵

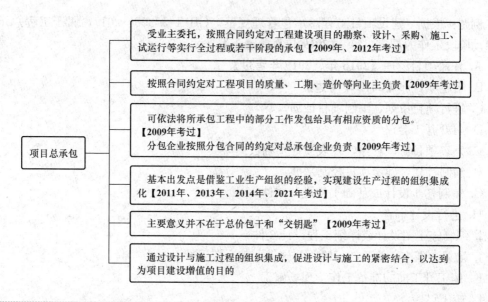

受业主委托，按照合同约定对工程建设项目的勘察、设计、采购、施工、试运行等实行全过程或若干阶段的承包【2009年、2012年考过】

按照合同约定对工程项目的质量、工期、造价等向业主负责【2009年考过】

可依法将所承包工程中的部分工作发包给具有相应资质的分包。【2009年考过】
分包企业按照分包合同的约定对总承包企业负责【2009年考过】

基本出发点是借鉴工业生产组织的经验，实现建设生产过程的组织集成化【2011年、2013年、2014年、2021年考过】

主要意义并不在于总价包干和"交钥匙"【2009年考过】

通过设计与施工过程的组织集成，促进设计与施工的紧密结合，以达到为项目建设增值的目的

项目总承包

重点难点专项突破

1. 本考点在2009—2014年，每年都会考核一道单项选择题，但在近几年考核较少。

2. 项目总承包的基本出发点要掌握，"组织集成化"是采分点，考试时设置的干扰选项有："管理现代化""施工机械化""生产高效化""组织柔性化""组织扁平化""组织高效化""组织标准化"。

3. 本考点可能会这样命题：

（1）建设项目总承包的核心意义在于（　　）。

A. 合同总价包干降低成本　　　　B. 总承包方负责"交钥匙"

C. 设计与施工的责任明确　　　　D. 为项目建设增值

【答案】D

（2）关于建设项目工程总承包的说法，正确的有（　　）。

A. 工程总承包企业应向项目业主负责

B. 总承包企业可依法将所承包工程中的部分工作发包给具有相应资质的分包企业

C. 总承包企业可按照合同约定对项目勘察、设计、采购、施工、试运转等实行全过程或若干阶段的承包

D. 工程分包企业应向总承包企业和业主负责

E. 建设项目工程总承包的主要意义在于总价包干和"交钥匙"

【答案】A、B、C

专项突破3 项目总承包方的工作程序

例题：根据《建设项目工程总承包管理规范》GB/T 50358—2017，属于工程总承包方启动阶段工作的是( )。**【2019年真题题干】**

A. 任命项目经理**【2016年、2019年考过】**

B. 组建项目部**【2019年考过】**

C. 进行项目策划，编制项目计划

D. 召开开工会议

E. 发表项目协调程序，发表设计基础数据

F. 编制计划，确定项目控制基准

G. 编制初步设计或基础工程设计文件

H. 进行设计审查

I. 编制施工图设计或详细工程设计文件

J. 采买、催交、检验、运输、与施工办理交接手续

K. 施工开工前的准备工作，现场施工

L. 竣工试验

M. 移交工程资料，办理管理权移交**【2010年考过】**

N. 进行竣工决算**【2010年考过】**

O. 对试运行进行指导和服务

P. 取得合同目标考核证书

Q. 办理决算手续**【2020年考过】**

R. 清理各种债权债务

S. 缺陷通知期限满后取得履约证书

T. 办理项目资料归档**【2010年、2020年考过】**

U. 进行项目总结**【2020年考过】**

V. 对项目部人员进行考核评价**【2010年、2020年考过】**

W. 解散项目部**【2010年考过】**

【答案】A、B

重点难点专项突破

1. 本考点还可以考核的题目有：

（1）根据《建设项目工程总承包管理规范》GB/T 50358—2017，属于工程总承包方项目初始阶段工作的有（C、D、E、F）。

（2）根据《建设项目工程总承包管理规范》GB/T 50358—2017，属于工程总承包方设计阶段工作的有（G、H、I）。

（3）根据《建设项目工程总承包管理规范》GB/T 50358—2017，属于工程总承包方采购阶段工作的有（J）。

（4）根据《建设项目工程总承包管理规范》GB/T 50358—2017，属于工程总承包方施工阶段工作的有（K、L、M、N）。

（5）根据《建设项目工程总承包管理规范》GB/T 50358—2017，属于工程总承包方试运行阶段工作的有（O）。

（6）根据《建设项目工程总承包管理规范》GB/T 50358—2017，属于工程总承包方合同收尾工作的有（D、Q、R、S）。【2020年考过】

（7）根据《建设项目工程总承包管理规范》GB/T 50358—2017，属于工程总承包方项目管理收尾工作的有（T、U、V、W）。【2010年考过】

（8）根据《建设项目工程总承包管理规范》GB/T 50358—2017，下列项目总承包方的工作中，首先应进行的是（A）。【2016年考过】

2. 上述题目涵盖了本考点需要掌握的所有内容，尤其要记忆项目启动、设计阶段、项目管理收尾的内容。

专项突破4　施工总承包模式的特点

例题： 关于项目施工总承包模式特点的说法，正确的有（　　）。【2018年真题题干】

A. 一般都以施工图设计为投标报价的基础，投标人的投标报价较有依据

B. 在开工前就有较明确的合同价，有利于业主对总造价的早期控制【2017年、2021年考过】

C. 在施工过程中发生设计变更，可能发生索赔

D. 一般要等施工图设计全部结束后，才能进行施工总承包的招标，开工日期不可能太早，建设周期会较长，对项目总进度控制不利【2011年、2018年、2021年考过】

E. 项目质量的好坏很大程度上取决于施工总承包单位的选择，取决于施工总承包单位的管理水平和技术水平，业主对施工总承包单位的依赖较大【2011年、2018年、2021年考过】

F. 业主只需要进行一次招标，招标及合同管理工作量大大减小，对业主有利【2017年、2021年考过】

G. 业主只负责对施工总承包单位的管理及组织协调，工作量大大减小，对业主比较有利【2011年、2017年、2018年、2021年考过】

【答案】A、B、C、D、E、F、G

专项突破 5　施工总承包管理模式的特点

例题：关于施工总承包管理模式的说法，正确的有(　　　　)。

A. 如果施工总承包管理单位想承担部分工程的施工，可以参加工程施工的投标，通过竞争取得任务【2009 年考过】

B. 某一部分工程的施工图完成后，由业主单独或与施工总承包管理单位共同进行该部分工程的施工招标，分包合同的投标报价和合同价以施工图为依据【2015 年考过】

C. 只确定施工总承包管理费，不确定工程总造价，这可能成为业主控制总投资的风险

D. 多数情况下，由业主方与分包人直接签约，加大了业主方的风险

E. 可以提前开工，缩短建设周期【2016 年考过】

F. 对分包单位的质量控制主要由施工总承包管理单位进行【2013 年考过】

G. 符合质量控制上的"他人控制"原则，对质量控制有利【2013 年考过】

H. 各分包之间的关系可由施工总承包管理单位负责，减轻了业主方的工作量

I. 所有分包合同的招投标、合同谈判、签约工作由业主负责，业主方的招标及合同管理工作量大，对业主不利【2013 年考过】

J. 对分包人的工程款支付可由施工总包管理单位支付或由业主直接支付，前者有利于施工总包管理单位对分包人的管理

K. 由施工总承包管理单位负责对所有分包单位的管理及组织协调，大大减轻了业主的工作【2013 年考过】

【答案】A、B、C、D、E、F、G、H、I、J、K

（1）施工总承包模式在费用控制方面的特点有（B、C、D）。

（2）施工总承包模式在进度控制方面的特点有（E）。

（3）施工总承包模式在质量控制方面的特点有（F、G、H）。

（4）施工总承包模式在合同管理方面的特点有（I、J）。

（5）施工总承包模式在组织与协调方面的特点有（K）。

2. 题干中"通过竞争取得任务"会作为采分点考核单项选择题。会这样命题：

施工总承包管理模式下，如施工总承包管理单位想承接该工程部分工程的施工任务，则其取得施工任务的合理途径应为（   ）。

A. 监理单位委托　　　　　　　　　B. 投标竞争

C. 施工总承包人委托　　　　　　　D. 自行分配

【答案】B

3. 学习了关于施工总承包模式与施工总承包管理模式的特点，考生对此记忆可能还是模糊的，那么就给大家做个总结，可以进行对比记忆。

内容 ＼ 模式	施工总承包	施工总承包管理
合同结构	业主委托一个施工单位（多个施工单位的联合体）作为总承包，承担执行和组织的总的责任	业主委托总承包管理单位一般负责施工组织和管理，如果想承担部分实体工程施工，可以通过投标取得
工作程序	全部施工图完成，再招标	可提前到设计阶段，部分施工图完成，即可招标
费用控制	早期控制有利	投资控制不利，只确定管理费
进度控制	总进度控制不利	缩短建设周期
质量控制	对总承包依赖大，质量好坏取决于总承包的管理和技术水平	有利于质量控制（他人控制）
合同管理	一次招标，管理工作量小，对业主有利	合同数量多，管理工作量大
组织协调	工作量小，对业主有利	减轻业主的工作量（这种委托形式的基本出发点）

专项突破 6　施工总承包管理与施工总承包模式的比较

比较		施工总承包	施工总承包管理
不同	开展工作程序	全部施工图设计完成后先招投标，再施工	不依赖完整的施工图，工程可化整为零。【2018 年考过】 每完成一部分工程的施工图就招标一部分。 可以在很大程度上缩短建设周期，有利于进度控制【2014 年、2017 年考过】
	合同关系	与自行分包签订合同	（1）业主与分包签订。 （2）总承包管理单位与分包签订

比较		施工总承包	施工总承包管理
不同	对分包的选择	业主认可，总包选择	所有分包业主决策，总承包管理单位认可。如对某分包不满意，业主执意不换，总承包管理单位可拒绝对该分包承担管理
	对分包的付款	总包直接支付	业主支付（经其认可），总承包管理单位支付（便于管理）
	合同价格	总造价，赚取总包与分包之间的差价	一般只确定施工总承包管理费，不需要确定建筑安装工程造价。【2020 年考过】 合同总价不是一次确定，某一部分施工图设计完成以后，再进行该部分工程的施工招标，确定该部分工程的合同价，因此整个项目的合同总额的确定较有依据。【2014 年、2017 年、2020 年考过】 所有分包合同都通过招标获得有竞争力的投标报价，对业主方节约投资有利。【2010 年、2014 年、2017 年、2020 年考过】 分包合同价对业主是透明的【2010 年、2012 年、2018 年、2020 年考过】
相同		总承包单位的责任和义务，对分包的总体管理和服务	

重点难点专项突破

1. 施工总承包管理模式与施工总承包模式的差异性主要表现在工作开展程序不同、合同关系不同、对分包单位的选择和认可不同、对分包单位的付款不同、合同价格不同。考试时可能会就某一项不同单独命题，可能会综合命题。

如果是就某一项单独命题，是这样的：施工总承包管理模式与施工总承包模式相比，在合同价方面的特点是（　　）。【2018 年真题题干】

还可能会就某句话单独命题，是这样的：一般情况下，当采用施工总承包管理模式时，分包合同由（　　）与分包单位签订。【2018 年真题题干】

2. 本考点可能会这样命题：

（1）在施工总承包管理模式下，分包单位一般与（　　）签订合同。

A. 工程总承包单位

B. 业主

C. 施工总承包单位

D. 业主、施工总承包单位、施工总承包管理单位三方共同

【答案】B

（2）施工总承包管理与施工总承包相比，其在工作开展程序方面的不同主要表现在（　　）。

A. 施工总承包管理单位的招标可以不依赖完整的施工图

B. 施工总承包管理单位的招标与设计无关

C. 工程实体不得由施工总承包管理单位化整为零，分别进行分包

D. 施工总承包管理模式可以在很大程度上缩短建设周期

E. 施工总承包管理模式下，每完成一部分施工图就可以分包招标一部分

【答案】A、D、E

专项突破 7 物资采购的模式

例题： 物资采购管理程序中，完成编制采购计划后，下一步应进行的工作是( )。

【2017 年真题题干】

A. 明确采购产品或服务的基本要求、采购分工和有关责任【2010 年、2016 年、2017 年考过】

B. 进行采购策划

C. 进行市场调查，选择合格的产品供应或服务单位并建立名录【2017 年考过】

D. 采用招标或协商等方式实施评审工作，确定供应或服务单位

E. 签订采购合同【2017 年考过】

F. 运输、验证、移交采购产品或服务

G. 处置不合格产品或不符合要求的服务

H. 采购资料归档

【答案】C

重点难点专项突破

1. 本考点还可以考核的题目有：

(1) 按照工程建设项目物资采购管理程序，物资采购首先应 (A)。【2010 年真题题干】

(2) 按照工程建设项目物资采购管理程序，完成编制采购计划前应进行的工作是 (A、B)。

(3) 按照工程建设项目物资采购管理程序，完成编制采购计划的后续工作包括 (C、D、E、F、G、H)。

> 命题总结：
>
> 采购管理程序考查题型除了以上四种命题形式，还有另外一种形式，就是题干中给出若干项工作内容，判断正确的顺序。

2. 本考点掌握两个采分点，一是业主方工程建设物资采购的模式；二是物资采购程序。

3. 在国际上业主方工程建设物资采购模式包括：①业主方自行采购；②与承包商约定某些物资为指定供货商；③承包商采购等【2012 年、2013 年考过】。考试会设

置的干扰选项有："业主规定价格、由承包商采购""承包商询价、由业主采购""行政指定采购""行业协会统一采购"。

4.《中华人民共和国建筑法》规定，按照合同约定，建筑材料、建筑构配件和设备由工程承包单位采购的，发包单位不得指定承包单位购入用于工程的建筑材料、建筑构配件和设备或者指定生产厂、供应商。

1Z201060　建设工程项目管理规划的内容和编制方法

专项突破1　建设工程项目管理规划概述

例题： 根据《建设工程项目管理规范》GB/T 50326—2017，项目管理规划包括（　　）。**【2009 年、2013 年、2015 年考过】**

A. 项目管理规划大纲　　　　　　　B. 项目管理实施规划

C. 项目管理规划策划　　　　　　　D. 项目管理实施大纲

E. 项目管理规划原则　　　　　　　F. 项目管理操作规划

G. 项目管理实施细则　　　　　　　H. 项目管理计划细则

I. 项目管理实施策划　　　　　　　J. 项目管理决策大纲

【答案】 A、B

重点难点专项突破

1. 上述例题中，C、D、E、F、G、H、I、J 选项是考试会设置的干扰选项。

2. 建设工程项目管理规划是指导项目管理工作的纲领性文件。

3. 建设工程项目管理规划涉及项目整个实施阶段，它属于业主方项目管理的范畴。**【2018 年考过】**

4. 建设工程项目管理规划内容涉及的范围和深度，在理论上和工程实践中并没有统一的规定，应视项目的特点而定。

5. 在记忆项目管理规划大纲及项目管理实施规划内容时可以这样记：

管理规划大纲——各种管理。

管理实施规划——工作安排、方案、措施及计划。

专项突破2　项目管理的编制方法及编制程序

例题： 项目管理实施规划的编制依据包括（　　）。

A. 适用的法律、法规和标准　　　　B. 项目合同及相关要求

C. 项目管理规划大纲　　　　　　　D. 项目设计文件

E. 工程情况与特点　　　　　　　　F. 项目资源和条件

G. 有价值的历史数据　　　　　　　H. 项目团队的能力和水平

I. 项目文件、相关法律法规和标准　　　 J. 类似项目经验资料

K. 实施条件调查资料

【答案】A、B、C、D、E、F、G、H

重点难点专项突破

1. 本考点还可以考核的题目有：

项目管理规划大纲的编制依据包括（I、J、K）。

2. 项目管理规划大纲与项目管理实施规划的编制工作程序，考试会考核两种题型：

第一种：题干中给出若干工作内容，判断正确的程序【2019 年、2021 年考过】，比如：

根据《建设工程项目管理规范》GB/T 50326—2017，项目管理实施规划的编制过程包括：①熟悉相关法规和文件；②分析项目具体特点和环境条件；③履行报批手续；④实施编制活动；⑤了解相关方的要求。正确的程序是（　　）。【2021 年真题】

A. ①→②→⑤→④→③　　　　　　　　B. ②→⑤→①→③→④

C. ①→⑤→②→③→④　　　　　　　　D. ⑤→②→①→④→③

【答案】D

第二种：题干中给出某项工作内容，判断其前面工作或后续工作，比如：

编制项目管理实施规划工作中，项目工作结构分解工作之前进行的工作是（　　）。

A. 确定项目管理目标　　　　　　　　B. 确定项目管理组织结构和职责分工

C. 规定项目管理措施　　　　　　　　D. 编制项目资源计划

【答案】A

> 如果问题是项目工作结构分解工作之后应进行的工作，那么就应该是 B、C、D 选项了。

1Z201070　施工组织设计的内容和编制方法

专项突破 1　施工组织设计的基本内容

例题：编制施工组织设计时，合理安排施工顺序属于（　　）中的工作内容。【2009 年、2013 年、2017 年考过】

A. 工程概况　　　　　　　　　　　　B. 施工部署及施工方案

C. 施工进度计划　　　　　　　　　　D. 施工平面图

E. 主要技术经济指标

【答案】B

1. 本考点还可以考核的题目有：

(1) 施工组织设计的内容要结合工程对象的实际特点、施工条件和技术水平进行综合考虑，一般包括（A、B、C、D、E）。

(2) 下列施工组织设计内容中，对拟建工程可能采用的几个施工方案进行定性、定量的分析属于（B）中的工作内容。【2015年考过】

(3) 把施工所需的各种资源、生产、生活活动场地及各种临时设施合理地布置在施工现场，使整个现场能有组织地进行文明施工，属于施工组织设计中（D）的内容。

2. 以上题目还可能逆向来命题，比如：

下列施工组织设计的内容中，属于施工部署及施工方案的是（　　）。

A. 施工资源的需求计划　　　　　　B. 施工资源的优化配置

C. 投入材料的堆场设计　　　　　　D. 施工机械的分析选择

【答案】D

3. 最后还需要记住：施工进度计划反映了最佳施工方案在时间上的安排。施工平面图是施工方案及施工进度计划在空间上的全面安排。

专项突破2　施工组织设计的分类及其内容

例题：根据《建筑施工组织设计规范》GB/T 50502—2009，下列施工组织设计内容中，属于专项施工方案的有（　　）。【2014年、2016年、2021年考过】

A. 工程概况【2010年、2014年考过】

B. 总体施工部署

C. 施工总进度计划【2010年考过】

D. 总体施工准备与主要资源配置计划

E. 主要施工方法

F. 施工总平面布置

G. 施工部署【2014年考过】

H. 施工进度计划【2016年考过】

I. 施工准备与资源配置计划【2014年、2016年考过】

J. 主要施工方案【2010年考过】

K. 施工现场平面布置【2016年考过】

L. 施工安排【2016年考过】

M. 施工方法及工艺要求【2014年、2016年考过】

【答案】A、H、I、L、M

1. 本考点还可以考核的题目有：

（1）根据《建筑施工组织设计规范》GB/T 50502—2009，施工组织总设计的主要内容有（A、B、C、D、E、F）。

（2）根据《建筑施工组织设计规范》GB/T 50502—2009，单位工程施工组织设计的主要内容有（A、G、H、I、J、K）。【2010年考过】

（3）根据《建筑施工组织设计规范》GB/T 50502—2009，下列施工组织设计内容中，属于分部（分项）工程施工组织设计的主要内容有（A、H、I、L、M）。

（4）根据《建筑施工组织设计规范》GB/T 50502—2009，单位工程施工组织设计与分部（分项）工程施工组织设计都具备的内容有（A、H、I）。

2. 从历年考试情况来看，本考点主要考核多项选择题。

3. 施工组织设计按编制对象，可分为施工组织总设计、单位工程施工组织设计和施工方案。施工方案即以分部（分项）工程或专项工程为主要对象编制的施工技术与组织方案。

4. 施工管理规划的内容包括进度管理计划、质量管理计划、安全管理计划、环境管理计划、成本管理计划以及其他管理计划等内容。【2019年考过】

专项突破3 施工组织设计的编制和审批

例题：根据《建筑施工组织设计规范》GB/T 50502—2009，主持编制施工组织设计的应是(　　)。【2014年、2021年考过】

A. 项目负责人　　　　　　　　　B. 总承包单位技术负责人

C. 施工单位技术负责人　　　　　D. 项目技术负责人

E. 专业承包单位技术负责人　　　F. 总承包单位项目技术负责人

【答案】A

1. 本考点还可以考核的题目有：

（1）根据《建筑施工组织设计规范》GB/T 50502—2009，施工组织总设计应由（B）审批。【2020年考过】

（2）根据《建筑施工组织设计规范》GB/T 50502—2009，单位工程施工组织设计应由（C）审批。【2020年考过】

（3）根据《建筑施工组织设计规范》GB/T 50502—2009，施工方案应由（D）审批。

（4）重点、难点分部（分项）工程和专项工程施工方案应由施工单位技术部门组织相关专家评审，（C）批准。【2016年、2020年考过】

（5）由专业承包单位施工的分部（分项）工程或专项工程的施工方案，应由（E）审批。

（6）由专业承包单位施工的分部（分项）工程或专项工程的施工方案，有总承包单位时，应由（F）批准备案。

2. 需要说明一点，项目负责人、项目技术负责人、技术负责人是不一样的。考生要掌握不同施工组织设计的审批人员。

3. 规模较大的分部（分项）工程和专项工程的施工方案应按单位工程施工组织设计进行编制和审批。

专项突破4　施工组织设计的动态管理

施工组织设计及时修改或补充的情形

1. 工程设计有重大修改。
2. 有关法律、法规、规范和标准实施、修订和废止。
3. 主要施工方法有重大调整。
4. 主要施工资源配置有重大调整。
5. 施工环境有重大改变

重点难点专项突破

1. 本考点在考试时可能会直接考查五项情形，如果直接考查，可能出现的干扰选项会有："对工程设计图纸的一般性修改应进行补充""对工程设计图纸的细微修改或更正，视情况进行修改或补充"。

2. 考试时也可能会通过具体事项分析是否需要修改或补充，2017年、2018年都是这样考查的。来看2017年的考试题目。

项目施工过程中，对施工组织设计进行修改或补充的情形有（　　）。【2017年真题】

A. 设计单位应业主要求对楼梯部分进行局部修改

B. 某桥梁工程由于新规范的实施而需要重新调整施工工艺

C. 由于自然灾害导致施工资源的配置有重大变更

D. 施工单位发现设计图纸存在重大错误需要修改工程设计

E. 某钢结构工程施工期间，钢材价格上涨

【答案】B、C、D

1Z201080 建设工程项目目标的动态控制

专项突破1 项目目标动态控制的工作程序

例题： 根据动态控制原理，项目目标动态控制的第一步工作是（　　）。【2016年真题题干】

A. 分解项目目标，确定计划值

B. 收集项目目标实际值

C. 进行目标的计划值与实际值比较

D. 找出偏差，采取纠偏措施进行纠偏

E. 调整项目目标

【答案】 A

重点难点专项突破

1. 本考点还可以考核的题目有：

（1）运用动态控制原理控制建设工程项目进度时，第一步工作是（A）。【2011年真题题干】

（2）运用动态控制原理进行建设工程项目投资控制，首先进行的工作是（A）。【2010年真题题干】

> **重点提示：**
> 动态控制原理在控制投资和进度的应用中，第一步工作都是对项目目标的分解，控制投资就要对投资目标分解，控制进度就要对进度目标分解。

（3）下列建设工程项目目标动态控制的工作中，属于准备工作的是（A）。

（4）在项目实施过程中对项目目标进行动态跟踪和控制，首先应进行的工作是（B）。

（5）根据动态控制原理，施工项目目标动态控制程序中的工作包括（A、B、C、D、E）。

2. 本考点还可能以以下三种形式命题：

第一种：备选项中给出动态控制流程的顺序，判断正确的顺序。比如：

下列项目目标动态控制的流程中，对项目目标进行动态跟踪和控制程序正确的是（　　）。

A. 收集项目目标的实际值→实际值与计划值比较→找出偏差→采取纠偏措施

B. 收集项目目标的实际值→实际值与计划值比较→找出偏差→进行目标调整

C. 收集项目目标的实际值→实际值与计划值比较→采取控制措施→进行目标调整

D. 实际值与计划值比较→找出偏差→采取控制措施→收集项目目标的实际值

【答案】A

第二种：题干中给出动态控制工作，判断正确的顺序。比如：

项目目标动态控制工作包括：①确定目标控制的计划值；②分解项目目标；③收集项目目标的实际值；④定期比较计划值和实际值；⑤纠正偏差。正确的工作流程是（　　）。

A. ①→③→②→⑤→④　　　　　　B. ②→①→③→④→⑤

C. ③→②→①→④→⑤　　　　　　D. ①→②→③→④→⑤

【答案】B

第三种：考核判断正确与错误说法的题目。比如：

关于项目目标动态控制的说法，错误的是（　　）。

A. 动态控制首先应将目标分解，制订目标控制的计划值

B. 当目标的计划值和实际值发生偏差时应进行纠偏

C. 在项目实施过程中对项目目标进行动态跟踪和控制

D. 目标的计划值在任何情况下都应保持不变

【答案】D

专项突破 2　项目目标动态控制的纠偏措施

例题：下列项目目标动态控制的纠偏措施中，属于组织措施的有（　　）。【2009 年考过、2012 年、2013 年、2015 年考过】

A. 调整项目组织结构　　　　　　B. 调整任务分工

C. 调整管理职能分工　　　　　　D. 调整工作流程组织

E. 调整项目管理班子人员　　　　F. 调整进度管理的方法和手段

G. 改变施工管理　　　　　　　　H. 强化合同管理

I. 落实加快施工进度所需的资金　J. 调整设计

K. 改进施工方法　　　　　　　　L. 改变施工机具

【答案】A、B、C、D、E

重点难点专项突破

1. 本考点还可以考核的题目有：

（1）下列项目目标动态控制的纠偏措施中，属于管理措施的有（F、G、H）。

（2）下列项目目标动态控制的纠偏措施中，属于经济措施的有（I）。

（3）下列项目目标动态控制的纠偏措施中，属于技术措施的有（J、K、L）。

【2011 年、2012 年、2014 年、2021 年考过】

2. 上述题型是考试的常考题型，在 2013 年、2015 年是进行的逆向命题，比如：某工程施工检查发现外墙面砖质量不合格，经调查发现是供应商的供货质量问题，项

目部决定更换供应商。该措施属于项目目标控制的（组织措施）。

3. 本考点还有一种考核方式，就是题干中给出某项目落实的具体措施，判断采取的措施是什么，比如："项目部针对施工进度滞后问题，提出了落实管理人员责任、优化工作流程、改进施工方法、强化奖惩机制等措施，其中属于技术措施的是（改进施工方法）。"

4. 对于本考点可以这样记忆：

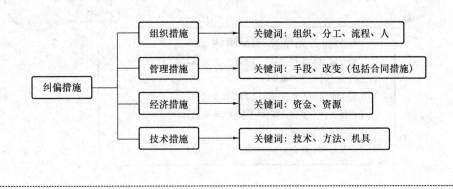

专项突破3　项目目标的动态控制和主动控制

例题：下列项目目标控制工作中，属于事前控制内容的有(　　　)。

A. 在项目实施的过程中定期地进行项目目标的计划值和实际值的比较

B. 项目目标偏离时采取纠偏措施

C. 分析可能导致项目目标偏离的各种影响因素

D. 针对影响目标偏离的因素采取预防措施

【答案】C、D

重点难点专项突破

1. 本考点还可以考核的题目有：

(1) 下列项目目标控制工作中，属于动态控制内容的有（A、B）。

(2) 建设工程项目目标动态控制的核心是（A、B）。

2. 本考点在考核时还可能会逆向命题，比如：

在项目管理中，定期进行项目目标的计划值和实际值的比较，属于项目目标控制中的(　　　)。

A. 事前控制 　　　　　　　　　B. 动态控制

C. 事后控制 　　　　　　　　　D. 专项控制

【答案】B

3. 事前控制即主动控制，过程控制即动态控制。

专项突破 4 动态控制在投资控制中的应用

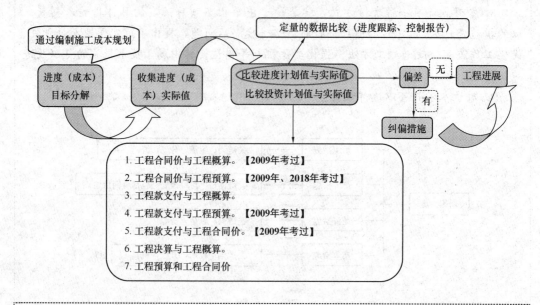

1. 工程合同价与工程概算。【2009年考过】
2. 工程合同价与工程预算。【2009年、2018年考过】
3. 工程款支付与工程概算。
4. 工程款支付与工程预算。【2009年考过】
5. 工程款支付与工程合同价。【2009年考过】
6. 工程决算与工程概算。
7. 工程预算和工程合同价

重点难点专项突破

1. 掌握了项目目标动态控制原理，运用动态控制原理控制进度、投资也就掌握了。

2. 对于大型建设工程项目，应按下列程序进行逐层分解：

编制施工总进度规划→编制施工总进度计划→编制项目各子系统施工进度计划→编制各子项目施工进度计划。【2018年考过】

3. 关于投资计划值与实际值的比较需要注意：相对于工程预算而言，工程概算是投资的计划值；相对于工程合同价，则工程概算和工程预算都可作为投资的计划值等。【2014年、2017年、2020年考过】

> 可以这样理解：任意两项对比，排在前面的可作为计划值，后面作为实际值。

4. 本考点可能会这样命题：

（1）项目进度跟踪和控制报告是基于进度的（　　）的定量化数据比较的成果。

A. 预测值与计划值　　　　　　　　　B. 计划值与实际值

C. 实际值与预测值　　　　　　　　　D. 计划值与定额标准值

【答案】B

（2）运用动态控制原理进行投资控制，首先进行的工作是（　　）。

A. 分析并确定影响投资控制的因素

B. 分析投资构成，确定投资控制的重点

C. 收集经验数据，为投资控制提供参考值

D. 进行投资目标分解,确定投资控制的计划值

【答案】D

(3) 运用动态控制原则控制建设工程项目投资,可以采取的纠偏措施有( )。

【2010 年真题】

A. 调整投资控制的方法和手段   B. 应用价值工程的方法

C. 制订节约投资的奖励措施   D. 优化施工方法

E. 调整施工进度计划

【答案】A、B、C、D

1Z201090 施工企业项目经理的工作性质、任务和责任

专项突破 1 项目经理的概念、执业及合同示范文本的规定

例题:根据《建设工程施工合同(示范文本)》GF—2017—0201,项目经理在无法与发包人代表和总监理工程师及时取得联系时,有权采取必要的措施保证与工程有关的人身、财产和工程的安全,但应在( )内向发包人代表和总监理工程师提交书面报告。

A. 48h   B. 7d

C. 14d   D. 28d

【答案】A

重点难点专项突破

1. 本考点还可以考核的题目有:

(1) 根据《建设工程施工合同(示范文本)》GF—2017—0201,承包人需要更换项目经理的,应提前 (C) 书面通知发包人和监理人,并征得发包人书面同意。

【2015 年考过】

(2) 发包人有权书面通知承包人更换其认为不称职的项目经理,承包人应在接到更换通知后 (C) 内向发包人提出书面的改进报告。

(3) 发包人收到改进报告后仍要求更换的,承包人应在接到第二次更换通知的 (D) 内进行更换。

(4) 项目经理因特殊情况授权其下属人员履行其某项工作职责的,应提前 (B) 将人员的姓名和授权范围书面通知监理人,并征得发包人书面同意。

2. 本考点采分点较多,考生除了掌握上述时间,还需要掌握以下采分点,具体来看下这些采分点会怎么考核。

考试怎么考	采分点
根据国发〔2003〕5号,取得建造师注册证书的人员是否担任工程项目施工的项目经理,由( )决定。【2010年、2020年考过】	企业自主

考试怎么考	采分点
建筑施工企业项目经理是指受企业（　　）委托对工程项目施工过程全面负责的项目管理者。【2009 年考过】	法定代表人
根据《建设工程施工合同（示范文本）》GF—2017—0201，承包人应在通用合同条款中明确项目经理的（　　）等事项。	姓名、职称、注册执业证书编号、联系方式及授权范围
根据《建设工程施工合同（示范文本）》GF—2017—0201，施工单位任命项目经理需要向建设单位提供（　　）证明。【2016 年考过】	劳动合同、缴纳社会保险的有效证明

3. 还有一些采分点会作为判断正确与错误说法的题目考核，比如：

（1）过渡期内，凡持有项目经理资质证书或者建造师注册证书的人员，经其所在企业聘用后均可担任工程项目施工的项目经理。

（2）项目经理是建筑施工企业法定代表人在工程项目上的代表人。

（3）项目经理经承包人授权后代表承包人负责履行合同。

（4）项目经理应常驻施工现场，且每月在施工现场时间不得少于专用合同条款约定的天数。

（5）项目经理不得同时担任其他项目的项目经理。

（6）项目经理确需离开施工现场时，应事先通知监理人，并取得发包人的书面同意。

（7）项目经理的通知中应当载明临时代行其职责的人员的注册执业资格、管理经验等资料，该人员应具备履行相应职责的能力。

（8）承包人无正当理由拒绝更换项目经理的，应按照专用合同条款的约定承担违约责任。

专项突破 2　施工项目经理的任务

例题：项目经理在承担工程项目施工的管理过程中，应当按照建筑施工企业与建设单位签订的工程承包合同，与本企业法定代表人签订项目承包合同，并在企业法定代表人授权范围内，可以行使的管理权力有（　　）。

A. 组织项目管理班子

B. 指挥工程项目建设的生产经营活动

C. 调配并管理进入工程项目的人力、资金、物资、机械设备等生产要素【2009 年考过】

D. 选择施工作业队伍

E. 进行合理的经济分配

F. 以企业法定代表人的代表身份处理与所承担的工程项目有关的外部关系，受托签署有关合同【2011 年考过】

G. 贯彻执行国家和工程所在地政府的有关法律、法规和政策，执行企业的各项管理制度

H. 严格财务制度，加强财经管理，正确处理国家、企业与个人的利益关系

I. 执行项目承包合同中由项目经理负责履行的各项条款

J. 对工程项目施工进行有效控制，执行有关技术规范和标准

K. 积极推广应用新技术，确保工程质量和工期，实现安全、文明生产，努力提高经济效益

【答案】A、B、C、D、E、F

重点难点专项突破

1. 本考点还可以考核的题目有：

项目经理在承担项目施工管理过程中，需履行的职责有（G、H、I、J、K）。

【2013年真题题干】

2. 项目经理的管理权力可以概括为：组织班子、指挥活动、调配要素、选择队伍、经济分配、代表身份签署合同。注意要与项目管理的履行职责区分。

3. 项目经理的任务包括行政管理和项目管理两方面，在项目管理方面的主要任务是"三控三管一协调"。

专项突破3　项目管理目标责任书

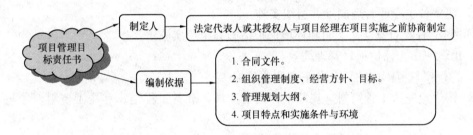

重点难点专项突破

1. 项目管理目标责任书的制定时间、由谁制定要重点掌握，在2013年考核了制定人。

2. 项目管理目标责任书的编制依据是一个多项选择题采分点。

3. 项目管理责任书的内容共13条，有精力的考生可以看看，可能会考核多项选择题。

4. 下面做两个题目来巩固知识点：

（1）根据《建设工程项目管理规范》GB/T 50326—2017，建设工程实施前由施工企业法定代表人或其授权人与项目经理协商制定的文件是（　　）。

A. 施工组织设计 　　　　　　　B. 项目管理目标责任书

C. 施工总体规划 　　　　　　　D. 工程承包合同

【答案】B

（2）根据《建设工程项目管理规范》GB/T 50326—2017，制定项目管理目标责任书的主要依据有（　　）。

A. 项目管理实施规划　　　　　　　B. 项目合同文件

C. 组织的管理制度　　　　　　　　D. 组织的经营方针和目标

E. 项目管理规划大纲

【答案】B、C、D、E

专项突破 4　项目管理机构负责人的职责和权限

例题：根据《建设工程项目管理规范》GB/T 50326—2017，项目管理机构负责人的职责包括（　　）等。【2019 年真题题干】

A. 项目管理目标责任书中规定的职责

B. 工程质量安全责任承诺书中应履行的职责

C. 组织或参与编制项目管理规划大纲、项目管理实施规划，对项目目标进行系统管理

D. 主持制定并落实质量、安全技术措施和专项方案，负责相关的组织协调工作

E. 对各类资源进行质量监控和动态管理【2019 年考过】

F. 对进场的机械、设备、工器具的安全、质量和使用进行监控

G. 建立各类专业管理制度并组织实施

H. 制定有效的安全、文明和环境保护措施并组织实施

I. 组织或参与评价项目管理绩效

J. 进行授权范围内的任务分解和利益分配

K. 按规定完善工程资料，规范工程档案文件，准备工程结算和竣工资料，参与工程竣工验收

L. 接受审计，处理项目管理机构解体的善后工作

M. 协助和配合组织进行项目检查、鉴定和评奖申报

N. 配合组织完善缺陷责任期的相关工作

O. 参与项目招标、投标和合同签订

P. 参与组建项目管理机构【2019 年考过】

Q. 参与组织对项目各阶段的重大决策

R. 主持项目管理机构工作

S. 决定授权范围内的项目资源使用

T. 在组织制度的框架下制定项目管理机构管理制度

U. 参与选择并直接管理具有相应资质的分包人

V. 参与选择大宗资源的供应单位

W. 在授权范围内与项目相关方进行直接沟通

【答案】A、B、C、D、E、F、G、H、I、J、K、L、M、N

1. 本考点还可以考核的题目有：

根据《建设工程项目管理规范》GB/T 50326—2017，项目管理机构负责人的权限包括（O、P、Q、R、S、T、U、V、W）。

2. 职责与权限在命题时会相互作为干扰选项，注意几个"参与"，在设置错误选项时，会在这上面做"文章"。

3. 项目管理机构负责人的权限可以这样记：企业与企业的事，项目经理是参与。

专项突破 5　沟通过程的要素

例题：沟通过程的五要素包括（　　）。【2015 年、2020 年考过】

A. 沟通主体　　　　　　　　　　B. 沟通客体

C. 沟通介体　　　　　　　　　　D. 沟通环境

E. 沟通渠道

【答案】A、B、C、D、E

1. 本考点还可以考核的题目有：

（1）下列沟通过程的要素中，处于主导地位的是(A)。【2012 年、2021 年考过】

（2）下列沟通过程的要素中，是沟通过程的出发点和落脚点，在沟通过程中具有积极能动作用的是（B）。

2. 沟通客体即沟通对象，包括个体沟通对象和团体沟通对象。

3. 沟通介体包括沟通内容和沟通方法。

4. 沟通环境既包括与个体间接联系的社会整体环境（政治制度、经济制度、政治观点、道德风尚、群体结构等），也包括与个体直接联系和影响的区域环境（学习、工作、单位或家庭等）。

专项突破 6　沟通能力与沟通障碍

例题：下列项目各参与方的沟通障碍中，属于组织沟通障碍的是（　　）。【2013 年真题题干】

A. 组织机构过于庞大，中间层次太多构成的障碍【2013 年考过】

B. 个性因素所引起的障碍

C. 知识、经验水平的差距导致的障碍【2013 年考过】

D. 对信息的看法不同造成的障碍【2013 年考过】

E. 相互不信任所产生的障碍

F. 下属对上级的恐惧心理而形成的障碍【2013 年考过】

G. 沟通双方的个人心理品质形成的障碍

【答案】A

重点难点专项突破

1. 本考点还可以考核的题目有：

下列项目各参与方的沟通障碍中，属于个人沟通障碍的有(A、B、C、D、E、F、G)。

2. 沟通障碍主要来自三个方面：发送者的障碍、接受者的障碍和沟通通道的障碍。【2015 年考过】

(1) 发送者的障碍主要表现在：表达能力不佳；信息传送不全；信息传递不及时或不适时；知识经验的局限；对信息的过滤等。

(2) 从信息接受者的角度看，影响信息沟通的因素主要有以下几个方面：信息译码不准确；对信息的筛选；对信息的承受力；心理上的障碍；过早地评价情绪。【2015 年考过】

(3) 沟通通道障碍主要有：选择沟通媒介不当；几种媒介相互冲突；沟通渠道过长；外部干扰。【2015 年考过】

> 重点提示：
>
> 这部分内容不仅会单独命题，还可能会以判断正确与错误说法的题目考核。

3. 本考点还有另外一个采分点——沟通能力。

沟通能力包含着表达能力、争辩能力、倾听能力和设计能力（形象设计、动作设计、环境设计）。【2015 年考过】

沟通有两个要素：思维与表达；沟通也有两个层面：思维的交流和语言的交流。

专项突破 7　施工企业劳动用工和工资支付管理

例题：建筑施工企业因暂时生产经营困难无法按劳动合同约定日期支付工资的，应当向劳动者说明情况，并与工会或职工代表协商一致后，可以延期支付工资，但最长不得超过（　　）日。【2016 年、2017 年、2019 年考过】

A. 7　　　　　　　　B. 15　　　　　　　　C. 30　　　　　　　　D. 60

【答案】C

重点难点专项突破

1. 本考点还可以考核的题目有：

(1) 根据政府主管部门有关建设工程劳动用工管理规定，建筑施工企业应将项目作业人员有关情况在当地建筑业企业信息管理系统中如实填报，人员发生变更的，应在变更后（A）个工作日内做相应变更。【2018 年真题题干】

(2) 施工企业应按规定向劳动者支付工资，但是当企业因暂时生产经营困难无法

按规定支付工资时可以延期支付，但是超过（C）日不支付劳动者工资的，属于无故拖欠工资行为。

2. B、D 选项是考试会出现的干扰选项。

3. 本考点除了会考核上述数字题目，还会以判断正确与错误说法的综合题目。考生要掌握以下采分点：

（1）建筑施工企业（包括施工总承包企业、专业承包企业和劳务分包企业，下同）应当按照相关规定办理用工手续，不得使用零散工，不得允许未与企业签订劳动合同的劳动者在施工现场从事施工活动。【2011 年、2017 年、2021 年考过】

（2）建筑施工企业与劳动者建立劳动关系，应当自用工之日起按照劳动合同法规的规定订立书面劳动合同【2021 年考过】。劳动合同应一式三份，双方当事人各持一份，劳动者所在工地保留一份备查。【2011 年、2017 年、2021 年考过】

【助记】先签合同后用工

（3）施工总承包企业和专业承包企业应当加强对劳务分包企业与劳动者签订劳动合同的监督，不得允许劳务分包企业使用未签订劳动合同的劳动者。

（4）建筑施工企业应当将每个工程项目中的施工管理、作业人员劳务档案中有关情况在当地建筑业企业信息管理系统中按规定如实填报。【2011 年、2021 年考过】

（5）建筑施工企业应当每月对劳动者应得的工资进行核算，并由劳动者本人签字。

（6）建筑施工企业应当至少每月向劳动者支付一次工资，且支付部分不得低于当地最低工资标准，每季度末结清劳动者剩余应得的工资。

（7）建筑施工企业应当将工资直接发放给劳动者本人，不得将工资发放给包工头或者不具备用工主体资格的其他组织或个人。

1Z201100　建设工程项目的风险和风险管理的工作流程

专项突破 1　风险、风险量和风险等级的内涵

项目	内容
风险	风险是指不利事件或事故发生的概率（频率）及其损失的组合
风险量	风险量指的是不确定的损失程度和损失发生的概率。若某个可能发生的事件其可能的损失程度和发生的概率都很大，则其风险量就很大【2019 年考过】，如下图的风险区 A。 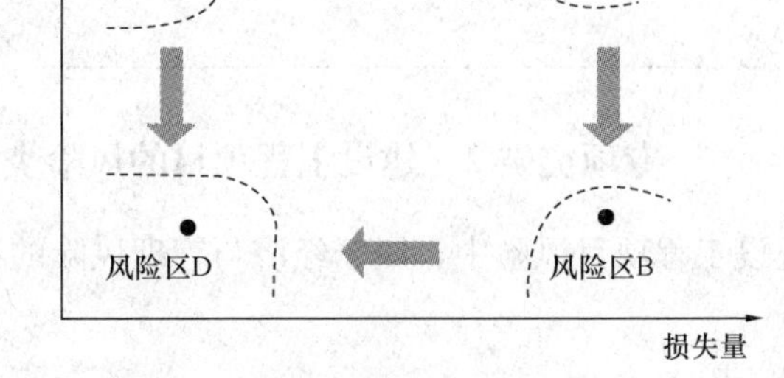

项目	内容
风险量	若某事件经过风险评估，它处于风险区 A，则应采取措施，降低其概率，以使它移位至风险区 B；或采取措施降低其损失量，以使它移位至风险区 C。风险区 B 和 C 的事件则应采取措施，使其移位至风险区 D
风险等级	风险等级由风险发生概率等级和风险损失等级间的关系矩阵确定

重点难点专项突破

1. 首先要了解风险与风险量的含义。

2. 根据事件风险量的区域图，风险区 A 的风险量最大，风险区 D 的风险量最小。

3. 本考点可能会这样命题：

(1) 下图所示的风险等级图中，风险量最大的区域是（　　）。

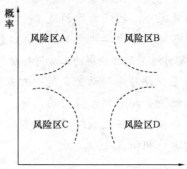

A. 风险区 A   B. 风险区 B

C. 风险区 C   D. 风险区 D

【答案】B

(2) 关于风险量、风险等级、风险损失程度和损失发生概率之间关系的说法，正确的是（　　）。【2019 年真题】

A. 风险量越大，损失程度越大

B. 损失发生的概率越大，风险量越小

C. 风险等级与风险损失程度成反比关系

D. 损失程度和损失发生概率越大，风险量越大

【答案】D

专项突破 2　建设工程项目的风险类型

例题： 下列建设工程项目风险中，属于经济与管理风险的有（　　）。【2016 年真题题干】

A. 组织结构模式

B. 工作流程组织【2014年考过】

C. 任务分工和管理职能分工【2014年考过】

D. 业主方人员的构成和能力【2010年考过】

E. 设计人员和监理工程师的能力【2014年考过】

F. 承包方管理人员和一般技工的能力【2016年、2021年考过】

G. 施工机械操作人员的能力和经验

H. 损失控制和安全管理人员的资历和能力

I. 宏观和微观经济情况

J. 工程资金供应条件

K. 合同风险

L. 现场与公用防火设施的可用性及其数量【2013年、2016年考过】

M. 事故防范措施和计划【2016年考过】

N. 人身安全控制计划【2014年考过】

O. 信息安全控制计划【2013年考过】

P. 自然灾害

Q. 岩土地质条件和水文地质条件

R. 气象条件【2013年考过】

S. 引起火灾和爆炸的因素【2014年、2016年考过】

T. 工程勘察资料和有关文件【2013年考过】

U. 工程设计文件

V. 工程施工方案【2016年考过】

W. 工程物资

X. 工程机械

【答案】I、J、K、L、M、N、O

重点难点专项突破

1. 本考点还可以考核的题目有：

（1）下列建设工程项目风险中，属于组织风险的有（A、B、C、D、E、F、G、H）。【2010年、2014年、2021年考过】

（2）下列建设工程项目风险中，属于工程环境风险的有（P、Q、R、S）。

（3）下列建设工程项目风险中，属于技术风险的有（T、U、V、W、X）。【2013年考过】

2. 风险的类型可以这样记忆：组织风险是模式、流程、分工、经验和能力；经济与管理风险是资金和计划；技术风险是勘测、设计、方案、物资与机械。

3. 上述命题方式是考试的常考题型，还有另外一种命题方式，是题干中给出具体的风险，判断属于哪个类型，这种类型题目在2018年考核过一次。下面来看这类题目：

某施工企业承接了"一带一路"的国际项目，但缺乏具备国际工程施工经验的管理人员和施工人员，这类风险属于建设工程风险类型中的(　　)。【2018年真题】

A. 组织风险
B. 经济与管理风险
C. 工程环境风险
D. 技术风险

【答案】A

专项突破3　项目风险管理的工作流程

例题： 项目风险管理过程中，项目风险评估包括(　　)。【2019年真题题干】

A. 收集与施工风险有关的信息【2020年考过】

B. 确定风险因素【2009年、2018年、2019年、2020年考过】

C. 编制项目风险识别报告【2019年、2020年考过】

D. 分析各种风险因素发生的概率【2009年、2018年、2019年、2020年、2021年考过】

E. 分析各种风险的损失量【2009年、2018年、2019年、2020年、2021年考过】

F. 确定各种风险的风险量和风险等级【2018年、2019年、2021年考过】

G. 向保险公司投保难以控制的风险

H. 预测可能发生的风险，对其进行监控并提出预警

【答案】D、E、F

重点难点专项突破

1. 本考点还可以考核的题目有：

(1) 下列风险管理工作内容中，属于项目风险识别工作的有（A、B、C）。【2009年、2020年考过】

(2) 下列风险管理工作内容中，属于风险应对的工作是（G）。

(3) 下列风险管理工作内容中，属于风险监控的工作是（H）。

> 重点提示：
>
> 风险识别工作与风险评估工作考核时相互作为干扰选项出现。
>
> 考试还会逆向命题，题干中给出管理过程，判断备选项中属于这个过程的内容，比如：下列工程项目风险管理工作中，属于风险评估阶段的是(　　)。【2014年真题】
>
> A. 确定风险因素
> B. 编制项目风险识别报告
> C. 确定各种风险的风险量和风险等级
> D. 对风险进行监控
>
> 【答案】C

2. 风险管理过程包括施工全过程的风险识别、风险评估、风险应对和风险监控。

3. 关于风险应对还应掌握一个采分点——风险对策。

风险对策包括风险规避、减轻、自留、转移及其组合等策略。对难以控制的风险向保险公司投保是风险转移的一种措施。

1Z201110 建设工程监理的工作性质、工作任务和工作方法

专项突破1 建设工程监理的工作性质

例题：工程监理单位工作性质具有（　　）的特点。

A. 服务性

B. 科学性

C. 独立性

D. 公平性

【答案】A、B、C、D

4. 建设工程监理属于谁的管理范畴，也可能会作为单项选择题进行考核。

我国的建设工程监理属于国际上业主方项目管理的范畴。【2012年考过】

5. 该考点在2015年是以判断正误说法的题目考核的，是这样命题的："关于工程监理单位工作性质的说法，正确的是（　　）。"

专项突破2　《建设工程质量管理条例》中的有关规定

例题：根据《建设工程质量管理条例》，在工程项目建设监理过程中，未经监理工程师签字，（　　）。【2013年真题题干】

A. 建筑材料不得在工程上使用　　　B. 建筑构配件和设备不得在工程上安装
C. 施工单位不得进行下一道工序的施工　　D. 建设单位不拨付工程款
E. 建设单位不进行竣工验收

【答案】A、B、C

重点难点专项突破

1. 本考点还可以考核的题目有：

根据《建设工程质量管理条例》，在工程项目建设监理过程中，未经总监理工程师签字，（D、E）。【2018年考过】

2. 该考点还应掌握的采分点有：

（1）工程监理单位应当依照法律、法规以及有关技术标准、设计文件和建设工程承包合同，代表建设单位对施工质量实施监理，并对施工质量承担监理责任。

（2）监理工程师应当按照工程监理规范的要求，采取旁站、巡视和平行检验等形式，对建设工程实施监理。

重点提示：

"工程监理规范"在2019年作为采分点考核了单项选择题。

"旁站、巡视和平行检验"会作为采分点考核多项选择题。

专项突破3　《建设工程安全生产管理条例》中的有关规定

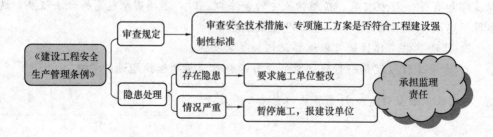

专项突破 4　建设工程项目实施的几个主要阶段建设监理工作的主要任务

例题：建设工程项目施工准备阶段，建设监理工作的主要任务有(　　)。【2017 年真题题干】

A. 审查施工单位提交的施工组织设计中的质量安全技术措施、专项施工方案与工程建设强制性标准的符合性

B. 参与设计单位向施工单位的设计交底

C. 检查施工单位工程质量、安全生产管理制度及组织机构和人员资格

D. 检查施工单位专职安全生产管理人员的配备情况

E. 审核分包单位资质条件【2012 年、2017 年考过】

F. 检查施工单位的试验室【2017 年、2019 年考过】

G. 查验施工单位的施工测量放线成果

H. 审查工程开工条件，签发开工令【2017 年考过】

I. 核验施工测量放线，验收隐蔽工程，签署分项、分部工程和单位工程质量评定表【2012 年、2017 年、2019 年考过】

J. 进行巡视、旁站和平行检验

K. 审查施工单位报送的工程材料、构配件、设备的质量证明资料

L. 抽检进场的工程材料、构配件的质量

M. 审查施工单位提交的采用新材料、新工艺、新技术、新设备的论证材料及相关验收标准

N. 检查施工单位的测量、检测仪器设备、度量衡定期检验的证明文件【2012 年考过】

O. 监督施工单位对各类土木和混凝土试件按规定进行检查和抽查

P. 监督施工单位认真处理施工中发生的一般质量事故，并认真做好记录

Q. 审查施工单位提交的施工进度计划【2017 年、2019 年考过】

R. 签发或出具工程款支付证书，并报业主审核、批准

S. 建立计量支付签证台账，定期与施工单位核对清算

T. 协调处理施工费用索赔、合同争议等事项

U. 编制安全生产事故的监理应急预案

V. 督促施工单位进行安全自查工作

【答案】A、B、C、D、E、F、G、H

重点难点专项突破

1. 本考点还可以考核的题目有：

建设工程项目施工阶段，建设监理工作的主要任务有（I、J、K、L、M、N、O、P、Q、R、S、T、U、V）。

2. 本考点内容较多，但考核频次并不高，考生应熟悉设计阶段、施工准备阶段、施工阶段、竣工验收阶段建设监理工作的主要任务。

3. 工程施工阶段建设监理工作的主要任务主要从质量控制、进度控制、投资控制和安全生产管理方面进行。

专项突破 5　建设监理规划与监理实施细则

例题：根据《建设工程监理规范》GB/T 50319—2013，工程建设监理实施细则应包括的内容有（　　）。【2018 年真题题干】

A. 建设工程概况【2012 年考过】

B. 监理工作范围【2018 年考过】

C. 监理工作内容

D. 监理工作目标

E. 监理工作依据

F. 项目监理机构的组织形式

G. 项目监理机构的人员配备计划

H. 项目监理机构的人员岗位职责

I. 监理工作程序

J. 监理工作方法及措施

K. 监理工作制度【2012 年考过】

L. 监理设施【2012 年考过】

M. 专业工程的特点【2018 年考过】

N. 监理工作的流程【2018 年考过】

O. 监理工作的控制要点及目标值【2012 年、2018 年考过】

P. 监理工作方法及措施

【答案】A、B、C、D、E、F、G、H、I、J、K、L

重点难点专项突破

1. 本考点还可以考核的题目有：

根据《建设工程监理规范》GB 50319—2013，属于工程建设监理规划内容的有（ ）。【2012年考过】

2. 本考点中采分点较多，主要考核建设监理规划与监理实施细则编制由谁在什么时间编制？编制完成后由谁审批？编制依据是什么？

项目	建设监理规划	监理实施细则
哪些需要编制？	—	对中型及中型以上或专业性较强的工程项目
何时开始编制？	在签订委托监理合同及收到设计文件后	工程施工开始前
何时报送？	在召开第一次工地会议前报送建设单位	—
谁主持？谁编制？	总监理工程师主持，专业监理工程师参加编制	专业监理工程师参与编制
谁审批？	工程监理单位技术负责人	总监理工程师
编制依据	(1) 建设工程的相关法律、法规及项目审批文件。 (2) 与建设工程项目有关的标准、设计文件和技术资料。 (3) 监理大纲、委托监理合同文件以及建设项目相关的合同文件	(1) 监理规划。 (2) 相关标准、工程设计文件。 (3) 施工组织设计、专项施工方案

3. 从历年考试情况来看，编制依据、编制内容会考核多项选择题。编制主体、审批会考核单项选择题。

4. 根据《中华人民共和国建筑法》规定，工程监理人员认为工程施工不符合工程设计要求、施工技术标准和合同约定的，有权要求建筑施工企业改正。工程监理人员发现工程设计不符合建筑工程质量标准或者合同约定的质量要求的，应当报告建设单位要求设计单位改正。【2011年、2017年、2020年、2021年考过】

1Z202000　建设工程项目成本管理

1Z202010　成本管理的任务、程序和措施

专项突破 1　施工成本的组成

例题： 建设工程项目施工成本由直接成本和间接成本所组成。下列施工单位发生的各项费用支出中，可以计入施工直接成本的是(　　)。【2015 年、2020 年考过】

A. 人工费
B. 材料费
C. 施工机具使用费
D. 管理人员工资
E. 办公费
F. 差旅交通费

【答案】 A、B、C

重点难点专项突破

1. 本考点还可以考核的题目有：
(1) 下列施工费用，应计入施工间接成本的有（D、E、F）。【2021 年考过】
(2) 建设工程项目施工成本包括（A、B、C、D、E、F）。
2. 注意：间接成本是非直接计入工程但必须发生的费用。

专项突破 2　成本管理的任务和程序

项目		内容
任务	成本计划	(1) 以货币形式编制施工项目在计划期内的生产费用、成本水平、成本降低率以及为降低成本所采取的主要措施和规划的书面方案。 (2) 是建立项目成本管理责任制、开展成本控制和核算的基础。 (3) 是项目降低成本的指导文件，是设立目标成本的依据。 (4) 项目成本计划一般由施工单位编制。 (5) 成本计划可按成本组成、项目结构和工程实施阶段进行编制【2017 年考过】
	成本控制	(1) 建设工程项目施工成本控制应贯穿于项目从投标阶段开始直至保证金返还的全过程。【2019 年考过】 (2) 成本控制可分为事先控制、事中控制（过程控制）和事后控制

项目		内容
任务	成本核算	（1）施工成本核算包括两个基本环节：一是按照规定的成本开支范围对施工成本进行归集和分配，计算出施工费用的实际发生额；二是根据成本核算对象，采用适当的方法，计算出该施工项目的总成本和单位成本。 （2）施工成本核算一般以单位工程为对象，但也可以按照承包工程项目的规模、工期、结构类型、施工组织和施工现场等情况，结合成本管理要求，灵活划分成本核算对象。 （3）项目管理机构应按规定的会计周期进行项目成本核算。【2020 年、2021 年考过】 （4）对竣工工程的成本核算，应区分为竣工工程现场成本和竣工工程完全成本，分别由项目管理机构和企业财务部门进行核算分析，其目的在于分别考核项目管理绩效和企业经营效益【2018 年考过】
	成本分析	（1）成本分析是在成本核算的基础上，对成本的形成过程和影响成本升降的因素进行分析，以寻求进一步降低成本的途径，包括有利偏差的挖掘和不利偏差的纠正。【2009 年考过】 （2）成本分析贯穿于施工成本管理的全过程，它是在成本的形成过程中，主要利用施工项目的成本核算资料（成本信息），与目标成本、预算成本以及类似施工项目的实际成本等进行比较，了解成本的变动情况。【2014 年、2016 年考过】 （3）成本偏差的控制，分析是关键，纠偏是核心，要针对分析得出的偏差发生原因，采取切实措施，加以纠正
	成本考核	成本考核是指在项目完成后，对项目成本形成中的各责任者，按项目成本目标责任制的有关规定，将成本的实际指标与计划、定额、预算进行对比和考核，评定施工项目成本计划的完成情况和各责任者的业绩，并以此给予相应的奖励和处罚
程序【2021 年考过】		（1）掌握生产要素的价格信息。 （2）确定项目合同价。 （3）编制成本计划，确定成本实施目标。 （4）进行成本控制。 （5）进行项目过程成本分析。 （6）进行项目过程成本考核。 （7）编制项目成本报告。 （8）项目成本管理资料归档

重点难点专项突破

1. 成本管理就是要在保证工期和质量满足要求的情况下，采取相应管理措施，包括组织措施、经济措施、技术措施、合同措施，把成本控制在计划范围内，并进一步寻求最大程度的成本节约【2016 年、2019 年考过】。成本管理的五个任务中，每一项都可能单独命题，也可能会综合命题。

（1）对竣工项目进行工程现场成本核算的目的是(　　)。

A. 评价财务管理效果　　　　　　B. 考核项目管理绩效

C. 核算企业经营效益　　　　　　D. 评价项目成本效益

【答案】B

（2）建设工程项目施工成本控制涉及的时间范围是（ 　　 ）。【2019年真题】

A. 从施工准备开始至项目交付使用为止

B. 从工程投标开始至项目竣工结算完成为止

C. 从工程投标开始至项目保证金返还为止

D. 从施工准备开始至项目竣工结算完成为止

【答案】C

（3）关于施工成本控制的说法，正确的有（ 　　 ）。

A. 采用合同措施控制施工成本，应包括从合同谈判直至合同终结的全过程

B. 施工成本控制应贯穿于项目从投标阶段直至竣工验收的全过程

C. 现行成本控制的程序不符合动态跟踪控制的原理

D. 合同文件和成本计划是成本控制的目标

E. 成本控制可分为事先控制、事中控制和事后控制

【答案】A、B、D、E

2. 成本管理的程序考核题型有两种：

（1）给出各工作程序，判断正确的步骤。例如：

某施工成本管理涉及以下工作：①掌握生产要素的价格信息；②进行成本控制；③确定项目合同价；④编制成本计划，确定成本实施目标。正确的工作程序是（ 　　 ）。

A.①③④②　　　　　　　　　　　　B.④①③②

C.①③②④　　　　　　　　　　　　D.①④③②

【答案】A

（2）判断某项工作紧前或者紧接着应进行的工作，2021年考查了这种题型。

例如：

根据项目成本管理任务，成本考核前需要完成的工作有（ 　　 ）。

A. 编制成本计划、确定成本实施目标　　B. 编制项目成本报告

C. 项目成本管理资料归档　　　　　　　D. 进行成本控制

E. 进行项目过程成本分析

【答案】A、D、E

专项突破3　成本管理的措施

例题：下列施工成本管理的措施中，属于组织措施的有（ 　　 ）。【2011年、2012年、2014年考过】

A. 实行项目经理责任制

B. 落实施工成本管理的组织机构和人员，明确各级施工成本管理人员的任务和职能分工、权利和责任

C. 编制施工成本控制工作计划，确定合理详细的工作流程【2011年、2013年、2014

D. 加强施工定额管理和施工任务单管理，控制活劳动和物化劳动的消耗【2012年、2013年考过】

E. 加强施工调度，避免因施工计划不周和盲目调度造成窝工损失、机械利用率降低、物料积压

F. 进行技术经济分析，确定最佳的施工方案【2011年、2012年考过】

G. 结合施工方法，进行材料使用的比选，在满足功能要求的前提下，通过代用、改变配合比、使用添加剂等方法降低材料消耗的费用

H. 确定最合适的施工机械、设备使用方案【2013年、2014年考过】

I. 结合项目的施工组织设计及自然地理条件，降低材料的库存成本和运输成本【2018年考过】

J. 先进的施工技术的应用，新材料的运用，新开发机械设备的使用

K. 编制资金使用计划，确定、分解施工成本管理目标【2009年、2011年考过】

L. 对施工成本管理目标进行风险分析，并制定防范性对策【2011年、2012年、2014年、2017年考过】

M. 施工中严格控制各项开支，及时准确地记录、收集、整理、核算实际支出的费用【2011年考过】

N. 对各种变更，及时做好增减账，及时落实业主签证，及时结算工程款【2017年考过】

O. 通过偏差原因分析和未完工程施工成本预测，发现一些潜在的可能引起未完工程施工成本增加的问题，及时采取预防措施

P. 选用合适的合同结构【2012年、2014年考过】

Q. 在合同的条款中应仔细考虑一切影响成本和效益的因素，特别是潜在的风险因素

【答案】A、B、C、D、E

重点难点专项突破

1. 本考点还可以考核的题目有：

（1）下列施工成本管理的措施中，属于技术措施的有（F、G、H、I、J）。【2013年、2018年考过】

（2）下列施工成本管理的措施中，属于经济措施的有（K、L、M、N、O）。【2009年、2017年考过】

（3）下列施工成本管理的措施中，属于合同措施的有（P、Q）。

2. 成本管理的措施包括组织措施、技术措施、经济措施和合同措施，这也会作为一个采分点考核多项选择题。在这四个措施中，组织措施一般不需要增加额外的费用。【2020年考过】

3. 上述题型是考试的常考题型，还会有另外一种命题形式，就是题干中给出采取的具体措施，判断属于哪种类型，在2009—2021年考试中，只有2018年以这种形式考核过。

结合项目的施工组织设计及自然地理条件，降低材料的库存成本和运输成本，属于成本管理的（　　）措施。【2018年真题】

A. 组织   B. 技术

C. 经济   D. 合同

【答案】B

4. 最后还要记住一句话，采用合同措施控制施工成本，应贯穿整个合同周期，包括从合同谈判开始到合同终结的全过程。

1Z202020　成　本　计　划

专项突破1　成本计划的类型

例题： 施工企业在工程投标及签订合同阶段编制的估算成本计划，属于（　　）成本计划。【2016年真题题干】

A. 竞争性   B. 指导性   C. 实施性   D. 作业性

【答案】A

重点难点专项突破

1. 本考点还可以考核的题目有：

（1）下列施工成本计划中，（A）成本计划以招标文件中的合同条件、投标者须知、技术规范、设计图纸和工程量清单等为依据，以有关价格条件说明为基础，结合调研和现场踏勘、答疑等情况，根据本企业自身的工料消耗标准、水平、价格资料和费用指标，对本企业完成招标工程所需要支出的全部费用的估算。

（2）下列成本计划中，总体上较为粗略的是（A）成本计划。

（3）某施工企业经过投标获得了某工程的施工任务，合同签订后，公司有关部门开始选派项目经理并编制成本计划，该阶段所编制的成本计划属于（B）成本计划。

（4）以合同价为依据，按照企业的预算定额标准制定的设计预算成本计划，属于（B）成本计划。

（5）下列成本计划中，用于确定责任总成本目标的是（B）成本计划。【2020年考过】

（6）以项目实施方案为依据，以落实项目经理责任目标为出发点，采用企业的施工定额，通过编制施工预算而形成的施工成本计划是一种（C）成本计划。

> 注意：
> 题目中的"施工定额""施工预算"，分别在2014年、2017年分别作为采分点考查了单项选择题。

（7）项目施工准备阶段的施工预算成本计划属于（C）成本计划。

2. D 选项是考试时常会出现的干扰选项。

3. 本考点还有一个采分点——成本计划的编制基础和关键，这在 2011—2014 年每年都考核一道单项选择题。2010 年作为备选项出现在判断正确与错误说法的题目中。

成本计划的编制以成本预测为基础，关键是确定目标成本。

专项突破 2 施工预算的内容

例题： 将已汇总的人工、材料、机械台班消耗数量分别乘以人工工资单价、材料价格、机械台班单价，计算出人料机费的表格是（ ）。**【2018 年考过】**

A. 工程量计算汇总表　　　　　　　　B. 施工预算工料分析表

C. 人工汇总表　　　　　　　　　　　D. 材料消耗量汇总表

E. 施工预算表　　　　　　　　　　　F. "两算"对比表

【答案】 E

重点难点专项突破

1. 本考点还可以考核的题目有：

（1）为了便于生产、调度、计划、统计及分期材料供应，根据工程情况，可将工程量按分层、分段、分部位进行汇总，然后进行单位工程汇总的表格为（A）。

（2）将计算出的人工、材料、机械台班消耗数量，以及人工费、材料费、机械费等与施工图预算进行对比，找出节约或超支的原因，作为开工之前的预测分析依据的表格为（F）。

（3）施工预算的内容是以单位工程为对象，进行人工、材料、机械台班数量及其费用总和的计算。它由编制说明和预算表格两部分组成。其中预算表格部分包括（A、B、C、D、E、F）。

2. "两算"是指施工预算和施工图预算【**2016 年、2020 年考过**】。"两算"对比表是指同一工程内容的施工预算与施工图预算的对比分析表。

专项突破 3 施工图预算与施工预算的对比

项目		施工预算	施工图预算
区别	编制依据	施工定额【2015 年、2021 年考过】	预算定额【2015 年、2021 年考过】
	适用范围	施工企业内部管理用的一种文件，与发包人无直接关系【2011 年、2021 年考过】	既适用于发包人，又适用于承包人【2021 年考过】
	发挥作用	施工企业组织生产、编制施工计划、准备现场材料、签发任务书、考核功效、进行经济核算的依据	投标报价

项目	施工预算	施工图预算
对比分析内容	施工预算的人工数量及人工费比施工图预算一般要低6%左右。【2015年考过】 施工定额的用工量一般都比预算定额低。 施工预算的材料消耗量及材料费一般低于预算定额。【2011年、2015年考过】 施工机具部分只能采用两种预算的机具费进行对比分析。如果施工预算的机具费大量超支而又无特殊原因，则应考虑改变原施工方案，尽量做到不亏损而略有盈余。 施工预算的脚手架是根据施工方案确定的搭设方式和材料计算的，施工图预算则综合了脚手架搭设方式，按不同结构和高度，以建筑面积为基数计算的【2011年考过】；施工预算模板是按混凝土与模板的接触面积计算，施工图预算的模板则按混凝土体积综合计算	

重点难点专项突破

1. 施工图预算与施工预算的3个区别是常考考点，可能会就每一项不同单独命题，也可能会以判断正确与错误说法的综合题目考核。

2. 施工预算和施工图预算对比的方法有实物对比法和金额对比法。【2015年考过】

3. 本考点可能会这样命题：

（1）施工企业组织生产、编制施工计划、签发任务书的依据是（　　）。

A. 施工预算　　　　　　　　　　　　B. 施工图预算

C. 投标报价　　　　　　　　　　　　D. 项目经理的责任成本

【答案】A

（2）关于施工预算、施工图预算"两算"对比的说法，正确的是（　　）。

A. "两算"对比的方法包括实物对比法

B. 施工预算的编制以预算定额为依据，施工图预算的编制以施工定额为依据

C. 一般情况下，施工图预算的人工数量及人工费比施工预算低

D. 一般情况下，施工图预算的材料消耗量及材料费比施工预算低

【答案】A

专项突破4　按成本组成编制成本计划的方法

例题：下列费用按照费用构成要素划分，属于企业管理费的有（　　）。【2016年、2018年、2021年考过】

A. 计时工资或计件工资

B. 津贴、补贴

C. 特殊情况下支付的工资

D. 材料费【2016年考过】

E. 施工机械使用费

F. 仪器仪表使用费

G. 管理人员工资【2016年、2021年考过】

H. 办公费

I. 差旅交通费

J. 固定资产使用费【2016年、2021年考过】

K. 劳动保险和职工福利费

L. 工具用具使用费【2016年、2021年考过】

M. 劳动保护费【2018年考过】

N. 检验试验费【2016年、2018年考过】

O. 工会经费

P. 职工教育经费

Q. 财产保险费

R. 财务费

S. 税金

T. 城市维护建设税【2018年考过】

U. 教育费附加【2018年考过】

V. 地方教育附加

W. 社会保险费

X. 住房公积金

Y. 增值税【2018年考过】

【答案】G、H、I、J、K、L、M、N、O、P、Q、R、S、T、U、V

重点难点专项突破

1. 本考点还可以考核的题目有：

（1）下列费用按照费用构成要素划分，属于人工费的有（A、B、C）。

（2）下列费用按照费用构成要素划分，属于规费的有（W、X）。

2. 本考点在考试时会考核两个采分点：

一是按费用构成要素划分的建筑安装工程费用的组成。

二是施工成本按成本构成的分解。

3. 施工成本可以按成本构成分解为人工费、材料费、施工机具使用费和企业管理费等。该采分点在考试中多次考核。

专项突破5 按项目结构编制成本计划的方法

例题： 施工承包企业将其承接的高速公路项目的目标总成本，分解为桥梁工程成本、隧道工程成本、道路工程成本等子项，并编制相应的成本计划。这是按（ ）编制成本计划。【2012年真题题干】

A. 项目结构   B. 成本组成

C. 工程实施阶段   D. 工程性质

【答案】A

1. 本考点还可以考核的题目有:

(1) 施工成本分解为人工费、材料费、施工机械使用费、企业管理费等,在此基础上编制成本计划,这是按(B)编制成本计划。

(2) 某工程按照基础、主体、安装、装修等进行编制成本计划,这是按(C)编制成本计划。

2. D选项是干扰选项,成本计划的编制方法包括三种:按成本组成、按项目结构、按工程实施阶段。

3. 对于大中型工程项目,首先要把项目总成本分解到单项工程和单位工程中,再进一步分解为分部工程和分项工程。

4. 在完成施工项目成本目标分解之后,接下来就要具体地分配成本,编制分项工程的成本支出计划。在编制成本支出计划时,要在项目总体层面上考虑总的预备费,也要在主要的分项工程中安排适当的不可预见费。【2009年、2010年考过】

专项突破6 按项目结构编制成本计划的方法

例题:某工程按月编制的成本计划如下图所示,若6月、7月实际完成的成本为700万元和1000万元,其余月份的实际成本与计划相同,则关于成本偏差的说法,正确的有( )。

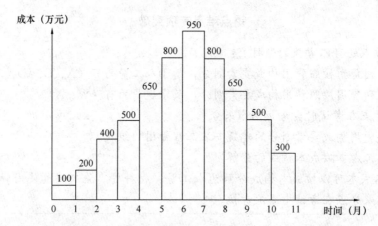

A. 第6个月末的计划成本累计值为2650万元

B. 第6个月末的实际成本累计值为2550万元

C. 第7个月末的计划成本累计值为3600万元

D. 第7个月末的实际成本累计值为3550万元

E. 若绘制S形曲线,所有工作的时间宜按最迟开始时间开始

【答案】A、B、C、D、E

重点难点专项突破

1. 按工程实施阶段编制成本计划的方法这部分内容中，应掌握两种表示形式：一种是在时标网络图上按月编制的成本计划；另一种是利用时间－成本曲线（S形曲线）表示（如下图所示）。

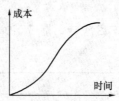

上述例题是第一种表示形式，下面对这道题进行分析：

A选项：第6个月末的计划成本累计值＝100＋200＋400＋500＋650＋800＝2650万元。

B选项：第6个月末的实际成本累计值＝100＋200＋400＋500＋650＋700＝2550万元。

C选项：第7个月末的计划成本累计值＝100＋200＋400＋500＋650＋800＋950＝3600万元。

D选项：第7个月末的实际成本累计值＝100＋200＋400＋500＋650＋700＋1000＝3550万元。

E选项：一般而言，所有工作都按最迟开始时间开始，对节约资金贷款利息是有利的，但同时，也降低了项目按期竣工的保证率。【2012年、2019年考过】

2. 时间－成本累积曲线的绘制步骤如下：

（1）确定工程项目进度计划，编制进度计划的横道图。

（2）根据每单位时间内完成的实物工程量或投入的人力、物力和财力，计算单位时间（月或旬）的成本，在时标网络图上按时间编制成本支出计划。

（3）计算规定时间 t 计划累计支出的成本额。其计算方法为：各单位时间计划完成的成本额累加求和。

（4）按各规定时间的 Q_t 值，绘制S形曲线。

重点提示：

S形曲线必然包络在由全部工作都按最早开始时间开始和全部工作都按最迟必须开始时间开始的曲线所组成的"香蕉图"内。【2019年考过】

命题总结：

时间——成本累积曲线的绘制会有三种考核题型：

第一种：题干中给出绘制工作，要求判断正确的步骤，2017年考查了这种题型。

第二种：判断某项工作紧前或者紧接着应进行的工作，2021年考查了这种题型。

第三种：给出成本计划时间——成本累积曲线，要求计算某月份的成本计划值，2015年考查了这种题型。

3. 本考点可能会这样命题：

（1）某项目施工成本计划如下图所示，则5月末计划累积成本支出为（　　）万元。【2018年真题】

项目名称	成本强度（万元/月）	工程进度（月）				
		1	2	3	4	5
A	10					
B	20					
C	15					
D	30					
E	25					

A. 75　　　　　　　B. 180　　　　　　　C. 270　　　　　　　D. 325

【答案】C

【解析】5月末计划累计成本支出＝（10×3）＋（20×4）＋（15×3）＋（30×3）＋25＝270万元。

（2）某项目按施工进度编制的施工成本计划如下图所示，则4月份计划成本是（　　）万元。【2015年真题】

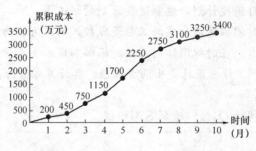

A. 300　　　　　　　B. 400　　　　　　　C. 750　　　　　　　D. 1150

【答案】B

【解析】4月份计划成本＝1150－750＝400万元。

（3）采用时间——成本累计曲线编制建设工程项目进度计划时，从节约资金贷款利息的角度出发，适宜采取的做法是（　　）。

A. 所有工作均按最早开始时间开始　　　　B. 关键工作均按最迟开始时间开始

C. 所有工作均按最迟开始时间开始　　　　D. 关键工作均按最早开始时间开始

【答案】C

1Z202030 成 本 控 制

专项突破 1 成本控制的依据

例题： 施工成本控制的主要依据包括（　　）。【2017年真题题干】

A. 合同文件【2010年、2017年考过】

B. 成本计划【2017年考过】

C. 进度报告【2010年、2017年考过】

D. 工程变更与索赔资料【2010年、2017年考过】

E. 各种资源的市场信息

【答案】A、B、C、D、E

重点难点专项突破

1. 本考点还可以考核的题目有：

（1）施工成本控制要以（A）为依据，围绕降低工程成本这个目标，从预算收入和实际成本两方面，努力挖掘增收节支潜力，以求获得最大的经济效益。

（2）施工成本控制需要进行实际成本情况与施工成本计划的比较，其中实际成本情况是通过（C）反映的。

（3）下列施工成本控制依据中，能提供工程实际完成量及工程款实际支付情况的是（C）。

2. 本考点还有一个采分点需要掌握，会考核单项选择题。

成本计划是根据施工项目的具体情况制定的施工成本控制方案，既包括预定的具体成本控制目标，又包括实现控制目标的措施和规划，是施工成本控制的指导文件。

专项突破 2 施工成本控制的程序

例题： 成本的过程控制包括管理行为控制程序和指标控制程序。下列内容属于管理行为控制程序的有（　　）。

A. 建立项目成本管理体系的评审组织和评审程序

B. 建立成本管理体系运行的评审组织和评审程序

C. 目标考核，定期检查

D. 制定对策，纠正偏差

E. 确定成本管理分层次目标

F. 采集成本数据，监测成本形成过程

G. 找出偏差，分析原因

H. 调整改进成本管理方法

【答案】A、B、C、D

1. 本考点还可以考核的题目有：

下列内容属于指标控制程序的有（D、E、F、G、H）。

2. 本考点需要掌握两个采分点，一个是管理行为控制程序与指标控制程序的关系；一个是管理行为控制程序与指标控制的程序。

3. 通过上述例题，我们学习了控制程序的内容，考试还会有一种考核方式就是，给出几项工作内容，判断正确的顺序。2018年以这种题型考核了指标控制程序。

4. 管理行为控制程序与指标控制程序有怎样的关系，我们来看下：

管理行为控制程序是对成本全过程控制的基础，指标控制程序则是成本进行过程控制的重点。两个程序既相对独立又相互联系，既相互补充又相互制约。【2014年、2016年、2017年考过】

专项突破3 成本的过程控制

例题：材料费控制按照"量价分离"原则，控制材料用量和材料价格。材料用量的控制方法（   ）。

A. 定额控制   B. 指标控制   C. 计量控制   D. 包干控制

【答案】A、B、C、D

1. 本考点还可以考核的题目有：

（1）某施工项目部根据以往项目的材料实际耗用情况，结合具体施工项目要求，制定领用材料标准控制发料。这种材料用量控制方法是（B）。【2015年真题题干】

（2）在材料使用过程中，对部分小型及零星材料根据工程量计算出所需材料量，将其折算成费用，由作业者采取（D）。

2. 施工阶段是成本发生的主要阶段，这个阶段的成本控制包括人工费控制、材料费的控制、施工机械使用费的控制、施工分包费用的控制。

3. 人工费的控制实行"量价分离"的方法。控制人工费的方法可能会考核多项选择题，主要包括：

（1）加强劳动定额管理。

（2）提高劳动生产率。

（3）降低工程耗用人工工日。

（4）实行弹性需求的劳务管理制度。【2014年考过】

4. 材料价格主要由材料采购部门控制。

5. 控制施工机械使用费支出，应主要从台班数量和台班单价两个方面进行控制。2014年考核了台班单价控制方法，2020年考核了台班数量的控制方法。

6. 对分包费用的控制，主要是要做好分包工程的询价、订立平等互利的分包合同、建立稳定的分包关系网络、加强施工验收和分包结算等工作。【2014年考过】

专项突破4 赢 得 值 法

例题： 某分项工程月计划完成工程量为 $3200m^2$，计划单价为 15 元/ m^2。月底承包商实际完成工程量为 $2800m^2$，实际单价为 20 元/ m^2，则该工程当月的计划工作预算费用（$BCWS$）为（　　）元。【2019年真题题干】

A. 42000 　　　　　　　　B. 48000

C. 56000 　　　　　　　　D. −1400

E. −600

【答案】B

重点难点专项突破

1. 本考点还可以考核的题目有：

(1) 若上述已知条件不变，则该工程当月的已完工作预算费用（$BCWP$）为（A）。

(2) 若上述已知条件不变，则该工程当月的已完工作实际费用（$ACWP$）为（C）。

(3) 若上述已知条件不变，则该工程的费用偏差为（D）。

(4) 若上述已知条件不变，则该工程的进度偏差为（E）。

(5) 若上述已知条件不变，则该工程的费用绩效指数为（0.75）。

(6) 若上述已知条件不变，则该工程的进度绩效指数为（0.875）。

2. 本考点是每年的必考考点，内容涉及计算3个基本参数和4个评价指标，而且计算公式都很相似，靠记忆容易混淆，可以按下列方法记忆。

(1) 3个基本参数

参数	计算	说明	理想状态
已完工作预算费用（$BCWP$）	Σ（已完成工作量×预算单价）	实际希望支付的钱（执行预算）	$ACWP$、$BCWS$、$BCWP$ 三条曲线靠得很近、平稳上升，表示项目按预定计划目标进行。如果三条曲线离散度不断增加，预示可能发生关系到项目成败的重大问题
计划工作预算费用（$BCWS$）	Σ（计划工作量×预算单价）	希望支付的钱（计划预算）	
已完工作实际费用（$ACWP$）	Σ（已完成工作量×实际单价）	实际支付的钱（执行成本）	

(2) 4个评价指标

指标	计算	记忆	评价	记忆	说明	意义
投资偏差（CV）	$BCWP-ACWP$	两"已完"相减，预算减实际	<0，超支；>0，节支	得负不利，得正有利	反映的是相对偏差，在同一项目和不同项目比较中均可采用	在项目的投资、进度综合控制中引入赢得值法，可以克服过去进度、投资分开控制的缺点。赢得值法即可定量地判断进度、投资的执行效果
进度偏差（SV）	$BCWP-BCWS$	两"预算"相减，已完减计划	<0，延误；>0，提前			
投资绩效指数（CPI）	$BCWP/ACWP$	—	<1，超支；>1，节支	大于1有利；小于1不利	反映的是绝对偏差，仅适合于对同一项目作偏差分析	
进度绩效指数（SPI）	$BCWP/BCWS$	—	<1，延误；>1，提前			

3. 如何来记忆我们都总结了一些规律，接下来就以常考的题目来掌握一下这个必考点吧。

（1）某分项工程某月计划工程量为 $3200m^2$，计划单价为 15 元/m^2，月末核定实际完成工程量为 $2800m^2$，实际单价为 20 元/m^2。则该分项工程的已完工作预算费用（$BCWP$）是（　　）元。【2021 年真题】

A. 56000　　　　　B. 64000　　　　　C. 42000　　　　　D. 48000

【答案】C

【解析】已完工作预算费用（$BCWP$）＝$2800×15＝42000$ 元。

（2）某混凝土工程施工情况如下图所示，清单综合单价为 1000 元/m^3，按月结算，根据赢得值法，该工程 6 月末进度偏差（SV）是（　　）万元。【2020 年真题】

项目名称	计划施工（m³/月）	实际施工（m³/月）	工程进度（月）								
			1	2	3	4	5	6	7	8	9
A	2500	2300									
B	2600	2500						计划进度 实际进度			
C	3100	2900									
D	1000	1000									
E	1200	1250									

A. －215　　　　　B. －200　　　　　C. －125　　　　　D. －60

【答案】A

【解析】进度偏差（SV）＝$1000×[(2300×4＋2500×2＋1250×1)－(2500×4＋2600×2＋1200×2)]＝－2150000$ 元＝$－215$ 万元。2017 年考核的也是进度偏差的计算。

（3）某分项工程采用赢得值法分析得到：已完工作预算费用（$BCWP$）＞计划工作预算费用（$BCWS$）＞已完工作实际费用（$ACWP$），则该工程（　　）。【2019 年真题】

A. 费用超支　　　　　　　　　B. 费用节余
C. 进度延误　　　　　　　　　D. 进度提前
E. 费用绩效指数大于 1

【答案】B、D、E

【解析】当费用偏差 CV 为正值时，表示项目运行节支，实际费用没有超出预算费用。故 B 选项正确。当进度偏差 SV 为正值时，表示进度提前，即实际进度快于计划进度。故 D 选项正确。费用绩效指数＝已完工作预算费用/已完工作实际费用。故 E 选项正确。

（4）某工程每月所需混凝土量相同，混凝土用量为 3200m³，计划 4 个月完成，混凝土综合价格为 1000 元/m³；实际混凝土用量为 5000m³，用时 5 个月，第 1 个月至第 5 个月各月混凝土价格指数（％）为 100、115、110、105、115。则根据赢得值法，前 3 个月的费用偏差为（　　）万元。【2015 年考题】

A. －30　　　　　　B. －25　　　　　　C. －22　　　　　　D. －20

【答案】B

【解析】已完成工作量＝5000/5＝1000m³。费用偏差＝（1000×1000×3）－（1000×1000×100％＋1000×1000×115％＋1000×1000×110％）＝－250000 元＝－25 万元。

（5）某施工企业进行土方开挖工程，按合同约定 3 月份的计划工程量为 2400m³，计划单价是 12 元/m³；到月底检查时，确认承包商实际完成的工程量为 2000m³，实际单价为 15 元/m³。则该工程的进度偏差（SV）和进度绩效指数（SPI）分别为（　　）。【2010 年考题】

A. －0.6 万元，0.83　　　　　　　　B. －0.48 万元，0.83

C. 0.6 万元，0.80　　　　　　　　　D. 0.48 万元，0.80

【答案】B

【解析】已完工作预算费用＝200×12＝2.4 万元，计划工作预算费用＝2400×12＝2.88 万元，进度偏差＝2.4－2.88＝－0.48 万元，进度绩效指数＝2.4/2.88＝0.83。

（6）某土方工程，月计划工程量 2800m³，预算单价 25 元/m³；到月末时已完成工程量 3000m³，实际单价 26 元/m³。对该项工作采用赢得值法进行偏差分析的说法，正确的是（　　）。

A. 已完成工作实际费用为 75000 元

B. 费用绩效指标＞1，表明项目运行超出预算费用

C. 进度绩效指标＜1，表明实际进度比计划进度拖后

D. 费用偏差为－3000 元，表明项目运行超出预算费用

【答案】D

【解析】已完成工作实际费用＝已完成工作量×实际单价＝3000×26＝78000 元，已完工作预算费用＝3000×25＝75000 元，计划工作预算费用＝2800×25＝70000 元；费用偏差＝75000－78000＝－3000 元，表示项目运行超出预算费用。费用绩效指数＝75000/78000＝0.96＜1，表示超支，即实际费用高于预算费用；进度绩效指数＝75000/70000＝1.07＞1，表示进度提前，即实际进度比计划进度快。

专项突破 5　偏差分析的表达方法

例题：某混凝土工程的清单综合单价 1000 元/m³，按月结算，其工程量和施工进度数据见下表。按赢得值法计算，3 月末已完工作实际费用（ACWP）是 9790 千元。该工程 3 月末参数或指标正确的有（　　）。【2018 年真题】

工作名称	计划工程量 (m³/月)	实际工程量 (m³/月)	工程进度（月）			
			1	2	3	4
工作A	4500	4500	■			
工作B	2500	2300		■		
工作C	1200	1250			■	■

图例：实际进度 ■■■　　计划进度 ■■■

A. 已完工作预算费用（BCWP）是 9100 千元

B. 费用偏差（CV）是 690 千元

C. 进度偏差（SV）是−1600 千元

D. 费用绩效指数（CPI）是 0.93

E. 计划工作预算费用（BCWS）是 10700 千元

【答案】 A、C、D、E

重点难点专项突破

1. 偏差分析方法常用的有横道图法、表格法、曲线法。上述例题就是考核的横道图法，解答本题也是需要应用赢得值法的几个公式的，解题过程如下：

（1）已完工作预算费用（BCWP）＝∑（已完成工作量×预算单价）＝1000×（4500＋2300×2）＝910 万元。

（2）计划工作预算费用（BCWS）＝∑（计划工作量×预算单价）＝1000×（4500＋2500×2＋1200）＝1070 万元。

（3）已完工作实际费用（ACWP）＝979 万元。

（4）费用偏差（CV）＝BCWP−ACWP＝910−979＝−69 万元。

（5）进度偏差（SV）＝BCWP−BCWS＝910−1070＝−160 万元。

（6）费用绩效指数（CPI）＝BCWP/ACWP＝910/979＝0.93。

2. 横道图法、表格法（最常用）的特点也需要掌握，两者的特点如下图所示，2011 年、2021 年考试是以判断正确说法的题型考核的。

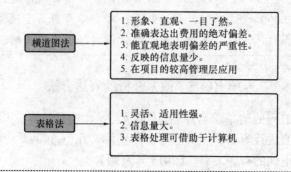

横道图法 →
1. 形象、直观、一目了然。
2. 准确表达出费用的绝对偏差。
3. 能直观地表明偏差的严重性。
4. 反映的信息量少。
5. 在项目的较高管理层应用

表格法 →
1. 灵活、适用性强。
2. 信息量大。
3. 表格处理可借助于计算机

3. 再来看本考点中的另一采分点——曲线法（如下图所示）。

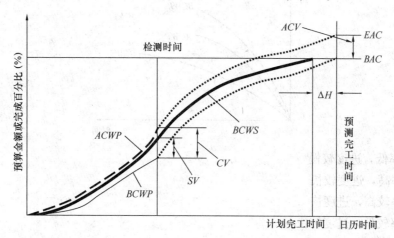

BAC——项目完工预算，指编计划时预计的项目完工费用。

EAC——预测的项目完工估算，指计划执行过程中根据当前的进度、费用偏差情况预测的项目完工总费用。

ACV——预测项目完工时的费用偏差。

$ACV=BAC-EAC$。

重点提示：

已完工作实际成本曲线与已完工作预算成本曲线的竖向距离表示成本累计偏差。【2011年、2016年、2019年考过】

曲线法在考试时可能会这样命题：

某项目地面铺贴的清单工程量为 1000m²，预算费用单价 60 元/m²，计划每天施工 100m²。第 6 天检查时发现，实际完成 800m²，实际费用为 5 万元。根据上述情况，预计项目完工时的费用偏差（ACV）是（   ）元。【2019年考过】

A. −2000　　　　　B. −2500　　　　　C. 2000　　　　　D. 2500

【答案】B

【解析】

BAC＝完工的计划工程量×预算价＝1000×60＝60000 元。

EAC＝工程量×预测的价格（实际单价）。

实际的价格＝50000/800＝62.5 元/m²。

EAC＝1000×62.5＝62500 元。

$ACV=BAC-EAC$＝60000−62500＝−2500 元。

专项突破 6　赢得值法参数分析与应对措施

例题： 某工程项目的赢得值曲线如下图所示，关于项目偏差原因分析与纠偏措施的说法，正确的是（   ）。【2017年真题题干】

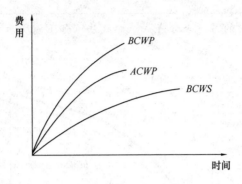

A. 效率低，进度较慢

B. 效率高，进度较快

C. 效率较高，进度快

D. 效率较低，进度较快

E. 效率较低，进度慢

F. 效率较高，进度较慢

G. 用工作效率高的人员更换一批工作效率低的人员

H. 偏离不大，维持现状

I. 抽出部分人员，放慢进度【2017年考过】

J. 抽出部分人员，增加少量骨干人员

K. 增加高效人员投入

L. 迅速增加人员投入

【答案】C、I

重点难点专项突破

1. 本考点还可以考核的题目有：

(1) 某工程第三个月末时的已完工作实际费用（ACWP）为1200万元、已完工作预算费用（BCWP）为1000万元、计划工作预算费用（BCWS）为1500万元，根据赢得值法判断分析应采取的措施是（K）。【2020年真题题干】

(2) 某工程项目的赢得值曲线如下图所示，关于项目偏差原因分析与纠偏措施的说法，正确的是（A、G）。

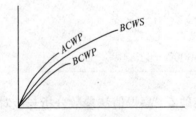

(3) 某工程项目的赢得值曲线如下图所示，关于项目偏差原因分析与纠偏措施的说法，正确的是（B、H）。

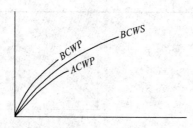

（4）某工程项目的赢得值曲线如下图所示，关于项目偏差原因分析与纠偏措施的说法，正确的是（D、J）。

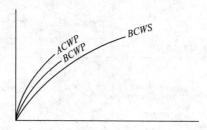

（5）某工程项目的赢得值曲线如下图所示，关于项目偏差原因分析与纠偏措施的说法，正确的是（E、K）。

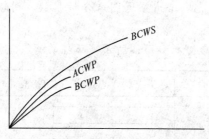

（6）某工程项目的赢得值曲线如下图所示，关于项目偏差原因分析与纠偏措施的说法，正确的是（F、L）。

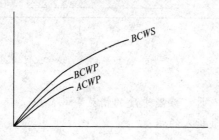

2. 上述题目是给出了三个参数的图形，对参数的分析，并判断应采取的措施。通过上述题目中的图形，也是可以判断出三个参数的关系。下面列表来展示这些图形中的参数关系。

图形	参数关系	图形	参数关系
 ACWP BCWS BCWP	$ACWP>BCWS$ $>BCWP$ $CV<0$；$SV<0$	 ACWP BCWP BCWS	$ACWP>BCWP$ $>BCWS$ $CV<0$；$SV>0$
 BCWP BCWS ACWP	$BCWP>BCWS$ $>ACWP$ $CV>0$；$SV>0$	 BCWS ACWP BCWP	$BCWS>ACWP$ $>BCWP$ $CV<0$；$SV<0$
 BCWP ACWP BCWS	$BCWP>ACWP$ $>BCWS$ $CV>0$；$SV>0$	 BCWS BCWP ACWP	$BCWS>BCWP$ $>ACWP$ $CV>0$；$SV<0$

3. 本考点在考试时，也会给出横道图来分析参数，判断采取的措施，比如下面这道题目：

某工作横道图费用偏差分析如下图所示，正确的有（　　）。

项目编号	项目名称	费用参数额（万元）
010302001	实心砖墙	已完工作预算费用40（BCWP） 计划工作预算费用30（BCWS） 已完工作实际费用50（ACWP）

A. 费用超支

B. 进度较快

C. 效率较高

D. 可采用抽出部分人员，放慢进度的措施

E. 采用增加高效人员投入的措施

【答案】A、B

【解析】通过横道图可以看出：$ACWP>BCWP>BCWS$，由此可以判断 $CV<0$，$SV>0$，也就得出 A 选项是正确的，说明效率较低，进度较快。

1Z202040 成本核算

专项突破 1 成本核算的原则

例题： 在成本核算中，应当对可能发生的损失和费用作出合理预计，以增强抵御风险的能力。这体现了成本核算原则的（ ）。【2021 年真题题干】

A. 分期核算原则
B. 相关性原则
C. 一贯性原则
D. 实际成本核算原则
E. 及时性原则
F. 配比原则
G. 权责发生制原则
H. 谨慎原则
I. 划分收益性支出与资本性支出原则
J. 重要性原则

【答案】H

重点难点专项突破

本考点还可以考核的题目有：

（1）为了使企业各期成本核算资料口径统一，前后连贯，相互可比，成本核算所采用的方法应前后一致。这体现了成本核算原则的（C）。

（2）企业成本的核算，结转和成本信息的提供应当在要求时期内完成。这体现了成本核算原则的（E）。

专项突破 2 成本核算的范围和程序

例题： 根据《企业会计准则第 15 号——建造合同》，工程成本包括从建造合同签订开始至合同完成止所发生的、与执行合同有关的直接费用和间接费用。下列属于工程成本直接费用的有（ ）。【2018 年考过】

A. 材料费用
B. 人工费用【2018 年考过】
C. 机械使用费【2018 年考过】
D. 材料搬运费
E. 材料装卸保管费
F. 燃料动力费
G. 临时设施摊销费
H. 生产工具用具使用费
I. 检验试验费
J. 工程定位复测费【2020 年考过】
K. 工程点交费
L. 场地清理费
M. 管理人员差旅交通费【2018 年考过】

【答案】A、B、C、D、E、F、G、H、I、J、K、L

重点难点专项突破

1. 本考点还可以考核的题目有：

（1）根据《企业会计准则第 15 号——建造合同》，工程成本中的其他直接费包括施工过程中发生的（D、E、F、G、H、I、J、K、L）。【2020 年考过】

（2）下列施工费用中，应计入间接成本的是（M）。

2. 从近两年的考试情况来看，本考点考核力度还是很大的，2018年、2019年每年分别考核三道题目。

3. 关于成本核算的范围，还会涉及计算题的考核：

（1）某施工单位于2020年6月为订立某项目建造合同共发生差旅费、投标费50万元，该项目于2021年6月完成，工程完工时共发生人工费700万元，差旅费5万元，项目管理人员工资98万元，材料采购及保管费15万元。根据《财政部关于印发〈企业产品成本核算制度（试行）〉的通知》，应计入直接费用的是（　）万元。【2021年真题】

A.798　　　　　　　B.765　　　　　　　C.813　　　　　　　D.770

【答案】B

【解析】直接费用＝700＋50＋15＝765万元。

（2）某施工单位为订立某工程项目建造合同共发生差旅费、投标费50万元。该项目工程完工时共发生人工费600万元，差旅费5万元，管理人员工资98万元，材料采购及保管费15万元。根据《企业会计准则第15号——建造合同》，间接费用是（　）万元。【2019年真题】

A.50　　　　　　　B.55　　　　　　　C.70　　　　　　　D.103

【答案】D

【解析】间接费用企业下属的施工单位或生产单位为组织和管理施工生产活动所发生的费用，即5＋98＝103万元。

4. 项目成本核算应坚持形象进度、产值统计、成本归集同步的原则，即三者的取值范围应是一致的。【2020年考过】

5.《财政部关于印发〈企业产品成本核算制度（试行）〉的通知》（财会［2013］17号）则将成本项目分为以下类别：直接人工、直接材料、机械使用费、其他直接费用、间接费用、分包成本。【2018年考过】

6. 成本核算的程序会有下面两种考查题型：

第一种：给出题干中给出若干项核算工作，判断备选项中正确的顺序。

工程成本核算包括的环节有：①对应计入工程成本的各项费用，区分哪些应当计入本月的工程成本，哪些由其他月份的工程成本负担；②对发生的费用进行审核，确定应计入工程成本的费用和计入各项期间费用的数额；③确定本期已完工程实际成本；④核算竣工工程实际成本。则正确的核算程序是（　）。

A.①②③④　　　B.①②④③　　　C.②①③④　　　D.②③①④

【答案】C

第二种：给出某一项核算工作，判断其前面工作或后续应进行的工作。

项目成本核算的程序中，将每个月应计入工程成本的生产费用，在各个成本对象之间进行分配和归集，计算各工程成本后需进行的工作是（　）。

A. 对所发生的费用进行审核，确定应计入成本的费用和期间费用

B. 将应计入工程成本的各项费用，区分计入本月或其他月份的工程成本

C. 对未完工程进行盘点，确定本期已完工程实际成本

D. 将已完工程成本转入工程结算成本

【答案】C

专项突破 3 施工成本核算的方法

例题： 施工项目成本核算的方法主要有表格核算法和会计核算法。其中会计核算法的特点包括(　　)。

A. 简便易懂【2021 年考过】

B. 方便操作【2020 年、2021 年考过】

C. 实用性较好

D. 精度不高【2019 年、2021 年考过】

E. 覆盖面较小【2019 年、2020 年、2021 年考过】

F. 科学严密【2019 年、2021 年考过】

G. 人为控制的因素较小

H. 核算的覆盖面较大【2019 年、2021 年考过】

I. 对核算工作人员的专业水平和工作经验要求较高

【答案】F、G、H、I

重点难点专项突破

1. 本考点还可以考核的题目有：

(1) 采用会计核算法进行施工项目成本核算的优点有 (F、G、H)。

(2) 采用会计核算法进行施工项目成本核算的缺点有 (I)。

(3) 采用表格核算法进行施工项目成本核算的优点有 (A、B、C)。

(4) 采用表格核算法进行施工项目成本核算的缺点是 (D、E)。

2. 在 2018 年、2019 年、2021 年考试中，都是以判断正确与错误说法的综合题目考核。

3. 项目财务部门一般采用会计核算法。【2019 年、2021 年考过】

4. 表格核算法具有操作简单和表格格式自由等特点，因而对工程项目内各岗位成本的责任核算比较实用【2021 年考过】。用表格核算法进行工程项目施工各岗位成本的责任核算和控制，用会计核算法进行工程项目成本核算，两者互补，相得益彰，确保工程项目成本核算工作的开展。【2018 年、2019 年、2020 年考过】

1Z202050　成本分析和成本考核

专项突破 1　成本分析的依据和内容

例题： 在项目成本分析的依据中，既可对已经发生的经济活动进行核算，又可对尚未

发生的经济活动进行核算的方式是( )。【2019年真题题干】

A. 会计核算
B. 业务核算
C. 统计核算
D. 成本核算

【答案】B

重点难点专项突破

1. 本考点还可以考核的题目有：

（1）通过设置账户、复式记账、填制和审核凭证、登记账簿、成本计算、财产清查和编制会计报表等一系列有组织有系统的方法，来记录企业的一切生产经营活动，然后据此提出一些用货币来反映有关各种综合性经济指标数据的核算方式是（A）。

（2）在项目成本分析的依据中，一般是对已经发生的经济活动进行核算的是（A、C）。

（3）在项目成本分析的依据中，通过全面调查和抽样调查等特有的方法，不仅能提供绝对数指标，还能提供相对数和平均数指标，可以计算当前的实际水平，还可以确定变动速度以预测发展趋势的核算是（C）。【2020年考过】

2. D选项是考试时可能会设置的干扰选项。

3. 该考点还应掌握以下采分点：

（1）会计核算主要是价值核算。【2017年考过】

（2）业务核算的范围比会计、统计核算要广。

（3）业务核算的目的在于迅速取得资料，以便在经济活动中及时采取措施进行调整。【2009年考过】

（4）统计核算的计量尺度比会计宽，可以用货币计算，也可以用实物或劳动量计量。【2017年考过】

> 命题总结：
> 上述采分点一般不会单独成题，多在判断正确与错误说法的综合题目中以备选项出现。

4. 成本分析的内容可能会考核多项选择题，包括：①时间节点成本分析。②工作任务分解单元成本分析。③组织单元成本分析。④单项指标成本分析。⑤综合项目成本分析。

5. 成本分析的步骤可能会考核判断正确顺序的题目，除了这种题型，还会可能会给出某项工作，判断其前面的工作或紧接着应进行的工作。

施工成本分析的主要工作有：①收集成本信息；②选择成本分析方法；③分析成本形成原因；④进行成本数据处理；⑤确定成本结果。正确的步骤是( )。

A.①—②—④—⑤—③
B.②—③—①—⑤—④
C.①—③—②—④—⑤
D.②—①—④—③—⑤

【答案】D

专项突破 2　成本分析的基本方法

例题：下列施工成本分析方法中，可以用来分析各种因素对成本影响程度的是（　　）。【2012 年、2014 年、2016 年真题题干】

A. 比较法 　　　　　　　　　　　B. 连环置换法

C. 差额计算法 　　　　　　　　　D. 相关比率法

E. 构成比率法 　　　　　　　　　F. 动态比率法

【答案】B

重点难点专项突破

1. 本考点还可以考核的题目有：

（1）下列施工成本分析方法中，通过技术经济指标的对比，检查目标的完成情况，分析产生差异的原因，进而挖掘内部潜力的方法是（A）。

（2）某施工项目经理对商品混凝土的施工成本进行分析，发现其目标成本是 44 万元，实际成本是 48 万元，因此要分析产量、单价、损耗率等因素对混凝土成本的影响程度，最适宜采用的分析方法是（B）。

（3）下列施工成本分析方法中，利用各个因素的目标值与实际值的差额来计算其对成本影响程度的方法是（C）。

（4）比率法是用两个以上的指标的比例进行分析的方法，常用的比率法有（D、E、F）。

2. 成本分析的基本方法包括 4 种，单项选择题、多项选择题都可能会考查。如果考查多项选择题，干扰选项会设置成本核算的方法，也可能会是偏差分析的方法。

> **命题总结：**
> 比较法又称指标对比分析法；因素分析法又称连环置换法。在 2012 年、2014 年、2016 年考试时都是以连环置换法作为备选项考核。

3. 在本考点中还会考查一个非常重要的计算题——利用因素分析法分析各因素对成本影响程度的分析。通过下面这道题目来讲解：

某单位产品 1 月份成本相关参数见下表，用因素分析法计算，单位产品人工消耗量变动对成本的影响是（C）元。

某单位产品 1 月份成本相关参数表

项目	单位	计划值	实际值
产品产量	件	180	200
单位产品人工消耗量	工日/件	12	11
人工单价	元/工日	100	110

A. -18000 　　　　　　　　　　B. -19800

C. -20000 　　　　　　　　　　D. -22000

【解析】首先应掌握因素分析法的计算步骤：

(1) 确定分析对象，并计算出实际与目标数的差异；

(2) 确定该指标是由哪几个因素组成的，并按其相互关系进行排序（排序规则是：先实物量，后价值量；先绝对值，后相对值）；

(3) 以目标数为基础，将各因素的目标数相乘，作为分析替代的基数；

(4) 将各个因素的实际数按照上面的排列顺序进行替换计算，并将替换后的实际数保留下来；

(5) 将每次替换计算所得的结果，与前一次的计算结果相比较，两者的差异即为该因素对成本的影响程度；

(6) 各个因素的影响程度之和，应与分析对象的总差异相等。

本题的解题过程如下：

顺序	连环替代计算	差异（元）	因素分析
目标数	$180 \times 12 \times 100 = 216000$		
第一次替代	$200 \times 12 \times 100 = 240000$	24000	由于产量增加20件，成本增加24000元
第二次替代	$200 \times 11 \times 100 = 220000$	-20000	由于产品人工消耗量减少1工日/件，成本减少20000元
第三次替代	$200 \times 11 \times 110 = 242000$	22000	由于人工单价每工日提高10元，成本增加22000元
合计		$24000 - 20000 + 22000 = 26000$	

4. 在本考点中还会考查一个计算题——利用差额计算法分析各因素对成本的影响程度。2014年、2015年都有考核过，我们一起来看下2014年这个题目：

某施工项目某月的成本数据见下表，应用差额计算法得到预算成本增加对成本的影响是( )万元。【2014年真题】

某施工项目某月的成本数据表

项目	单位	计划	实际
预算成本	万元	600	640
成本降低率	%	4	5

A. 12.0   B. 8.0   C. 6.4   D. 1.6

【答案】D

【解析】预算成本增加对成本降低额的影响程度：$(640-600) \times 4\% = 1.6$ 万元。

5. 比率法包括相关比率法、构成比率法、动态比率法，第一，可以考查一个多项选择题；第二，根据成本分析表，考查计算题目；第三，可能会给我们一个成本分析表，让我们判断所给选项的说法是否正确。我们一起来看第二、三类型题目：

（1）某工程各门窗安装班组的相关经济指标见下表，按照成本分析的比率法，人均效益最好的班组是（　　）。【2018年真题】

工程各门窗安装班组的相关经济指标表

项目	班组甲	班组乙	班组丙	班组丁
工程量（m²）	5400	5000	4800	5200
班组人数（人）	50	45	42	43
班组人工费（元）	150000	126000	147000	129000

A. 甲　　　　B. 乙　　　　　　C. 丙　　　　　　D. 丁

【答案】A

【解析】在一般情况下，都希望以最少的工资支出完成最大的产值。因此，用产值工资率指标来考核人工费的支出水平，可以很好地分析人工成本。经对比甲的人均效益最优。

（2）某项目成本及成本构成比例数据见下表，正确的有（　　）。【2015年真题】

成本构成比例分析表（单位：万元）

成本项目	预算成本		实际成本		降低成本		
	金额	比重	金额	比重	金额	占本项	占总量
一、直接成本	1263.79	93.20%	1200.31	92.38%	63.48	5.02%	4.68%
1. 人工费	113.36	8.36%	119.28	9.18%	−5.92	−5.22%	−0.44%
2. 材料费	1006.56	74.23%	939.67	72.32%	66.89	6.65%	4.93%
3. 机械费	87.6	6.46%	89.65	6.90%	−2.05	−2.34%	−0.15%
4. 措施费	56.27	4.15%	51.71	3.98%	4.56	8.10%	0.34%
二、间接成本	92.21	6.80%	99.01	7.62%	−6.8	−7.37%	−0.50%
总成本	1356	100.00%	1299.32	100.00%	56.68	4.18%	4.18%
比例	100	—	95.82%	—	4.18%		

A. 成本降低最多的项目是机械费　　B. 成本增加比例最大的是间接成本
C. 成本节约效益最大的是材料费　　D. 成本节约做得最好的是措施费
E. 直接成本增加比例最大的是人工费

【答案】B、C、D、E

【解析】成本降低最多的是材料费。

专项突破3　综合成本的分析方法

例题：综合成本分析方法包括（　　）。【2020年考过】
A. 分部分项工程成本分析　　　　B. 月（季）度成本分析
C. 年度成本分析　　　　　　　　D. 竣工成本综合分析

【答案】A、B、C、D

重点难点专项突破

1. 本考点还可以考核的题目有：

对施工项目进行综合成本分析时，可作为分析基础的是（A）。【2012 年、2016 年考过】

2. 分部分项工程成本分析是考试的重点，应掌握以下采分点：

（1）分部分项工程成本分析的对象为已完成分部分项工程。【2012 年、2021 年考过】

（2）分部分项工程成本分析方法是进行预算成本、目标成本和实际成本的"三算"对比。

（3）分部分项工程成本分析预算成本来自投标报价成本。【2012 年、2013 年、2016 年考过】

（4）分部分项工程成本分析目标成本来自施工预算。

（5）分部分项工程成本分析实际成本来自施工任务单的实际工程量、实耗人工和限额领料单的实耗材料。

（6）没有必要对每一个分部分项工程都进行成本分析。【2012 年、2016 年、2021 年考过】

（7）对于主要分部分项工程必须进行成本分析，而且要做到从开工到竣工进行系统的成本分析【2012 年、2016 年、2021 年考过】

3. 关于年度成本分析掌握 3 个采分点：

（1）企业成本要求一年结算一次，不得将本年成本转入下一年度。而项目成本则以项目的周期为结算期，要求从开工到竣工到保修期结束连续计算，最后结算出成本总量及其盈亏。

（2）年度成本分析的依据是年度成本报表。

（3）年度成本分析的重点是针对下一年度的施工进展情况制定切实可行的成本管理措施，以保证施工项目成本目标的实现。

4. 月（季）度成本分析包括 6 方面，在 2016 年、2019 年都以单项选择题形式考核了通过各成本项目的成本分析。考生要掌握以下几点：

（1）通过实际成本与预算成本的对比，分析当月（季）的成本降低水平；通过累计实际成本与累计预算成本的对比，分析累计的成本降低水平，预测实现项目成本目标的前景。

（2）通过实际成本与目标成本的对比，分析目标成本的落实情况，以及目标管理中的问题和不足，进而采取措施，加强成本管理，保证成本目标的落实。

（3）通过对各成本项目的成本分析，可以了解成本总量的构成比例和成本管理的薄弱环节。如果是属于规定的"政策性"亏损，则应从控制支出着手，把超支额压缩到最低限度。【2016 年、2019 年考过】

（4）通过主要技术经济指标的实际与目标对比，分析产量、工期、质量、"三材"节约率、机械利用率等对成本的影响。

（5）通过对技术组织措施执行效果的分析，寻求更加有效的节约途径。

（6）分析其他有利条件和不利条件对成本的影响。

5. 年度成本分析主要需要以下几点：

成本结算要求	→	企业成本要求一年结算一次，不得将本年成本转入下一年度
成本分析依据	→	年度成本报表
成本分析重点	→	针对下一年度的施工进展情况制定切实可行的成本管理措施，以保证施工项目成本目标的实现【2013年、2021年考过】

6. 单位工程竣工成本分析的内容，这会是一个多项选择题采分点。包括三方面：竣工成本分析；主要资源节超对比分析；主要技术节约措施及经济效果分析。【2013年、2014年考过】

7. 本考点还可能会这样命题：

（1）关于分部分项工程成本分析的说法，正确的是（　　）。

A. 施工项目成本分析是分部分项工程成本分析的基础

B. 分部分项工程成本分析的对象是已完成分部分项工程

C. 分部分项工程成本分析的资料来源是施工预算

D. 分部分项工程成本分析的方法是进行预算成本与实际成本的"两算"对比

【答案】B

（2）某工程项目进行月（季）度成本分析时，发现属于预算定额规定的"政策性"亏损，则应采取的措施是（　　）。【2019年真题】

A. 从控制支出着手，把超支额压缩到最低限度

B. 增加变更收入，弥补政策亏损

C. 将亏损成本转入下一月（季）度

D. 停止施工生产，并报告业主方

【答案】A

专项突破4　成本项目分析方法与专项成本分析方法

例题：在建设工程项目施工成本分析中，专项成本分析方法包括（　　）。【2019年考过】

A. 成本盈亏异常分析
B. 工期成本分析
C. 资金成本分析
D. 人工费分析
E. 材料费分析
F. 机械使用费分析
G. 管理费分析

【答案】A、B、C

重点难点专项突破

1. 本考点还可以考核的题目有：

在建设工程项目施工成本分析中，成本项目分析方法包括（D、E、F、G）。

> 命题总结：
>
> 考试还会进行逆向命题，就是题干中给出具体的方法，判断属于哪类方法，比如：
>
> 在建设工程项目施工成本分析中，成本盈亏异常分析属于（ ）方法。
>
> 【2015 年真题题干】

2. 工期成本分析一般采用比较法，即将计划工期成本与实际工期成本进行比较，然后应用"因素分析法"分析各种因素的变动对工期成本差异的影响程度。【2017 年考过】

3. 进行资金成本分析通常应用"成本支出率"指标【2020 年考过】，即成本支出占工程款收入的比例——这是计算题采分点。下面通过 2017 年考试题目进行说明。

某项目在进行资金成本分析时，其计算期实际工程款收入为 220 万元，计算期实际成本支出为 119 万元，计划工期成本为 150 万元，则该项目成本支出率为（ ）。【2017 年真题】

  A. 30.69%　　　　　　　　　　B. 54.09%

  C. 68.18%　　　　　　　　　　D. 79.33%

【答案】B

【解析】成本支出率＝（计算期实际成本支出/计算期实际工程款收入）×100%＝（119/220）×100%＝54.09%。

4. 注意 E 选项，材料费分析包括主要材料和结构件费用的分析、周转材料使用费分析、采购保管费分析、材料储备资金分析。【2017 年考过】

专项突破 5　成本考核的依据和方法

例题：成本考核的主要依据是成本计划确定的各类指标。下列施工成本计划指标中，属于质量指标的有（ ）。

  A. 按子项汇总的工程项目计划总成本指标

  B. 按分部汇总的各单位工程（或子项目）计划成本指标

  C. 按人工、材料、机具等各主要生产要素计划成本指标

  D. 设计预算成本计划降低率

  E. 责任目标成本计划降低率

  F. 设计预算总成本计划降低额

  G. 责任目标总成本计划降低额

【答案】D、E

重点难点专项突破

1. 本考点还可以考核的题目有：

(1) 下列施工成本计划指标中，属于数量指标的是（A、B、C）。

(2) 下列施工成本计划指标中，属于效益指标的是（F、G）。

2. 成本考核应以项目成本降低额、项目成本降低率作为项目管理机构成本考核的主要指标。

1Z203000 建设工程项目进度控制

1Z203010 建设工程项目进度控制与进度计划系统

专项突破 1 项目进度控制的目的

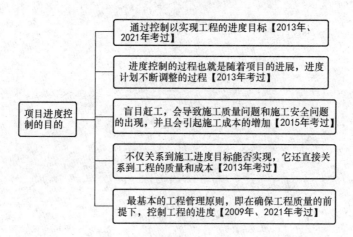

重点难点专项突破

1. 本考点内容不多，但是每一句话都可能会考查，考生要掌握上述内容。

2. 代表不同利益方的项目管理（业主方和项目参与各方）都有进度控制的任务，但是，控制的目标和时间范畴并不相同【2021 年考过】。这一点要注意，会作为判断正确与错误说法的题目的备选项。一般设置的干扰选项是"项目各参与方进度控制的目标和时间范畴是相同的"。

3. 建设工程项目进度控制必须是一个动态的管理过程。它包括：

（1）进度目标的分析和论证，其目的是论证进度目标是否合理，进度目标有否可能实现。【2014 年考过】

（2）在收集资料和调查研究的基础上编制进度计划。

（3）进度计划的跟踪检查与调整。

> 命题总结：
>
> 这部分内容有三种考查题型，一是考查进度目标的分析和论证的目的；二是判断工作环节的顺序；三是作为判断正确与错误说法题目的备选项。

（1）建设工程项目进度控制的过程包括：①收集资料和调查研究；②进度计划的跟踪检查；③编制进度计划；④根据进度偏差情况纠偏或调整进度计划。其正确的工作步骤是（　　）。【2016年真题】

A. ①—③—②—④　　　　　　　　　B. ①—②—③—④

C. ①—③—④—②　　　　　　　　　D. ③—①—②—④

【答案】A

（2）对建设工程项目进度目标进行分析和论证，其目的是（　　）。【2010年真题】

A. 论证进度目标实现的经济性　　　　B. 确定调整进度目标的方法

C. 制定进度控制措施　　　　　　　　D. 论证进度目标是否合理

【答案】D

4. 本考点还可能会这样命题：

（1）在进行施工进度控制时，必须树立和坚持的最基本的工程管理原则是（　　）。

A. 在确保工程质量的前提下，控制工程的进度

B. 在确保投资的前提下，达到进度、成本的平衡

C. 在确保工程投资的前提下，控制工程的进度

D. 在满足各项目参与方利益最大化的前提下，控制工程的进度

【答案】A

（2）关于建设工程项目进度控制的说法，正确的是（　　）。

A. 各参与方都有进度控制的任务

B. 各参与方进度控制的目标和时间范畴相同

C. 项目实施过程中不允许调整进度计划

D. 进度控制是一个动态的管理过程

E. 进度目标的分析论证是进度控制的一个环节

【答案】A、D、E

专项突破2　项目进度控制的任务

参与方	内容
业主方	控制整个项目实施阶段的进度。【2013年、2020年、2021年考过】 业主方进度控制包括控制设计准备阶段的工作进度、设计工作进度、施工进度、物资采购工作进度以及项目动用前准备阶段的工作进度
设计方	（1）依据：设计任务委托合同。【2011年考过】 （2）设计方应尽可能使设计工作的进度与招标、施工和物资采购等工作进度相协调。【2012年考过】 （3）设计进度计划主要是确定各设计阶段的设计图纸（包括有关的说明）的出图计划
施工方	（1）依据：施工任务委托合同。 （2）施工方应视项目的特点和施工进度控制的需要，编制深度不同的控制性和直接指导项目施工的进度计划，以及按不同计划周期编制的计划，如年度、季度、月度和旬计划等【2009年、2010年考过】

参与方	内容
供货方	依据：供货合同。 供货进度计划应包括供货的所有环节，如采购、加工制造、运输等【2018 年考过】

重点难点专项突破

1. 就本考点而言，讲述的内容不多，历年考试多为单项选择题，题型比较简单，应争取在此不丢分。

2. 本考点可能会这样命题：

（1）业主方项目进度控制的任务是控制（　　）的进度。

A. 项目设计阶段　　　　　　　　　B. 整个项目实施阶段

C. 项目施工阶段　　　　　　　　　D. 整个项目决策阶段

【答案】B

（2）建设项目供货方进度控制的任务是依据（　　）对供货的要求控制供货进度。

A. 供货合同　　　　　　　　　　　B. 施工总进度计划

C. 运输条件　　　　　　　　　　　D. 施工承包合同

【答案】A

（3）施工方应视施工项目的特点和施工进度控制的需要，编制（　　）等进度计划。

A. 施工总进度纲要　　　　　　　　B. 不同深度的施工进度计划

C. 不同功能的施工进度计划　　　　D. 不同计划周期的施工进度计划

E. 不同项目参与方的施工进度计划

【答案】B、C、D

专项突破 3　项目进度计划系统的建立

例题： 下列工程进度计划系统的构成内容中，属于由不同深度进度计划组成的有（　　）。【2011 年、2013 年、2017 年、2018 年考过】

A. 总进度规划（计划）

B. 项目子系统进度规划（计划）

C. 项目子系统中的单项工程进度计划

D. 控制性进度规划（计划）

E. 指导性进度规划（计划）

F. 实施性（操作性）进度计划

G. 业主方编制的整个项目实施的进度计划

H. 设计进度计划

I. 施工和设备安装进度计划

J. 采购和供货进度计划

K. 5 年（或多年）建设进度计划

L. 年度、季度、月度和旬计划

【答案】A、B、C

重点难点专项突破

1. 本考点还可以考核的题目有：

（1）下列工程进度计划系统的构成内容中，属于由不同功能进度计划组成的有（D、E、F）。【2019 年真题题干】

（2）由不同项目参与方的计划构成的进度计划系统包括（G、H、I、J）。

（3）由不同周期的计划构成的进度计划系统包括（K、L）。

2. 建设工程项目进度计划系统的构成，命题时不外乎两种形式，第一种就是上述例题题型；第二种题型是题干中给出具体计划，判断属于哪类进度计划系统，这类题目考核居多，在 2011 年、2013 年、2017 年、2018 年考核的都是这种题型。下面举个例子：

某建设工程项目按施工总进度计划、各单位工程进度计划及相应分部工程进度计划组成了计划系统，该计划系统是由多个相互关联的不同（　　）的进度计划组成。【2018 年真题】

A. 项目参与方　　　　　　　　　B. 功能

C. 周期　　　　　　　　　　　　D. 深度

【答案】D

3. 本考点还涉及的采分点有：

（1）建设工程项目进度计划系统是由多个相互关联的进度计划组成的系统，它是项目进度控制的依据。

（2）项目进度计划系统的建立和完善也有一个过程，是逐步形成的。【2019 年考过】

（3）在建设工程项目进度计划系统中各进度计划或各子系统进度计划编制和调整时必须注意其相互间的联系和协调。【2020 年考过】

不同需要和不同用途构建的进度计划系统	内部关系
由不同深度的计划构成进度计划系统	联系和协调
由不同功能的计划构成进度计划系统	联系和协调
由不同项目参与方的计划构成进度计划系统	联系和协调
由不同周期的计划构成进度计划系统	—

1Z203020 建设工程项目总进度目标的论证

专项突破 1 项目总进度目标论证的工作内容

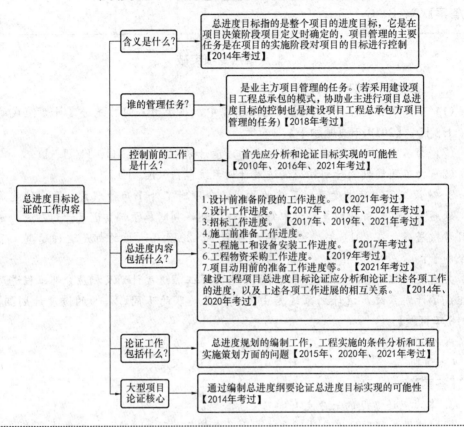

总进度目标论证的工作内容

含义是什么？ → 总进度目标指的是整个项目的进度目标，它是在项目决策阶段项目定义时确定的，项目管理的主要任务是在项目的实施阶段对项目的目标进行控制【2014年考过】

谁的管理任务？ → 是业主方项目管理的任务。(若采用建设项目工程总承包的模式，协助业主进行项目总进度目标的控制也是建设项目工程总承包方项目管理的任务)【2018年考过】

控制前的工作是什么？ → 首先应分析和论证目标实现的可能性【2010年、2016年、2021年考过】

总进度内容包括什么？ → 1.设计前准备阶段的工作进度。【2021年考过】 2.设计工作进度。【2017年、2019年、2021年考过】 3.招标工作进度。【2017年、2019年、2021年考过】 4.施工前准备工作进度。 5.工程施工和设备安装工作进度。【2017年考过】 6.工程物资采购工作进度。【2019年考过】 7.项目动用前的准备工作进度等。【2021年考过】 建设工程项目总进度目标论证应分析和论证上述各项工作的进度，以及上述各项工作进展的相互关系。【2014年、2020年考过】

论证工作包括什么？ → 总进度规划的编制工作，工程实施的条件分析和工程实施策划方面的问题【2015年、2020年、2021年考过】

大型项目论证核心 → 通过编制总进度纲要论证总进度目标实现的可能性【2014年考过】

重点难点专项突破

1. 本考点内容虽然不多，但是考核力度较大，采分点较多。

2. 总进度目标的含义，属于谁的管理任务，控制前的工作都是典型的单项选择题采分点，考核题目也都比较简单。

3. 项目的实施阶段，项目总进度的内容是典型多项选择题采分点。

4. 大型建设工程项目总进度目标论证的核心工作会考查单项选择题，也会作为备选项考核判断正确与错误说法的表述题目。

> 重点提示：
> 总进度纲要的内容在 2012 年考核过多项选择题。主要内容包括：
> (1) 项目实施的总体部署；
> (2) 总进度规划；
> (3) 各子系统进度规划；

（4）确定里程碑事件的计划进度目标；

（5）总进度目标实现的条件和应采取的措施等。

5. 本考点可能会这样命题：

（1）对某综合楼项目实施阶段的总进度目标进行控制的主体是（ ）。

A. 设计单位　　　　　　　　　　　　B. 施工单位

C. 建设单位　　　　　　　　　　　　D. 监理单位

【答案】C

（2）关于建设工程项目总进度目标的说法，正确的是（ ）。

A. 建设工程项目总进度目标的控制是施工总承包方项目管理的任务

B. 在进行项目总进度目标控制前，应分析和论证目标实现的可能性

C. 项目实施阶段的总进度指的就是施工进度

D. 项目总进度目标论证就是要编制项目的总进度计划

【答案】B

（3）大型建设工程项目总进度纲要的主要内容包括（ ）。

A. 项目实施总体部署　　　　　　　　B. 总进度规划

C. 施工准备与资源配置计划　　　　　D. 确定里程碑事件的计划进度目标

E. 总进度目标实现的条件和应采取的措施

【答案】A、B、D、E

专项突破 2　建设工程项目总进度目标的论证

例题：建设工程项目总进度目标论证的主要工作包括：①进行进度计划系统的结构分析；②进行项目结构分析；③确定项目的工作编码；④协调各层进度计划的关系和编制总进度计划；⑤编制各层进度计划；⑥调查研究和收集资料。其正确的工作步骤是（ ）。关于建设工程项目总进度目标论证工作顺序的说法，正确的是（ ）。

A. ⑥—②—①—③—⑤—④　　　　　B. ⑥—①—②—③—⑤—④

C. ③—⑥—②—④—①—⑤　　　　　D. ③—⑥—①—②—④—⑤

【答案】A

重点难点专项突破

1. 总进度目标论证的工作步骤是高频考点，要重点掌握。有三种题型可考，第一种题型就是例题的形式来命题，2009 年、2011 年、2018 年考核的都是这类型题目；第二种题型是题干中给出某项工作，判断其紧前工作或紧工作是什么，2016 年、2019 年考核的是这类型题目；第三种题型是以判断正确与错误说法考查综合题目，2020 年考核的是这类型题目。下面来看第二、三种题型的题目：

（1）某市拟新建一大型会展中心，项目建设单位组织有关专家对该项目的总进度目标进行论证，在调查研究和收集资料后，紧接着应进行的工作是（ ）。

A. 进行进度计划系统的结构分析　　　B. 进行项目结构分析

C. 编制各级进度计划　　　D. 确定工作编码

【答案】B

(2) 关于建设工程项目总进度目标论证工作顺序的说法，正确的是（　　）。

【2020年真题】

A. 先进行计划系统结构分析，后进行项目工作编码

B. 先进行项目工作编码，后进行项目结构分析

C. 先编制总进度计划，后编制各层进度计划

D. 先进行项目结构分析，后进行资料收集

【答案】A

重点提示：

元论是哪种题型，考生需要掌握的就是其工作步骤的顺序，而且重要掌握该步骤的中间几项步骤。

助记：

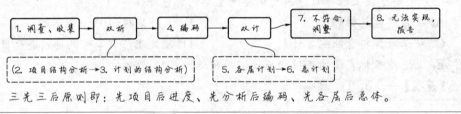

三先三后原则即：先项目后进度、先分析后编码、先各层后总体。

2. 调查研究和收集资料的内容包括五项，在 2014 年、2018 年都以多项选择题进行了考核。这五项内容是：

(1) 了解和收集项目决策阶段有关项目进度目标确定的情况和资料；

(2) 收集与进度有关的该项目组织、管理、经济和技术资料；

(3) 收集类似项目的进度资料；

(4) 了解和调查该项目的总体部署；

(5) 了解和调查该项目实施的主客观条件等。

3. 大型建设工程项目的结构分析是根据编制总进度纲要的需要，将整个项目进行逐层分解，并确立相应的工作目录。【2014 年、2017 年考过】

4. 整个项目划分成多少结构层，应根据项目的规模和特点而定。其中，大型建设工程项目的计划系统一般由多层计划构成。【2012 年考过】

1Z203030　建设工程项目进度计划的编制和调整方法

专项突破 1　横道图进度计划的编制方法

优点

| 表头为工作及其简要说明，项目进展可以表示在时间表格上 |

| 可按照时间先后、责任、项目对象、同类资源等进行工作排序 |

| 可将工作简要说明直接放在横道上【2019年考过】 |

| 可用于小型项目或大型项目子项目上，或可用于计算资源需要量、概要预示进度【2021年考过】 |

缺点

| 工作之间的逻辑关系可以设法表达，但不易表达清楚【2020年考过】 |

| 适用于手工编织【2019年考过】 |

| 不能确定计划的关键工作、关键线路与时差【2020年、2021年考过】 |

| 计划调整只能用手工方式进行，其工作量较大【2019年、2020年考过】 |

| 难以适应较大的进度计划系统 |

重点难点专项突破

1. 横道图进度计划法存在的问题，一般会以判断正误的说法考查。上图中的内容，应重点记忆。

2. 横道图的应用考查难度较大，下面以2019年、2020年考试题目来说明。

(1) 某项目施工横道图进度计划见下表，如果第二层支设模板需要在第一层浇筑混凝土完成1d后才能开始，则有1d的层间技术间歇。正确的层间间歇是（　　）。

【2020年真题】

工作名称	施工队伍	时间 (d)															
		1	2	3	4	5	6	7	8	9	10	11	12	13	14	15	16
支模	A	I①		I③		I⑤		II①		II③		II⑤					
	B			I②		I④		I⑥		II②		II④		II⑥			
扎钢筋	C			I①		I③		I⑤		II①		II③		II⑤			
	D				I②		I④		I⑥		II②		II④		II⑥		
浇混凝土	E					I①	I②	I③	I④	I⑤	I⑥	II①	II②	II③	II④	II⑤	II⑥

注：I、II——表示楼层；①②③④⑤⑥——表示施工段。

A. Z_1 　　　　 B. Z_3 　　　　 C. Z_2 　　　　 D. Z_4

【答案】 B

【解析】根据项目施工横道图进度计划，第5天一层第一个施工段混凝土浇筑完毕，应间歇1d再进行第二层第一个施工段的支模。所以第6d位置（Z_3）为层间间歇。

（2）关于如下横道图进度计划的说法，正确的是（　　）。【2019年真题】

工作名称	时间（周）									
	一	二	三	四	五	六	七	八	九	十
基础土方	1	2	3							
基础垫层		1	2	3						
砌砖基础			1	2	3					
圈梁浇筑				1		2		3		
基础回填								1	2	3

A. 圈梁浇筑工作的流水节拍是2周
B. 如果不要求工作连续，工期可压缩1周
C. 圈梁浇筑和基础回填间的流水步距是2周
D. 所有工作都没有机动时间

【答案】A

【解析】选项A，圈梁浇筑工作施工段数目＝3，流水节拍t＝2周。

选项B，横道图按每个工序均能连续施工安排，工期不可压缩。

选项C，圈梁浇筑流水步距K是1周，基础回填的流水步距是4周，如下图所示。

工作名称	时间（周）									
	一	二	三	四	五	六	七	八	九	十
基础土方	1	2	3							
基础垫层	$K=1$	1	2	3						
砌砖基础		$K=1$	1	2	3					
圈梁浇筑			$K=1$	1		2		3		
基础回填					$K=4$			1	2	3

选项D，本工作中砌砖基础、基础回填两项工作有机动时间。砌砖基础施工段2可以在第五周开始工作，施工段3可以在第七周开始工作；基础回填施工段1可以在第六周开始工作，施工段2可以在第八周开始工作。

专项突破2　双代号网络计划的基本概念

例题：某工作间逻辑关系如下图所示，则正确的是（　　）。【2017年真题】

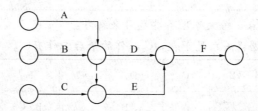

A. A、B均完成后同时进行C、D B. A、B均完成后进行D

C. A、B、C均完成后同时进行D、E D. B、C完成后进行E

【答案】B

重点难点专项突破

1. 双代号网络计划的基本概念，主要是箭线、节点、线路、逻辑关系，就考试而言，不是很重要，但为了学习后面的知识，是需要考生来理解的，不需要死记硬背。考生可根据下表内容掌握采分点。

	考试怎么考	采分点
箭线（工作）	1. 双代号网络计划中虚工作的含义是什么？ 2. 根据所给网络图，判断逻辑关系是否正确	工作名称标注在箭线的上方，完成该项工作所需的持续时间标注在箭线的下方。 任意一条实箭线都要占用时间、消耗资源。【2021年考过】 虚箭线既不占用时间，也不消耗资源，一般起着工作之间的联系、区分和断路三个作用。【2015年、2020年、2021年考过】 箭线可以为直线、折线或斜线，但其行进方向均应从左向右。【2021年考过】 在无时间坐标的网络图中，箭线的长度原则上可以任意画，其占用的时间以下方标注的时间参数为准；在有时间坐标的网络图中，箭线的长度必须根据完成该工作所需持续时间的长短按比例绘制。【2021年考过】 紧排在本工作之前的工作称为紧前工作；紧排在本工作之后的工作称为紧后工作；与之平行进行的工作称为平行工作
节点	1. 起点节点、终点节点、中间节点概念的考核。 2. 考核网络图绘制规则时，判断节点编号是否错误	在时间上节点表示指向某节点的工作全部完成后该节点后面的工作才能开始的瞬间，它反映前后工作的交接点。【2021年考过】 起点节点：只有外向箭线（由节点向外指的箭线）。 终点节点：只有内向箭线（指向节点的箭线）。 中间节点：既有内向箭线，又有外向箭线的节点。【2021年考过】 一项工作应当只有唯一的一条箭线和相应的一对节点，且要求箭尾节点的编号小于其箭头节点的编号。网络图节点的编号顺序应从小到大，可不连续，但不允许重复【2021年考过】
线路	一般不会单独考	网络图中从起始节点开始，沿箭头方向顺序通过一系列箭线与节点，最后达到终点节点的通路称为线路
逻辑关系	根据网络图考核逻辑关系是否正确为	包括工艺关系和组织关系，在网络中均应表现为工作之间的先后顺序

2. 针对上述知识点，给大家准备些题目来练习：

(1) 某工程工作逻辑关系见下表，C 工作的紧后工作有（　　）。【2017 年真题】

工作	A	B	C	D	E	F	G	H
紧前工作	—	—	A	A、B	C	B、C	D、E	C、F、G

A. 工作 D   B. 工作 E

C. 工作 F   D. 工作 G

E. 工作 H

【答案】B、C、E

【解析】通过逻辑关系表可知，E 工作的紧前工作有工作 C；F 工作的紧前工作有工作 C；H 工作的紧前工作有工作 C。

(2) 某双代号网络图如下图所示，正确的是（　　）。

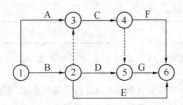

A. 工作 C、D 应同时完成   B. 工作 B 的紧后工作只有工作 C、D

C. 工作 C、D 完成后即可进行工作 G   D. 工作 D 完成后即可进行工作 F

【答案】C

【解析】工作 C、D 为平行工作，不一定要同时完成。故选项 A 错误。工作 B 的紧后工作有工作 C、D、E。故选项 B 错误。工作 C、D 为工作 G 的紧前工作，当两项工作均完成后即可进行工作 G。故选项 C 正确。工作 D 完成后即可进行工作 G。故选项 D 错误。

(3) 某工程施工进度计划如下图所示，下列说法中，正确的有（　　）。

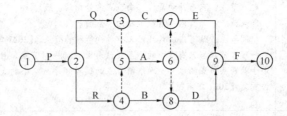

A. R 的紧后工作有 A、B   B. E 的紧前工作只有 C

C. D 的紧后工作只有 F   D. P 没有紧前工作

E. A、B 的紧后工作都有 D

【答案】A、C、D、E

【解析】E 的紧前工作有 A、C。

专项突破3 双代号网络计划的绘图规则

例题： 某双代号网络计划如下图所示，绘图的错误有（　　）。【2018年真题】

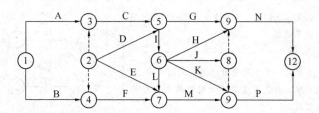

A. 有多个起点节点
B. 有多个终点节点
C. 节点编号有误
D. 存在循环回路
E. 有多余虚工作

【答案】 A、C

重点难点专项突破

1. 在《建设工程项目管理》科目中命题者会给出一定的绘图条件和绘制的双代号网络计划，让考生判断作图错误之处有哪些；在《专业工程管理与实务》科目中有可能需要考生亲自绘制双代号网络计划，再根据网络计划解决其他问题。这一考点可以作为考题的题型大致有以下三类：

（1）用文字叙述双代号网络图的绘制方法，判断是否正确。

（2）题干中给出各工作的逻辑关系，判断选项中哪个是正确的网络图。

（3）题目给出一个错误的双代号网络图，判断该图中存在哪些错误。

2. 例题中，①、②均为起点节点；存在两个节点⑨，节点编号错误。

除了上面提到的作图错误外，考试中还可能会涉及哪些错误呢？下面为考生做了一个总结，把所有可能出现的错误都包含了，对于下表内容要仔细理解。

类型	错误画法	图例
是否存在多个起点节点？	如果存在两个或两个以上的节点只有外向箭线而无内向箭线，就说明存在多个起点节点。右图中节点①和②就是两个起点节点	
是否存在多个终点节点？	如果存在两个或两个以上的节点只有内向箭线而无外向箭线，就说明存在多个终点节点。右图中节点⑧、⑨就是两个终点节点	
是否存在节点编号错误？	如果箭尾节点的编号大于箭头节点的编号，就说明存在节点编号错误	

类型	错误画法	图例
否存在节点编号错误？	如果节点的编号出现重复，就说明存在节点编号错误	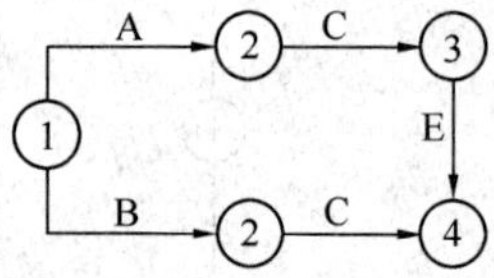
是否存在工作代号重复？	如果某一工作代号出现两次或两次以上，就说明工作代号重复。右图中的工作 C 出现了两次	
是否存在多余虚工作？	如果某一虚工作的紧前工作只有虚工作，那么该虚工作是多余的。右图中虚工作⑤→⑥是多余的	
	如果某两个节点之间既有虚工作，又有实工作，那么该虚工作也是多余的。右图虚工作②→④是多余的	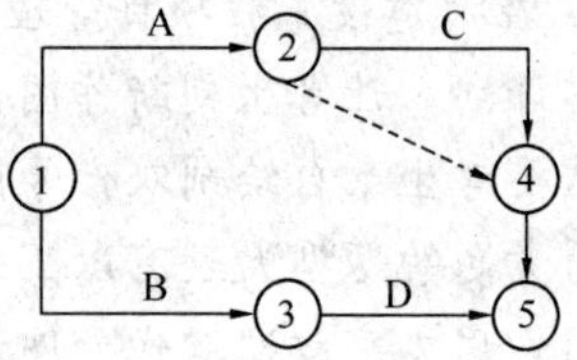
是否存在循环回路？	如果从某一节点出发沿着箭线的方向又回到了该节点，这就说明存在循环回路	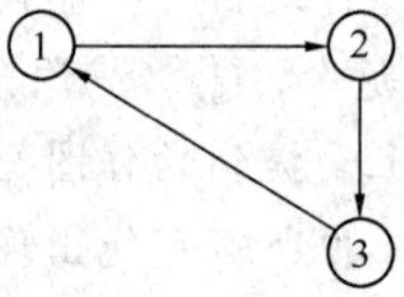
是否存在逻辑关系错误？	根据题中所给定的逻辑关系逐一在网络图中核对，只要有一处与给定的条件不相符，就说明逻辑关系错误。右图中，工作 H 的紧前工作是 C、D 和 E，可以确定逻辑关系错误	

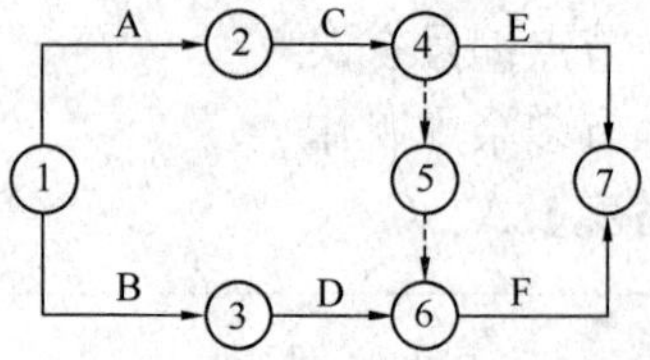

图例（否存在节点编号错误）：

图例（是否存在逻辑关系错误）：

工作名称	A	B	C	D	E	G	H	I
紧前工作	—	—	A	A	A，B	C	D	E

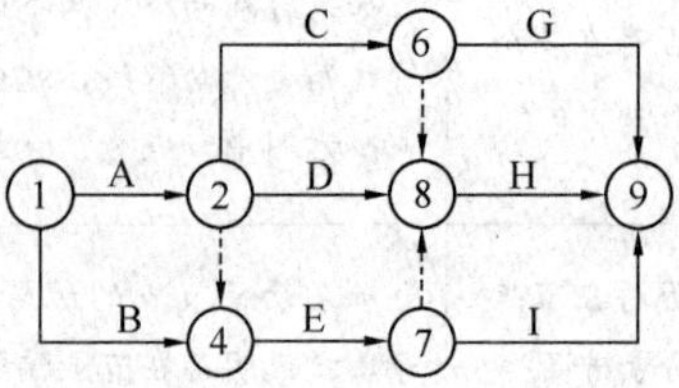

96

3. 接下来给大家准备些题目来练习：

（1）某双代号网络计划如下图所示，存在的不妥之处是（　　）。【2021年真题】

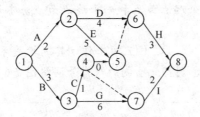

A. 节点编号不连续   B. 有多余时间参数

C. 工作表示方法不一致   D. 有多个起点节点

【答案】C

【解析】节点1→节点3、节点7→节点8与其他节点表示方法不一致。

（2）下列双代号网络图中，存在的绘图错误有（　　）。【2020年真题】

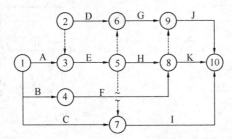

A. 存在多个起点节点   B. 箭线交叉的方式错误

C. 存在相同节点编号的工作   D. 存在没有箭尾节点的箭线

E. 存在多余的虚工作

【答案】A、B

【解析】选项A错误，有①、②两个起点节点。选项B错误，⑤→⑦箭线交叉的方式错误。

（3）根据下表逻辑关系绘制的双代号网络图如下，存在的绘图错误是（　　）。

工作名称	A	B	C	D	E	G	H
紧前工作	—	—	A	A	A、B	C	E

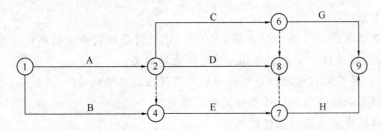

A. 节点编号不对   B. 逻辑关系不对

C. 有多个起点节点   D. 有多个终点节点

【答案】D

【解析】双代号网络图必须正确表达已定的逻辑关系。本题中的逻辑关系均正确。双代号网络图中应只有一个起点节点和一个终点节点。本题中存在⑧、⑨两个终点节点。

（4）某工程有 A、B、C、D、E 五项工作，其逻辑关系为 A、B、C 完成后 D 开始，C 完成后 E 才能开始，则据此绘制的双代号网络图是（   ）。

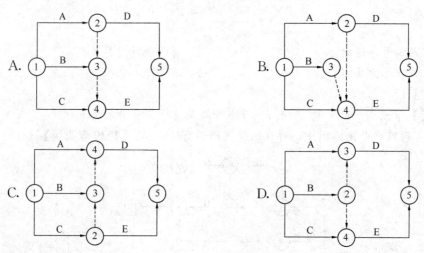

【答案】C

【解析】A、B、C 都是 D 的紧前工作，C 是 E 的紧前工作，D、E 之间没有逻辑搭接关系。

（5）根据双代号网络图绘图规则，下列网络图中的绘图错误有（   ）处。

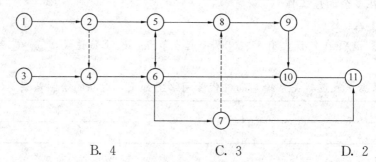

A. 5   B. 4   C. 3   D. 2

【答案】B

【解析】存在①、③两个起点节点；⑤、⑥之间是双向箭头的连线；⑩、⑪之间出现带无箭头的连线；⑦、⑧与⑥、⑩之间出现交叉。

（6）下列关于双代号网络计划绘图规则的说法，正确的有（   ）。

A. 网络图必须正确表达各工作间的逻辑关系

B. 网络图中可以出现循环回路

C. 网络图中一个节点只有一条箭线引入和一条箭线引出

D. 网络图中严禁出现没有箭头节点或没有箭尾节点的箭线

E. 单目标网络计划只有一个起点节点和一个终点节点

【答案】A、D、E

经过这样的强化后，相信大家已经掌握了这部分内容。

专项突破 4　双代号时标网络计划时间特点与编制

例题：双代号时标网络计划中，波形线表示工作的(　　)。【2010 年真题题干】

A. 总时差   B. 自由时差

C. 虚工作   D. 工作

【答案】B

重点难点专项突破

1. 本考点还可以考核的题目有：

（1）双代号时标网络计划中，实箭线表示（D）。

（2）双代号时标网络计划中，虚箭线表示（C）。

2. 关于双代号时标网络计划需要掌握以下知识点：

（1）双代号时标网络计划中，应以实箭线表示工作，以虚箭线表示虚工作，以波形线表示工作的自由时差。【2010 年、2013 年、2015 年考过】

（2）双代号时标网络计划能在图上直接显示出各项工作的开始与完成时间、工作的自由时差及关键线路。【2009 年、2019 年考过】

（3）双代号时标网络计划必须以水平时间坐标为尺度表示工作时间。【2020 年考过】

（4）双代号时标网络计划中虚工作必须以垂直方向的虚箭线表示，有自由时差时加波形线表示。【2020 年考过】

（5）节点中心必须对准相应的时标位置。【2020 年考过】

（6）双代号时标网络计划宜按各个工作的最早开始时间编制。编制方法有间接法绘制和直接法绘制。直接法绘制步骤如下【2017 年考过】：

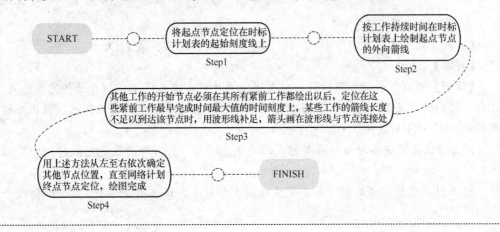

3. 考试时还会考核关于时间参数计算的题目，主要考核总时差、最迟完成时间的计算。

（1）某双代号时标网络计划如下图所示（时间单位：d），工作总时差正确的有（　　）。【2021年真题】

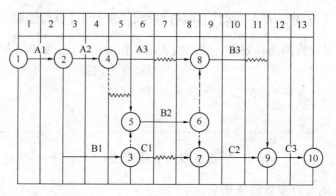

A. $TF_{A3}=2$ B. $TF_{B3}=1$

C. $TF_{C1}=2$ D. $TF_{A2}=1$

E. $TF_{A1}=0$

【答案】B、C、D、E

【解析】关键线路为：A1→B1→B2→C2→C3。$TF_{A3}=2+1=3$，故选项 A 错误。

（2）某双代号时标网络计划如下图所示，工作 F、工作 H 的最迟完成时间分别为（　　）。【2018年真题】

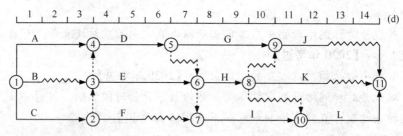

A. 第7天、第9天   B. 第7天、第11天

C. 第8天、第9天   D. 第8天、第11天

【答案】B

【解析】在双代号时标网络计划能在图上直接显示出各项工作的开始与完成时间、工作的自由时差及关键线路，本题首先应从终点节点逆着箭线到起点节点，找出关键线路为：①→②→③→⑥→⑦→⑩→⑪

F 工作的最迟完成时间＝最早完成时间＋总时差，F 工作的最迟完成时间＝5+2=7。

H 工作的最迟完成时间＝最早完成时间＋总时差，H 工作的最迟完成时间＝9+2=11。

专项突破 5　单代号网络计划的绘图规则

例题： 某单代号网络图如下图所示，存在的错误有（　　）。【2014 年真题】

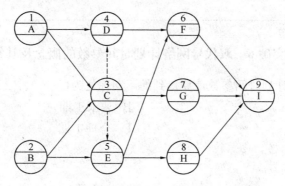

A. 多个起点节点　　　　　　　　B. 没有终点节点

C. 有多余虚箭线　　　　　　　　D. 出现交叉箭线

E. 出现循环回路

【答案】A、C、D

重点难点专项突破

1. 单代号网络图的绘图规则包括：

（1）单代号网络图必须正确表达已确定的逻辑关系。

（2）单代号网络图中，不允许出现循环回路。

（3）单代号网络图中，不能出现双向箭头或无箭头的连线。【2019 年考过】

（4）单代号网络图中，不能出现没有箭尾节点的箭线和没有箭头节点的箭线。

（5）绘制网络图时，箭线不宜交叉，当交叉不可避免时，可采用过桥法或指向法绘制。

（6）单代号网络图中只应有一个起点节点和一个终点节点。当网络图中有多项起点节点或多项终点节点时，应在网络图的两端分别设置一项虚工作，作为该网络图的起点节点和终点节点。

> 命题总结：
>
> 单代号网络计划的绘图规则考核不多，主要有两种题型：
>
> （1）题目给出一个错误的双代号网络图，让我们判断该图中存在哪些错误（例题题型）。
>
> （2）用文字叙述双代号网络图的绘制方法，让我们判断是否正确。

2. 本考点可能会这样命题：

关于单代号网络计划绘图规则的说法，正确的是（　　）。【2019 年真题】

A. 不允许出现虚工作

B. 箭线不能交叉

C. 只能有一个起点节点，但可以有多个终点节点

D. 不能出现双向箭头的连线

【答案】D

专项突破 6 双代号网络计划时间参数的概念及其符号

例题： 根据网络计划时间参数计算得到的工期称之为(　　)。

A. 计算工期

B. 要求工期

C. 计划工期

D. 合理工期

E. 合同工期

【答案】A

重点难点专项突破

1. D、E 选项为考试可能设置的干扰选项。本考点还可以考核的题目有：

(1) 任务委托人所提出的指令性工期称为（B）。

(2) 根据要求工期和计算工期所确定的作为实施目标的工期称为（C）。

2. 网络计划时间参数涉及工作持续时间、工期、最早开始时间、最早完成时间、最迟完成时间、最迟开始时间、总时差和自由时差、节点最早时间和最迟时间、相邻两项工作之间的时间间隔。对这几个概念考生需要理解，考试一般会对概念进行考查。

专项突破 7 按工作计算法计算双代号网络计划时间参数

例题： 某双代号网络计划如下图所示，关于工作时间参数的说法，正确的有(　　)。

【2020 年真题】

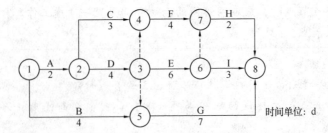

A. 工作 B 的最迟完成时间是第 8 天

B. 工作 C 的最迟开始时间是第 7 天

C. 工作 F 的自由时差是 1d

D. 工作 G 的总时差是 2d

E. 工作 H 的最早开始时间是第 13 天

【答案】A、B、D、E

重点难点专项突破

1. 这部分内容是本章最重要的考点，每年必考，考生必须完全掌握其知识点。鉴于其重要性，首先将可能会考核到的采分点给大家做下总结。

时间参数	计　算
最早开始时间、最早完成时间	(1) 工作的最早完成时间：$EF_{i-j}=ES_{i-j}+D_{i-j}$。 (2) 其他工作的最早开始时间应等于其紧前工作最早完成时间的最大值，即 $ES_{i-j}=\max\{EF_{h-i}\}=\max\{ES_{h-i}+D_{h-i}\}$【2020 年考过】
计算工期	网络计划的计算工期应等于以网络计划终点节点为箭头节点的工作的最早完成时间的最大值，即 $T_c=\max\{EF_{i-n}\}=\max\{ES_{i-n}+D_{i-n}\}$【2017 年考过】
最迟完成时间、最迟开始时间	(1) 以网络计划终点节点为完成节点的工作，其最迟完成时间等于网络计划的计划工期，即 $LF_{i-n}=T_p$。 (2) 工作的最迟开始时间：$LS_{i-j}=LF_{i-j}-D_{i-j}$。【2019 年、2020 年考过】 (3) 其他工作的最迟完成时间应等于其紧后工作最迟开始时间的最小值，即 $LF_{i-j}=\min\{LS_{j-k}\}=\min\{LF_{j-k}-D_{j-k}\}$【2018 年、2020 年考过】
总时差	工作的总时差等于该工作最迟完成时间与最早完成时间之差，或该工作最迟开始时间与最早开始时间之差，即 $TF_{i-j}=LF_{i-j}-EF_{i-j}=LS_{i-j}-ES_{i-j}$【2009 年、2015 年、2018 年、2019 年、2020 年考过】
自由时差	(1) 对于有紧后工作的工作，其自由时差等于本工作之紧后工作最早开始时间减本工作最早完成时间所得之差的最小值，即 $FF_{i-j}=\min\{ES_{j-k}-EF_{i-j}\}=\min\{ES_{j-k}-ES_{i-j}-D_{i-j}\}$。【2009 年、2013 年、2018 年、2020 年考过】 (2) 对于无紧后工作的工作，也就是以网络计划终点节点为完成节点的工作，其自由时差等于计划工期与本工作最早完成时间之差，即 $FF_{i-n}=T_p-EF_{i-n}=T_p-ES_{i-n}-D_{i-n}$

学习了上述知识点，再来看例题题目的分析过程。例题中关键线路为：A→D→E→I，计算工期为 2＋4＋6＋3＝15d。

工作 B 的紧后工作只有工作 G，工作 B 的最迟完成时间＝工作 G 的最迟开始时间＝15－7＝8。故选项 A 正确。

工作 C 的最迟完成时间＝工作 F 的最迟开始时间＝15－2－4＝9，所以工作 C 的最迟开始时间＝9－3＝6。故选项 B 正确。

工作 F 的自由时差＝工作 H 的最早开始时间－工作 F 的最早完成时间＝(2＋4＋6)－(2＋4＋4)＝2。工作 H 的最早开始时间＝2＋4＋6＝12。故选项 C 错误、选项 E 正确。

工作 G 的总时差＝工作 G 的最迟开始时间－工作 G 的最早开始时间＝(15－7)－(2＋4)＝2d。故选项 D 正确。

2. 本考点一般会考查三种题型。

第一种就是已知某工作和其紧后工作的部分时间参数来求该工作的其他时间参数，下面我们来看一下这类型题目会怎么考。

(1) 某工作有两个紧前工作，最早完成时间分别是第 2 天和第 4 天，该工作持续时间是 5d，则其最早完成时间是第（　　）天。【2021 年真题】

A. 7　　　　　　　　B. 11　　　　　　　　C. 6　　　　　　　　D. 9

【答案】D

【解析】最早开始时间＝max｛2，4｝＝4，最早完成时间＝4＋5＝9。

(2) 双代号网络计划中，某工作最早第 3 天开始，工作持续时间 2d，有且仅有 2 个紧后工作，紧后工作最早开始时间分别是第 5 天和第 6 天，对应总时差是 4d 和 2d。该工作的总时差和自由时差分别是（　　）。【2020 年真题】

A. 3d，0d　　　　　　　　　　　　　　B. 0d，0d

C. 4d，1d　　　　　　　　　　　　　　D. 2d，2d

【答案】A

【解析】最迟完成时间各紧后工作的最迟开始间的最小值，则本工作的最迟完成时间＝min｛（3＋5），（3＋6）｝＝8。工作的最早完成时间等于最早开始时间加上其持续时间，则本工作的最早完成时间＝3＋2＝5。所以本工作的总时差＝8－5＝3d。当有紧后工作时，自由时差等于紧后工作最早开始时间减本工作的最早完成时间，所以本工作的自由时差＝5－5＝0d。

(3) 某工作持续时间 2d，有两项紧前工作和三项紧后工作，紧前工作的最早开始时间分别是第 3 天、第 6 天（计算坐标系），对应的持续时间分别是 5d、1d；紧后工作的最早开始时间分别是第 15 天、第 17 天、第 19 天，对应的总时差分别是 3d、2d、0d。该工作的总时差是（　　）d。【2019 年真题】

A. 8　　　　　　　　B. 9　　　　　　　　C. 10　　　　　　　　D. 13

【答案】A

【解析】该工作有紧后工作，所以其总时差等于其最迟开始时间减去最早开始时间，或等于最迟完成时间减去最早完成时间。三项紧后工作中，最早开始时间为第 15 天的工作，其最迟开始时间为 15＋3＝18；最早开始时间为第 17 天的工作，其最迟开始时间为 17＋2＝19；最早开始时间为第 19 天的工作，其最迟开始时间为 19。所以该工作的最迟完成时间为 min｛18，18，19｝＝18，最早开始时间＝max｛（3＋5），（6＋1）｝＝8，最早完成时间＝8＋2＝10。所以工作的总时差＝18－10＝8d。

(4) 某工作有三项紧后工作，持续时间分别为 4d、5d、6d，对应的最迟完成时间分别为第 18 天、第 16 天、第 14 天，则该工作的最迟完成时间是第（　　）天。【2018 年真题】

A. 6　　　　　　　　B. 8　　　　　　　　C. 12　　　　　　　　D. 14

【答案】B

【解析】本工作的最迟完成时间等于紧后工作最迟开始时间的最小值。

(5) 某网络计划中，工作 Q 有两项紧前工作 M、N，M、N 工作的持续时间分别为 4d 和 5d，M、N 工作的最早开始时间分别是第 9 天和第 11 天，则工作 Q 的最早开始时间为第（　　）天。

A. 9　　　　　　　　B. 13　　　　　　　　C. 15　　　　　　　　D. 16

【答案】D

【解析】M、N 工作的持续时间分别为 4d、5d，M、N 的最早开始时间分别为第 9 天、第 11 天，那么 M、N 工作的最早完成时间分别为第 13 天、第 16 天。所以工作 Q 的最早开始时间是第 16 天。

第二种题型就是已知双代号网络计划图来求某工作的时间参数，下面我们来看一下这类型题目会怎么考。

（1）某双代号网络计划如下图所示（时间单位：d），计算工期是（　　）d。

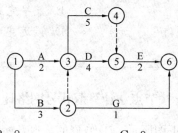

A. 10 　　　　　　B. 8 　　　　　　C. 9 　　　　　　D. 11

【答案】A

【解析】本题可以采用找平行线路上持续时间最长的工作相加，则计算工期=3+5+2=10d。

（2）某双代号网络计划如下图所示（时间单位：d），则工作 E 的自由时差为（　　）d。**【2018 年真题】**

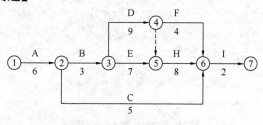

A. 0 　　　　　　B. 4 　　　　　　C. 2 　　　　　　D. 15

【答案】C

【解析】自由时差等于紧后工作的最早开始时间减去本工作的最早完成时间。本题的关键线路为：A→B→D→H→I（或①→②→③→④→⑤→⑥→⑦）。H 的最早开始时间为 6+3+9=18。E 工作的最早完成时间等于 6+3+7=16。工作 E 的自由时差为 18−16=2d。

（3）某工程网络计划如下图所示（时间单位：d），图中工作 E 的最早完成时间和最迟完成时间分别是第（　　）天。

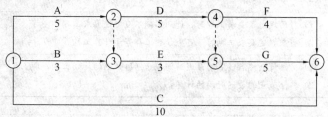

A. 8 和 10　　　　B. 5 和 7　　　　C. 7 和 10　　　　D. 5 和 8

【答案】A

【解析】工作 E 的最早完成时间＝5＋3＝8。工作 E 的最迟完成时间＝5＋5＝10。

第三种题型就是对时间参数计算的表述题，下面我们来看一下这类型题目会怎么考。

在计算双代号网络计划的时间参数时，工作的最早开始时间应为其所有紧前工作(　　)。

A. 最早完成时间的最小值　　　　B. 最早完成时间的最大值

C. 最迟完成时间的最小值　　　　D. 最迟完成时间的最大值

【答案】B

专项突破 8　按节点法计算双代号网络计划时间参数

例题：某工程网络计划如下图所示，工作 D 的最迟开始时间是第(　　)天。【2019 年真题】

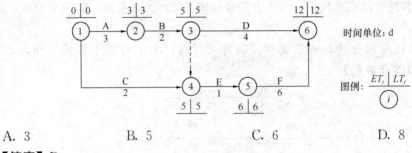

A. 3　　　　　　B. 5　　　　　　C. 6　　　　　　D. 8

【答案】D

重点难点专项突破

1. 在 2012 年、2018 年、2019 年都考查过该知识点的题目。从历年考试情况来看，本考点主要考查题型是根据已知双代号网络计划来求某工作的时间参数，考查最多的是总时差、自由时差的计算，关键线路与关键工作的判断。具体内容见下表。

时间参数	计 算
节点最早 时间	(1) 网络计划起点节点，如未规定最早时间时，其值等于零。 (2) 其他节点的最早时间的计算：$ET_j = \max\{ET_i + D_{i-j}\}$。 (3) 网络计划的计算工期等于网络计划终点节点的最早时间，即 $T_c = ET_n$
计划工期	(1) 当已规定了要求工期时，计划工期不应超过要求工期，即 $T_P < T_c$。 (2) 当未规定要求工期时，可令计划工期等于计算工期，即 $T_p = T_c$
节点最迟 时间	(1) 网络计划终点节点的最迟时间等于网络计划的计划工期，即 $LT_n = T_p$。 (2) 其他节点的最迟时间的计算：$LT_i = \min\{LT_j - D_{i-j}\}$。

时间参数	计 算
最早开始时间	工作的最早开始时间等于该工作开始节点的最早时间，即 $ES_{i-j}=ET_i$
最早完成时间	工作的最早完成时间等于该工作开始节点的最早时间与其持续时间之和，即 $EF_{i-j}=ET_i+D_{i-j}$
最迟完成时间	工作的最迟完成时间等于该工作完成节点的最迟时间，即 $LF_{i-j}=LT_j$
最迟开始时间	工作的最迟开始时间等于该工作完成节点的最迟时间与其持续时间之差，即 $LS_{i-j}=LT_j-D_{i-j}$
总时差	工作的总时差等于该工作完成节点的最迟时间减去该工作开始节点的最早时间所得差值再减其持续时间，即 $TF_{i-j}=LF_{i-j}-EF_{i-j}=LT_j-(ET_i+D_{i-j})=LT_j-ET_i-D_{i-j}$
自由时差	自由时差等于本工作的紧后工作最早开始时间减本工作最早完成时间所得之差的最小值，即 $FF_{i-j}=\min\{ES_{j-k}-ES_{i-j}-D_{i-j}\}=\min\{ES_{j-k}\}-ES_{i-j}-D_{i-j}=\min\{ET_j\}-ET_i-D_{i-j}$。 特别需要注意的是，如果本工作与其各紧后工作之间存在虚工作时，其中的 ET 应为本工作紧后工作开始节点的最早时间，而不是本工作完成节点的最早时间

例题中，工作 D 的紧后工作的最迟开始时间为 12，即工作 D 的工作最迟完成时间为 12，工作 D 的最迟开始时间＝最迟完成时间－持续时间＝12－4＝8。

2. 下面再准备一道题目来练习。

某工程双代号网络计划如下图所示，已标明各项工作的最早开始时间（ES_{i-j}）、最迟开始时间（LS_{i-j}）和持续时间（D_{i-j}）。该网络计划表明（　　）。【2018 年真题】

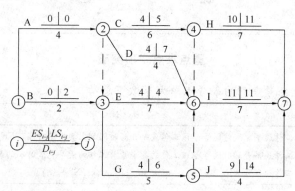

A. 工作 B 的总时差和自由时差相等
B. 工作 D 的总时差和自由时差相等
C. 工作 C 和工作 E 均为关键工作
D. 工作 G 的总时差、自由时差分别为 2d、0d
E. 工作 J 的总时差和自由时差相等

【答案】A、B、D、E

【解析】工作 B 的总时差＝4－2－0＝2d，工作 B 的自由时差＝4－2－0＝2d，两者相等，故选项 A 正确。本题的关键线路为①→②→③→⑥→⑦，工作 C 为非关键工作。工作 D 的总时差＝11－4－4＝3d，工作 D 的自由时差＝11－4－4＝3d，两者相等，故选项 B 正确。工作 G 的总时差＝11－5－4＝2d，工作 G 的自由时差＝9－5－4＝0d。故选项 D 正确。工作 J 的总时差＝18－4－9＝5d，工作 J 的自由时差＝18－4－9＝5d。故选项 E 正确。

专项突破 9　单代号网络计划时间参数的计算

例题： 某单代号网络计划如下图所示（时间单位：d），计算工期是（　　）d。【2021年真题】

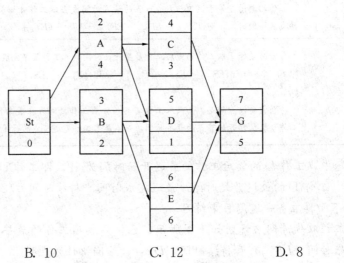

A. 13　　　　　　B. 10　　　　　　C. 12　　　　　　D. 8

【答案】A

重点难点专项突破

1. 首先将可能会考查到的采分点给大家做下总结。

时间参数	计 算
计算最早开始时间和最早完成时间	工作最早完成时间等于该工作最早开始时间加上其持续时间，$EF_i = ES_i + D_i$。 工作最早开始时间等于该工作的各个紧前工作的最早完成时间的最大值，如工作 j 的紧前工作的代号为 i，则 $ES_j = \max\{EF_i\} = \max\{ES_i + D_i\}$
网络计划的计算工期 T_c	T_c 等于网络计划的终点节点 n 的最早完成时间 EF_n，即 $T_c = EF_n$
相邻两项工作之间的时间间隔 $LAG_{i,j}$	相邻两项工作 i 和 j 之间的时间间隔 $LAG_{i,j}$，等于紧后工作 j 的最早开始时间 ES_j 和本工作的最早完成时间 EF_i 之差，即 $LAG_{i,j} = ES_j - EF_i$
工作总时差 TF_i	工作 i 的总时差 TF_i 应从网络计划的终点节点开始，逆着箭线方向依次逐项计算。 网络计划终点节点的总时差 TF_n，如计划工期等于计算工期，其值为零，即 $TF_n = 0$。 其他工作 i 的总时差 TF_i 等于该工作的各个紧后工作 j 的总时差 TF_j 加该工作与其紧后工作之间的时间间隔 $LAG_{i,j}$ 之和的最小值，即 $TF_i = \min\{TF_j + LAG_{i,j}\}$

时间参数	计　算
工作自由时差	工作 i 若无紧后工作，其自由时差 FF_n 等于计划工期 T_p 减该工作的最早完成时间 EF_n，即 $FF_n = T_p - EF_n$。 当工作 i 有紧后工作 j 时，其自由时差 FF_i 等于该工作与其紧后工作 j 之间的时间间隔 $LAG_{i,j}$ 的最小值，即 $FF_i = \min\{LAG_{i,j}\}$
工作的最迟开始时间和最迟完成时间	工作 i 的最迟开始时间 LS_i 等于该工作的最早开始时间 ES_i 与其总时差 TF_i 之和，即 $LS_i = ES_i + TF_i$。 工作 i 的最迟完成时间 LF_i 等于该工作的最早完成时间 EF_i 与其总时差 TF_i 之和，即 $LF_i = EF_i + TF_i$

学习了上面知识点，我们来看下例题应该怎么解答。

除起点节点所代表的工作外，其他工作的最早开始时间应等于其紧前工作最早完成时间的最大值。工作的最早完成时间应等于本工作的最早开始时间与其持续时间之和。

工作 A：最早开始时间＝0，最早完成时间＝0＋4＝4。

工作 B：最早开始时间＝0，最早完成时间＝0＋2＝2。

工作 C：最早开始时间＝4，最早完成时间＝4＋3＝7。

工作 D：紧前工作包括工作 A、B，则最早开始时间＝max｛4，2｝＝4，最早完成时间＝4＋1＝5。

工作 E：最早开始时间＝2，最早完成时间＝2＋6＝8。

工作 G：紧前工作包括工作 C、D、E，最早开始时间＝max｛7，5，8｝＝8，最早完成时间＝8＋5＝13。

计算工期＝13d。

2.本考点大致有三种题型。

第一种就是已知某工作和其紧后工作的部分时间参数来求该工作的其他时间参数，下面我们来看一下这类型题目会怎么考。

（1）某网络计划中，工作 F 有且仅有两项并行的紧后工作 G 和 H，G 工作的最迟开始时间为第 12 天，最早开始时间为第 8 天；H 工作的最迟完成时间是为第 14 天，最早完成时间为第 12 天。工作 F 与 G、H 的时间间隔分别为 4d 和 5d，则 F 工作的总时差为（　　）d。

A. 4　　　　　　B. 5　　　　　　C. 7　　　　　　D. 8

【答案】C

【解析】F 工作的总时差＝min｛(12－8)＋4，(14－12)＋5｝＝7d。

（2）某网络计划中，工作 M 的最早完成时间为第 8 天，最迟完成时间为第 13 天，工作的持续时间为 4d，与所有紧后工作的间隔时间最小值为 2d，则该工作的自由时差为（　　）d。

A. 2　　　　　　B. 3　　　　　　C. 4　　　　　　D. 5

【答案】A

【解析】当工作有紧后工作时，其自由时差等于该工作与其紧后工作之间的时间间隔之和的最小值。则该工作的自由时差为2d。

第二种题型就是已知单代号网络计划图来求某工作的时间参数，下面来看一下这类型题目会怎么考。

(1) 单代号网络计划中，工作C的已知时间参数（时间单位：d）标注如下图所示，则该工作的最迟开始时间、最早完成时间和总时差分别是(　　)d。

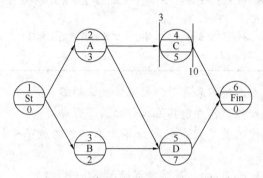

A. 3、10、5　　　　　　　　　　　B. 3、8、5

C. 5、10、2　　　　　　　　　　　D. 5、8、2

【答案】D

【解析】工作C的最早开始时间＝3d；工作C的最早完成时间＝3＋5＝8d；工作C的最迟完成时间为10d，则总时差＝10－8＝2d；工作C的最迟开始时间＝3＋2＝5d。

(2) 某分部工程的单代号网络计划如下图所示（时间单位：d），正确的有(　　)。

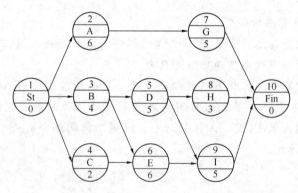

A. 有两条关键线路　　　　　　　　B. 计算工期为15

C. 工作G的总时差和自由时差均为4　　D. 工作D和I之间的时间间隔为1

E. 工作H的自由时差为2

【答案】B、C、D

【解析】本题的计算过程如下图所示。

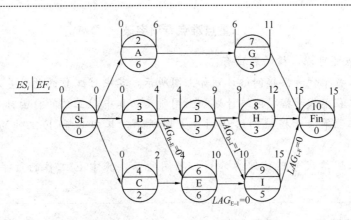

由图可知关键线路为 B→E→I，只有一条，计算工期为 15，故选项 A 错误，选项 B 正确。工作 G 的总时差＝0＋15－11＝4，工作 G 的自由时差＝15－11＝4，故选项 C 正确。工作 D 和 I 之间的时间间隔＝10－9＝1，故选项 D 正确。工作 H 的自由时差＝15－12＝3，故选项 E 错误。

第三种题型就是对时间参数计算的表述题，下面来看一下这类型题目会怎么考。

单代号网络计划时间参数计算中，相邻两项工作之间的时间间隔（$LAG_{i,j}$）是（ ）。

A. 紧后工作最早开始时间和本工作最早开始时间之差

B. 紧后工作最早开始时间和本工作最早完成时间之差

C. 紧后工作最早完成时间和本工作最早开始时间之差

D. 紧后工作最迟完成时间和本工作最早完成时间之差

【答案】B

专项突破 10　单代号搭接网络计划时间参数的计算

例题：某工程单代号搭接网络计划如下图所示，其中 B 工作的最早开始时间是（ ）。

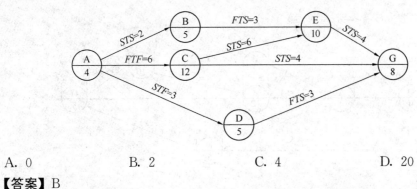

A. 0　　　　　　B. 2　　　　　　C. 4　　　　　　D. 20

【答案】B

重点难点专项突破

1. 本考点还可以考核的题目有：

(1) 某工程单代号搭接网络计划如上图所示，其中 C 工作的总时差是 (C)。

(2) 某工程单代号搭接网络计划如上图所示，其中 C 工作的自由时差是 (C)。

(3) 某工程单代号搭接网络计划如上图所示，其中 C 和 E 工作的时间间隔是 (C)。

(4) 某工程单代号搭接网络计划如上图所示，其中 E 工作的最早完成时间是 (D)。

解题过程：

工作 B 的最早开始时间 $ES_B = ES_A + STS_{A, B} = 0 + 2 = 2$；最早完成时间 $= ES_B + D_B = 2 + 5 = 7$。

工作 A 与工作 D 之间的时距为 STF，所以 $EF_D = ES_A + STF_{A, D} = 0 + 3 = 3$，$ES_D = EF_D - D_D = 3 - 5 = -2$；工作 D 的最早开始时间出现负值，显然是不合理的，所以工作 D 的最早开始时间 $ES_D = 0$，$EF_D = 0 + 5 = 5$。

工作 A 与工作 C 之间的时距为 FTF，所以 $ES_C = EF_A + FTF_{A, C} - D_C = 4 + 6 - 12 = -2$，工作 C 的最早开始时间出现负值，显然是不合理的，所以工作 C 的最早开始时间 $ES_C = 0$，$EF_C = 0 + 12 = 12$。

工作 E 的紧前工作包括工作 B、C，最早开始时间应分别计算后取其最大值。首先根据工作 B、E 搭接关系 FTS 计算，$ES_E = EF_B + FTS_{B, E} = 7 + 3 = 10$；根据工作 C、E 搭接关系 STS 计算，$ES_E = ES_B + STS_{C, E} = 2 + 6 = 8$；取最大值为 10，$EF_E = 10 + 10 = 20$。

工作 G 的紧前工作包括工作 C、D、E，最早开始应分别计算后取其最大值。首先根据工作 C、G 搭接关系 STS 计算，$ES_G = ES_C + STS_{C, G} = 0 + 4 = 4$；根据 D、G 搭接关系 FTS 计算，$ES_G = EF_D + FTS_{D, G} = 5 + 3 = 8$；根据 E、G 搭接关系 STS 计算，$ES_G = ES_E + STS_{E, G} = 10 + 4 = 14$；取最大值为 10，$EF_G = 14 + 8 = 22$。

本题的计算结果如下图所示。

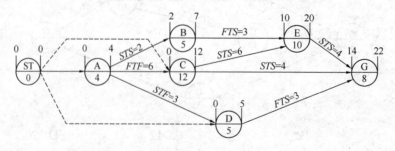

由此可知：

$LAG_{A,B} = ES_B - ES_A - STS_{A,B} = 2 - 0 - 2 = 0$。

$LAG_{A,C} = EF_C - EF_A - FTF_{A,C} = 12 - 4 - 6 = 2$。

$LAG_{A,D} = EF_D - ES_A - STF_{A,D} = 5 - 0 - 3 = 2$。

$LAG_{B,E} = ES_E - EF_B - FTS_{B,E} = 10 - 7 - 3 = 0$。

$LAG_{C,E} = ES_E - ES_C - STS_{C,E} = 10 - 0 - 6 = 4$。

$LAG_{C,G} = ES_G - ES_C - STS_{C,G} = 14 - 0 - 4 = 14$。

$LAG_{D,G} = ES_G - EF_D - FTS_{D,G} = 14 - 5 - 3 = 6$。

$LAG_{E,G} = ES_G - ES_E - STS_{E,G} = 14 - 10 - 4 = 0$。

利用 LAG 来寻找关键线路,从终点向起点方向,LAG=0 线路向前连通直到起点,这条线路就是关键线路。由此可知,关键线路为 A→B→E→G。

接下来根据上述计算结果来计算总时差和自由时差:

工作 C 的总时差 $= \min\{(TF_E + LAG_{C,E}),(TF_G + LAG_{C,G})\}$,工作 E 的总时差 $= \min\{TF_G + LAG_{E,G}\}$,工作 G 的总时差 $= 22 - 22 = 0$,故 $TF_E = 0 + 0 = 0$,$TF_C = \min\{0 + 4, 0 + 14\} = 4$。

工作 C 的自由时差 $= \min\{LAG_{C,E}, LAG_{C,G}\} = \min\{4, 14\} = 4$。

2. 首先了解有几种搭接关系。

五种搭接关系,分别是:结束到开始(FTS)的搭接关系、开始到开始(STS)的搭接关系、结束到结束(FTF)的搭接关系、开始到结束(STF)的搭接关系、混合搭接关系。

3. 时间参数如何计算?

起点节点的最早开始时间为零,最早完成时间为开始加持续。

其他工作的最早时间按时距算。

(1)时距为 STS,$ES_j = ES_i + STS_{i,j}$。

(2)时距为 STF,$ES_j = ES_i + STF_{i,j} - D_j$。

记忆技巧:开始加时距,如遇完成减持续。

(3)时距为 FTF,$ES_j = EF_i + FTF_{i,j} - D_j$。

(4)时距为 FTS,$ES_j = EF_i + FTS_{i,j}$。

记忆技巧:完成加时距,如遇完成减持续。

相邻两项工作之间的时间间隔:

(1)FTS 时的时间间隔:$LAG_{i,j} = ES_j - (EF_i + FTS_{i,j}) = ES_j - EF_i - FTS_{i,j}$

(2)STS 时的时间间隔:$LAG_{i,j} = ES_j - (ES_i + STS_{i,j}) = ES_j - ES_i - STS_{i,j}$

记忆技巧:开始减时距,遇开减开,遇完减完。

(3)FTF 时的时间间隔:$LAG_{i,j} = EF_j - (EF_i + FTF_{i,j}) = EF_j - EF_i - FTF_{i,j}$

（4）STF 时的时间间隔：$LAG_{i, j} = EF_j - (ES_i + STF_{i, j}) = EF_j - ES_i - STF_{i, j}$

记忆技巧：完成减时距，遇开减开，遇完减完。

（5）混合搭接关系时的时间间隔。当相邻两项工作之间存在两种时距及以上搭接关系时，应分别计算出时间间隔，然后取其中的最小值。

4. 本考点是一个难理解的考点，考试题目难度较大。考试时有两种考查题型，一种是已知单代号搭接网络计划图来求某工作的时间参数；另一种是已知某工作和其紧后工作的部分时间参数来求该工作的其他时间参数。下面再做两个题目来巩固这部分知识点。

（1）某单代号搭接网络计划如下图所示（时间单位：d），其时间参数正确的有（　　）。【2021 年真题】

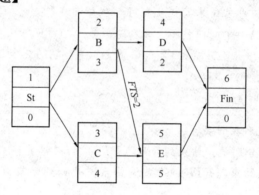

A. $LS_D = 8$ 　　　　　　　　　　B. $LS_E = 5$

C. $LF_C = 5$ 　　　　　　　　　　D. $FF_B = 2$

E. $TF_C = 1$

【答案】A、B、C、E

【解析】本题计算如下图所示，

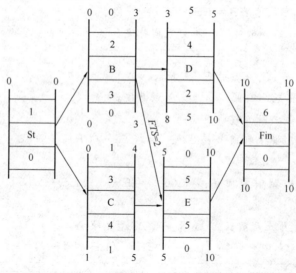

工作 B 的自由时差＝0，故选项 D 错误。

（2）单代号搭接网络计划中，某工作持续时间 3d，有且仅有一个紧前工作，紧前工作最早第 2 天开始，工作持续时间 5d，该工作与紧前工作间的时距是 $FTF=2d$。该工作的最早开始时间是第（　　）天。【2020 年真题】

A. 6　　　　　　　　B. 0　　　　　　　　C. 3　　　　　　　　D. 5

【答案】A

【解析】相邻时距为 FTF 时，该工作的最早开始时间＝紧前工作的最早开始时间＋紧前工作的持续时间＋时距－该工作的持续时间＝2＋5＋2－3＝6。

专项突破 11　关键工作的确定

例题： 某双代号网络计划如下图所示（时间单位：d），其关键工作有（　　）。【2021年真题】

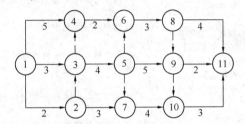

A. 工作⑧→⑪　　　　　　　　　　B. 工作⑦→⑩

C. 工作③→⑤　　　　　　　　　　D. 工作①→④

E. 工作⑤→⑨

【答案】C、E

重点难点专项突破

1. 本考点考试时会根据网络计划图，判断备选项中的工作是否为关键工作，也就是例题题目的考法；也会与时间参数计算、关键线路判断等综合考查，看下面这道题目：

某钢筋混凝土基础工程，包括支模板、绑扎钢筋、浇筑混凝土三道工序，每道工序安排一个专业施工队进行，分三段施工，各工序在一个施工段上的作业时间分别 3d、2d、1d，关于其施工网络计划的说法，正确的有（　　）。

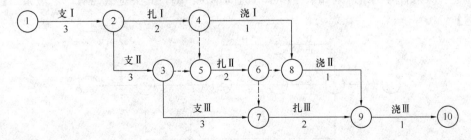

A. 工作①—②是关键工作　　　　　　　B. 只有1条关键路线

C. 工作⑤—⑥是非关键工作　　　　　　D. 节点⑤的最早时间是5

E. 虚工作③—⑤是多余的

【答案】A、B、C

【解析】该施工网络计划的关键线路是①→②→③→⑦→⑨→⑩，由此可知选项A、B、C正确。节点5的最早时间＝max{3+2，3+3}＝6，故选项D错误。判断是否为虚工作的方法是：如某一虚工作的紧前工作只有虚工作，那么该虚工作是多余的；如果某两个节点之间既有虚工作，又有实工作，那么该虚工作也是多余的。由此可以判断虚工作③—⑤不是多余的。

2. 关键工作的确定还会考查判断正确与错误说法的综合题目。下面对关键工作的正确与错误说法进行总结。

正确说法	错误说法
（1）总时差最小的工作是关键工作。【2011年考过】 （2）当计划工期等于计算工期时，总时差为零的工作就是关键工作。【2009年考过】 （3）最迟开始时间与最早开始时间相差最小的工作是关键工作。【2009年考过】 （4）最迟完成时间与最早完成时间相差最小的工作是关键工作。 （5）关键线路上的工作均为关键工作【2010年考过】	（1）双代号时标网络计划中工作箭线上无波形线的工作是关键工作。 （2）双代号网络计划中两端节点均为关键节点的工作的关键工作。 （3）双代号网络计划中持续时间最长的工作是关键工作。 （4）单代号网络计划中与紧后工作之间时间为零的工作是关键工作。 （5）单代号搭接网络计划中时间间隔为零的关键工作是关键工作。 （6）单代号搭接网络计划中与紧后工作之间时距最小的工作是关键工作

3. 最后再来关注下当计算工期不能满足要求工期时，通过压缩关键工作的持续时间来满足工期要求【2010年考过】。在选择缩短持续时间的关键工作时，宜考虑的因素有哪些呢？

（1）缩短持续时间对质量和安全影响不大的工作。

（2）有充足备用资源的工作。

（3）缩短持续时间所需增加的费用最少的工作等。

专项突破12　关键线路的确定

例题： 某双代号网络计划如下图所示（时间单位：d），其关键线路有（　　）条。【2016年真题】

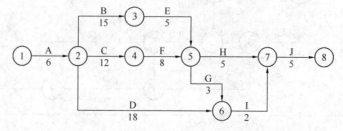

A. 2   B. 3   C. 4   D. 5

【答案】C

重点难点专项突破

1. 本考点还可以考核的题目有：

（1）某双代号网络计划如下图所示，关键线路有（B）条。【2020年真题】

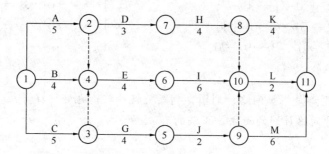

（2）某双代号网络计划如下图所示，其关键路线有（B）条。

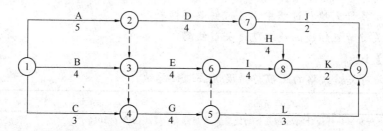

（3）下列双代号时标网络计划中，关键线路有（B）条。

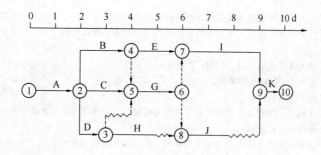

命题总结：

考试时还会将各线路作为备选项，判断哪一条线路属于关键线路，看下面这道题目：

某建设工程网络计划如下图所示（时间单位：月），该网络计划的关键线路有（   ）。

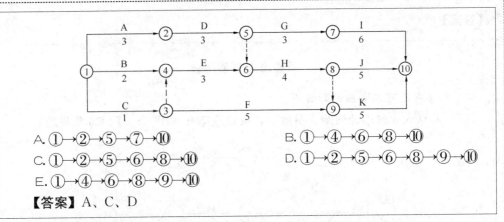

A. ①→②→⑤→⑦→⑩ B. ①→④→⑥→⑧→⑩

C. ①→②→⑤→⑥→⑧→⑩ D. ①→②→⑤→⑥→⑧→⑨→⑩

E. ①→④→⑥→⑧→⑨→⑩

【答案】A、C、D

2. 上述题型都是根据网络计划图，判断关键线路；也会这样考：

关于双代号网络计划的说法，正确的有( )。

A. 可能没有关键线路

B. 至少有一条关键线路

C. 在计划工期等于计算工期时，关键工作为总时差为零的工作

D. 在网络计划执行过程中，关键线路不能转移

E. 由关键节点组成的线路就是关键线路

【答案】B、C

3. 下面对关键线路的正确与错误说法进行总结。

正确说法	错误说法
(1) 线路上所有工作持续时间之和最长的线路是关键线路。【2010 年、2016 年考过】	
(2) 双代号网络计划中，当 $T_p＝T_c$ 时，自始至终由总时差为 0 的工作组成的线路是关键线路。	(1) 由总时差为零的工作组成的线路是关键线路。
(3) 双代号网络计划中，自始至终由关键工作组成的线路是关键线路。	(2) 关键线路只有一条。
(4) 在时标网络计划中，相邻两项工作之间的时间间隔全部为零的线路就是关键线路。	(3) 关键线路一经确定不可转移。
(5) 时标网络计划中无波形线的线路。【2016 年考过】	(4) 时标网络计划中，自始至终不出现虚线的线路是关键线路
(6) 关键线路可能有多条。【2010 年考过】	
(7) 关键线路上可能有虚工作存在。	
(8) 在单代号网络计划中，从起点节点到终点节点均为关键工作，且所有工作的时间间隔为零的线路为关键线路。	
(9) 在搭接网络计划中，从终点节点开始逆着箭线方向依次找出相邻两项工作之间时间间隔为零的线路为关键线路	

专项突破 13 时 差 的 应 用

例题：自由时差是指在不影响( )的前提下，本工作可以利用的机动时间。

A. 总工期 B. 其紧后工作最早开始时间

C. 其紧后工作最迟开始时间 D. 其紧后工作最迟完成时间

【答案】B

重点难点专项突破

1. 本考点还可以考核的题目有：

总时差是指在不影响（A）的前提下，可以利用的机动时间。

2. 关于时差的运用有两种题型：

第一种题型是分析题干中的条件对总工期及后续工作开始时间的影响，比如：

（1）某工程网络计划中，工作 M 的自由时差为 2d，总时差为 5d。进度检查时发现该工作的持续时间延长了 4d，则工作 M 的实际进度（　　）。【2018 年真题】

A. 既不影响总工期，也不影响其紧后工作的正常进行

B. 将使其紧后工作的开始时间推迟 4d，并使总工期延长 2d

C. 将使总工期延长 4d，但不影响其紧后工作的正常进行

D. 不影响总工期，但其紧后工作的最早开始时间推迟 2d

【答案】D

> 这类型题目的解答思路：
>
> （1）某项工作的拖延如果没有超过其总时差，此时该工作的实际进度不会影响总工期；如果超过其总时差，此时该工作的实际进度会影响总工期，且拖延的时间与总时差的差值就是延误总工期的时间。
>
> （2）某项工作的拖延如果没有超过其自由时差，此时该工作的实际进度不会影响其紧后工作的最早时间开始；如果超过其自由时差，此时该工作的实际进度会影响其紧后工作的最早时间开始，且拖延的时间与自由时差的差值就是后续工作最早开始拖后的时间。
>
> 上述例题中，该工作的持续时间延长了 4d，小于 5d 的总时差，说明并不影响总工期。M 的自由时差为 2d，4−2＝2d，该工作导致其紧后工作的最早开始时间推迟 2d。故 D 选项正确。

（2）工程网络计划执行过程中，如果某项工作实际进度拖延的时间超过其自由时差，则该工作（　　）。

A. 必定影响其紧后工作的最早开始
B. 必定变为关键工作
C. 必定导致其后续工作的完成时间推
D. 必定影响工程总工期

【答案】A

第二种题型是对时差的表述题，比如：

关于工作的总时差、自由时差及相邻两工作间隔时间关系的说法，正确的有（　　）。

A. 工作的自由时差一定不超过其紧后工作的总时差

B. 工作的自由时差一定不超过其相应的总时差

C. 工作的总时差一定不超过其紧后工作的自由时差

D. 工作的自由时差一定不超过其紧后工作之间的间隔时间

E. 工作的总时差一定不超过其紧后工作之间的间隔时间

【答案】B、D

专项突破 14 进度计划的检查

例题：某项目时标网络计划第 2、4 周末实际进度前锋线如下图所示，关于该项目进度情况的说法，正确的有（   ）。【2020 年真题】

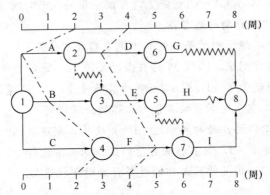

A. 第 2 周末，工作 C 提前 1 周，工期提前 1 周
B. 第 2 周末，工作 A 拖后 2 周，但不影响工期
C. 第 2 周末，工作 B 拖后 1 周，但不影响工期
D. 第 4 周末，工作 D 拖后 1 周，但不影响工期
E. 第 4 周末，工作 F 提前 1 周，工期提前 1 周

【答案】B、C、D、E

重点难点专项突破

1. 当采用时标网络计划时，可采用实际进度前锋线记录计划实际执行状况，进行实际进度与计划进度的比较。根据时标网络图，判断检查日期时，工作是拖后还是提前，是否影响总工期及后续工作。这部分内容的考试题目难度较大，不仅需要掌握本考点，还需要根据掌握总时差和自由时差计算，由此来判断是否影响工期及后续工作。在 2011 年、2012 年、2014 年、2015 年、2020 年都是以多项选择题考核了前锋线法检查计划执行情况。

2. 前锋线比较法比较实际进度与计划进度：

直观反映	表明关系		预测影响	
实际进展位置点	实际进度	拖后或超前时间	对后续工作影响	对总工期影响
落在检查日左侧	拖后	检查时刻-位置点时刻	超过自由时差就影响，超几天就影响几天	超过总时差就影响，超几天就影响几天
与检查日重合	一致	0	不影响	不影响
落在检查日右侧	超前	位置点时刻-检查时刻	需结合其他工作分析	需结合其他工作分析

学习了上述内容，再来看下上述例题如何解答。

第2周末检查时，工作A拖后2周，因为工作A有2周的总时差，所以不影响工期。工作B拖后1周，工作B有1周的总时差，所以不影响工期。工作C虽然提前1周，但是也不能使得工期提前1周。第4周末检查时，工作D拖后1周，因为有2周的总时差，不影响工期。工作F提前1周，即使工作D拖后1周，工作D仍剩余1周的总时差，工作E进度正常，工作E也存在1周的总时差，所以工期提前1周。

3. 下面准备两道题目来练习。

(1) 某网络计划执行情况的检查结果分析见下表，对工作M的判断分析，正确的是(   )。【2021年真题】

工作编号	工作名称	尚需工作天数 (d)	总时差 (d)		自由时差 (d)	
			原有	目前尚有	原有	目前尚有
...						
i-j	M	3	5	1	2	0
...						

A. 比计划提前 4d，不影响工期

B. 比计划延迟 4d，不影响紧后工作，不影响工期

C. 比计划延迟 4d，影响紧后工作2d，不影响工期

D. 比计划延迟 4d，影响工期 1d

【答案】C

【解析】选项A错误，应当是"比计划延迟 4d"。选项B错误，应当是"影响紧后工作2d"。选项D错误，应当是"不影响工期"。

(2) 某双代号时标网络计划执行过程中的实际进度前锋线如下图所示，计划工期为12周，图中正确的信息有(   )。

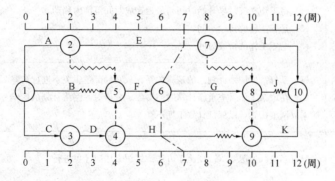

A. 工作E进度正常，不影响总工期

B. 工作G进度拖延1周，影响总工期1周

C. 工作H进度拖延1周，影响总工期1周

D. 工作I最早开始时间调后1周，计算工期不变

E. 根据第7周末的检查结果，压缩工作K的持续时间1周，计划工期不变

【解析】本题中，工作 E 已经工作了 5 周，说明进度正常，不影响总工期。故选项 A 正确。工作 G 本应该在第 7 周末计划工作 1 周，但实际还未开始工作，进度拖延 1 周；工作 G 为关键工作，因此，会影响总工期 1 周。故选项 B 正确。工作 H 虽然拖延 1 周，但有 2 周的总时差，因此不会影响总工期。故选项 C 错误。由于工作 E 进度正常，工作 I 最早开始时间不会改变，计算工期由于工作 G 进度拖后会拖延。故选项 D 错误。由于工作 G 进度拖延 1 周，通过压缩工作 G 或工作 K 的持续时间 1 周，计划工期会不变。故选项 E 正确。

专项突破 15　进度计划的调整内容和方法

项目		内容
网络计划调整的内容		(1) 调整关键线路的长度。【2009 年考过】 (2) 调整非关键工作时差。【2009 年考过】 (3) 增、减工作项目。【2009 年、2018 年考过】 (4) 调整逻辑关系。【2018 年考过】 (5) 重新估计某些工作的持续时间。【2018 年考过】 (6) 对资源的投入作相应调整【2009 年考过】
网络计划调整的方法	调整关键线路的方法	(1) 实际进度拖后时，应在尚未完成的关键工作中，选择资源强度小或费用低的工作缩短其持续时间，并重新计算未完成部分的时间参数，将其作为一个新计划实施。【2010 年考过】 (2) 实际进度提前时，若不拟提前工期，应选用资源占用量大或者直接费用高的后续关键工作，适当延长其持续时间，以降低其资源强度或费用；当确定要提前完成计划时，应将计划尚未完成的部分作为一个新计划，重新确定关键工作的持续时间，按新计划实施
	非关键工作时差的调整方法	(1) 将工作在其最早开始时间与最迟完成时间范围内移动。 (2) 延长工作的持续时间。 (3) 缩短工作的持续时间
	增、减工作项目时的调整方法	(1) 不打乱原网络计划总的逻辑关系，只对局部逻辑关系进行调整。 (2) 在增减工作后应重新计算时间参数，分析对原网络计划的影响；当对工期有影响时，应采取调整措施，以保证计划工期不变
	调整逻辑关系	只有当实际情况要求改变施工方法或组织方法时才可进行
	调整工作的持续时间	当发现某些工作的原持续时间估计有误或实现条件不充分时，应重新估算其持续时间，并重新计算时间参数，尽量使原计划工期不受影响
	调整资源的投入	当资源供应发生异常时，应采用资源优化方法对计划进行调整，或采取应急措施，使其对工期的影响最小

1. 网络计划调整的内容是一个多项选择题采分点。

2. 网络计划调整的方法在 2010 年、2012 年、2015 年考查的都是单项选择题。

3. 本考点还可能会这样命题：

(1) 关于施工进度计划调整的说法，正确的是(   )。【2015 年真题】

A. 当资源供应发生异常时，可调整工作的工艺关系

B. 当实际进度计划拖后时，可缩短关键工作持续时间

C. 为充分利用资源、降低成本，应减少资源的投入

D. 任何情况下均不允许增减工作项目

【答案】B

(2) 当工程施工的实际进度与计划进度不符时，需要对网络计划作出调整，调整的内容有(   )。

A. 调整关键线路的长度　　　　　　B. 调整非关键工作时差

C. 调整组织结构　　　　　　　　　D. 增、减工作项目

E. 调整资源的投入

【答案】A、B、D、E

1Z203040　建设工程项目进度控制的措施

专项突破　施工进度控制的措施

例题： 下列建设工程项目进度计划的控制措施中，属于组织措施的有(   )。【2013年、2014 年、2017 年、2019 年考过】

A. 重视健全项目管理的组织体系【2015 年考过】

B. 设有专门的工作部门和符合进度控制岗位资格的专人负责进度控制工作

C. 进行项目管理组织设计的任务分工的职能分工【2015 年、2017 年考过】

D. 编制施工进度控制的工作流程【2010 年、2013 年、2014 年考过】

E. 进行进度控制会议的组织设计【2013 年考过】

F. 采用工程网络计划技术【2014 年、2017 年、2019 年考过】

G. 树立进度计划系统的观念

H. 树立动态控制的观念【2019 年考过】

I. 树立进度计划多方案比较和优选的观念

J. 选择合适的施工承发包方式【2012 年、2013 年、2016 年考过】

K. 选择合适的工程物资采购模式【2015 年、2017 年、2020 年考过】

L. 选择合理的合同结构【2012 年、2013 年、2015 年考过】

M. 分析影响项目工程进度的风险，并采取风险管理措施【2010 年、2013 年、2015年、2016 年、2018 年、2019 年考过】

N. 重视信息技术的应用【2009 年、2010 年、2016 年、2017 年、2018 年考过】

O. 编制工程资金需求计划和资源需求计划【2010 年、2014 年、2017 年、2018 年、2019 年、2020 年考过】

P. 落实资金供应条件和经济激励措施【2010 年、2012 年、2013 年、2016 年、2019 年考过】

Q. 深化设计，选用对实现目标有利的设计技术和施工技术【2010 年、2018 年考过】

R. 优选工程项目的设计、施工方案【2012 年、2016 年、2018 年考过】

S. 分析工程设计变更的必要性和可能性【2010 年、2021 年考过】

T. 改变施工技术、施工方法、施工机械【2018 年、2021 年考过】

U. 组织工程设计方案的评审与选用【2021 年考过】

【答案】A、B、C、D、E

重点难点专项突破

1. 本考点还可以考核的题目有：

（1）下列建设工程项目进度控制的措施中，属于管理措施的有（F、G、H、I、J、K、L、M、N）。

（2）下列建设工程项目进度控制的措施中，属于经济措施的有（O、P）。【2020 年考过】

（3）下列建设工程项目进度控制的措施中，属于技术措施的有（Q、R、S、T、U）。【2020 年考过】

2. 本考点是每年的必考考点，每年在此都会考核一到两道题目，可能会考查一道单项选择题，一道多项选择题。组织措施、管理措施、经济措施、技术措施的具体内容会相互作为干扰选项出现。考生需要牢记。

3. 注意 D 选项，编制项目进度控制的工作流程包括：（1）定义项目进度计划系统的组成；（2）各类进度计划的编制程序、审批程序和计划调整程序等。在 2017 年、2019 年考核组织措施时都是考核的第（1）条。在 2010 年、2012 年考核技术措施时，第（2）条都作为干扰选项出现了。

4. 注意 E 选项，进度控制会议的组织设计明确：会议的类型；各类会议的主持人及参加单位和人员；各类会议的召开时间；各类会议文件的整理、分发和确认等。【2014 年考过】

5. 针对四项措施内容可能会有三种命题方式：

一是在选项中给出某建设工程项目在实施过程中的具体进度控制工作，要求考生判断属于何种进度控制的措施（例题题目）。

二是在题干中给出某建设工程项目在实施过程中的具体进度控制工作，要求考生判断属于何种进度控制的措施。比如："施工方进度控制措施中，采用工程网络计划实现进度控制科学化的措施属于（　　）。"

三是关于建设工程项目进度控制措施表述的题目。比如："关于建设工程项目进度控制措施的说法，正确的有（　　）。"【2016 年真题题干】

6. 进度控制的主要工作环节会有两种命题形式：

一是题干中给出工作环节，判断正确的顺序。2012年这样考过。

二是以多项选择形式考核工作环节包括哪些。2009年、2011年这样考过。

主要工作环节包括：进度目标的分析和论证、编制进度计划、定期跟踪进度计划的执行情况、采取纠偏措施以及调整进度计划。

7. 建设工程项目进度控制在管理观念方面存在的主要问题，在2011年、2021年都考查了细节性知识点，要注意掌握。2021年是这样考查的：

在进度控制中，缺乏动态控制观念的表现是（   ）。【2021年考过】

A. 不重视进度计划的比选

B. 不重视进度计划的调整

C. 不注意分析影响进度的风险

D. 同一项目不同进度计划之间的关联性不够

【答案】B

1Z204000　建设工程项目质量控制

1Z204010　建设工程项目质量控制的内涵

专项突破1　对项目质量控制相关概念的理解

例题：质量管理是确定和建立质量方针和质量目标，并在质量管理体系中通过（　　）等手段来实施和实现全部质量管理职能的所有活动。

A. 质量策划　　　　B. 质量控制　　　　C. 质量保证　　　　D. 质量改进

【答案】A、B、C、D

重点难点专项突破

1. 关于本考点需要掌握几个概念：

（1）质量：客体的一组固有特性满足要求的程度。

（2）建设工程项目质量：通过项目实施形成的工程实体的质量。

质量特性主要体现六个方面：适用性、安全性、耐久性、可靠性、经济性及与环境的协调性。

（3）质量管理：实在质量方面指挥和控制组织的协调活动。

（4）工程项目质量管理：在工程项目实施过程中，指挥和控制项目参与各方关于质量的相互协调的活动，是围绕着使工程项目满足质量要求，而开展的策划、组织、计划、实施、检查、监督和审核等所有管理活动的总和。

（5）质量控制：是质量管理的一部分，致力于满足质量要求的一系列相关活动。这些活动主要包括：设定目标、测量检查、评价分析、纠正偏差。【2009年、2013年、2014年、2020年考过】

> 命题总结：
>
> 质量控制活动会考查判断正确顺序的题目，比如2020年考试题目；还可能以多项选择题考查包括的活动内容，比如2013年考试题目。
>
> 1. 质量控制活动包括：①设定目标；②纠正偏差；③测量检查；④评价分析。正确的顺序是（　　）。【2020年真题】
>
> A.①—②—③—④　　　　　　B.①—③—④—②
>
> C.③—①—②—④　　　　　　D.③—④—①—②
>
> 【答案】B

2. 根据《质量管理体系 基础和术语》GB/T 19000—2008，质量控制是质量管理的一部分，是致力于满足质量要求的一系列相关活动，这些活动主要包括（　　）。【2013年真题】

A. 设定标准
B. 测量结果
C. 评价
D. 质量策划
E. 纠偏

【答案】A、B、C、E

（6）工程项目质量控制：在项目实施整个过程中，包括项目的勘察设计、招标采购、施工安装、竣工验收等各个阶段，项目参与各方致力于实现业主要求的项目质量总目标的一系列活动。【2010年考过】

2. 本考点可能会这样命题：

根据《质量管理体系 基础和术语》GB/T 19000—2016，建设工程质量控制的定义是（　　）。

A. 参与工程建设者为了保证工程项目质量所从事工作的水平和完善程度
B. 对建筑产品具备的满足规定要求能力的程所做的有系统的检查
C. 为达到工程项目质量要求所采取的作业技术和活动
D. 工程项目质量管理的一部分，致力于满足质量要求的一系列相关活动

【答案】D

专项突破2　项目质量控制的责任和义务

参建各方	责任和义务
建设单位	（1）建设单位应当将工程发包给具有相应资质等级的单位，并不得将建设工程肢解发包。 （2）建设工程发包单位不得迫使承包方以低于成本的价格竞标，不得任意压缩合理工期；不得明示或者暗示设计单位或者施工单位违反工程建设强制性标准，降低建设工程质量。 （3）实行监理的建设工程，建设单位应当委托具有相应资质等级的工程监理单位进行监理。 （4）建设单位在领取施工许可证或者开工报告前，应当按照国家有关规定办理工程质量监督手续。 （5）涉及建筑主体和承重结构变动的装修工程，建设单位应当在施工前委托原设计单位或者具有相应资质等级的设计单位提出设计方案；没有设计方案的，不得施工。房屋建筑使用者在装修过程中，不得擅自变动房屋建筑主体和承重结构
勘察、设计单位	（1）从事建设工程勘察、设计的单位应当依法取得相应等级的资质证书，在其资质等级许可的范围内承揽工程，并不得转包或者违法分包所承揽的工程。 （2）设计单位应当根据勘察成果文件进行建设工程设计。设计文件应当符合国家规定的设计深度要求，注明工程合理使用年限。 （3）设计单位在设计文件中选用的建筑材料、建筑构配件和设备，应当注明规格、型号、性能等技术指标，其质量要求必须符合国家规定的标准。除有特殊要求的建筑材料、专用设备、工艺生产线等外，设计单位不得指定生产、供应商。 （4）设计单位应当参与建设工程质量事故分析，并对因设计造成的质量事故，提出相应的技术处理方案【2017年考过】

参建各方	责任和义务
施工单位	（1）施工单位应当依法取得相应等级的资质证书，并在其资质等级许可的范围内承揽工程，并不得转包或者违法分包工程。 （2）施工单位对建设工程的施工质量负责。施工单位应当建立质量责任制，确定工程项目的项目经理、技术负责人和施工管理负责人。 （3）总承包单位依法将建设工程分包给其他单位的，分包单位应当按照分包合同的约定对其分包工程的质量向总承包单位负责，总承包单位与分包单位对分包工程的质量承担连带责任。 （4）施工单位必须按照工程设计图纸和施工技术标准施工，不得擅自修改工程设计，不得偷工减料。施工单位在施工过程中发现设计文件和图纸有差错的，应当及时提出意见和建议

重点难点专项突破

1. 《中华人民共和国建筑法》和《建设工程质量管理条例》规定，建设工程项目的建设单位、勘察单位、设计单位、施工单位、工程监理单位都要依法对建设工程质量负责。上表中仅列出了部分可能会考查的知识点。

2. 本考点可能会这样命题：

（1）根据《建筑工程质量管理条例》，设计文件中选用的材料、构配件和设备，应当注明（   ）。

A. 生产厂　　　　　　　　　　　B. 规格和型号

C. 供应商　　　　　　　　　　　D. 使用年限

【答案】B

（2）根据建设工程质量管理条例，设计文件应符合国家规定的设计深度要求并注明工程（   ）。

A. 材料生产厂家　　　　　　　　B. 保修期限

C. 材料供应单位　　　　　　　　D. 合理使用年限

【答案】D

（3）总包单位依法将建设工程分包时，分包工程发生的质量问题，应（   ）。

A. 由总包单位负责

B. 由总包单位与分包单位承担连带责任

C. 由分包单位负责

D. 由总包单位、分包单位、监理单位共同负责

【答案】B

（4）根据《中华人民共和国建筑法》和《建设工程质量管理条例》，设计单位的质量责任和义务是（   ）。【2017年考题】

A. 按设计要求检验商品混凝土质量

B. 将施工图设计文件上报有关部门审查

C. 向施工单位提供设计原始资料

D. 参与建设工程质量事故分析

【答案】D

专项突破 3   项目质量的影响因素分析

例题：下列质量控制工作中，属于施工作业环境因素控制的工作是(   )。【2019 年真题题干】

A. 工程地质、水文、气象条件

B. 地下障碍物

C. 国家建设法律法规的健全程度及其执法力度

D. 建设工程项目法人决策的理性化程度【2015 年考过】

E. 经营者的经营管理理念【2015 年考过】

F. 建筑市场（包括建设工程交易市场和建筑生产要素市场）的发育程度及交易行为的规范程度【2016 年考过】

G. 政府的工程质量监督及行业管理成熟程度【2016 年考过】

H. 建设咨询服务业的发展程度及其服务水准的高低【2016 年考过】

I. 廉政管理及行风建设的状况

J. 项目参建单位的质量管理体系

K. 质量管理制度和各参建单位之间的协调

L. 建立统一的现场施工组织系统【2016 年、2019 年考过】

M. 建立质量管理的综合运行机制

N. 项目实施现场平面和空间环境条件

O. 各种能源介质供应

P. 施工照明、通风

Q. 安全防护设施

R. 施工场地给水排水

S. 交通运输和道路条件

【答案】N、O、P、Q、R、S

重点难点专项突破

1. 本考点还可以考核的题目有：

(1) 下列影响项目质量的环境因素中，属于自然环境因素的有（A、B）。

(2) 下列影响项目质量的环境因素中，属于社会环境因素的有（C、D、E、F、G、H、I）。

(3) 下列影响项目质量的环境因素中，属于管理环境因素的有（J、K、L、M）。【2015 年、2016 年考过】

2. 建设工程项目质量的影响因素包括人的因素、机械因素、材料因素、方法因素和环境因素（简称人、机、料、法、环）等。【2009 年、2010 年考过】

3. 本考点在考核时，除了上述题型，还会考核下面这种题型：

国内实行建筑业企业资质管理制度，属于控制建设工程项目质量影响因素中（   ）。【2018 年、2019 年考过】

A. 管理的因素

B. 人的因素

C. 方法的因素

D. 环境的因素

【答案】B

4. 机械的因素包括施工机械和各类工器具。考生应能区分。

5. 材料的因素包括工程材料和施工用料，又包括原材料、半成品、成品、构配件和周转材料等。

6. 方法的因素也称为技术因素，包括勘察、设计、施工所采用的技术和方法，以及工程检测、试验的技术和方法等。

7. 环境的因素主要包括施工现场自然环境因素、施工质量管理环境因素和施工作业环境因素。【2018 年考过】

专项突破 4　质量风险识别

例题：下列项目质量风险中，属于管理风险的有(　　)。【2014 年、2020 年考过】

A. 现有技术水平的局限

B. 项目实施人员对工程技术的掌握、应用不当【2014 年考过】

C. 项目实施人员自身技术水平的局限

D. 采用不够成熟的新结构、新技术、新工艺【2014 年、2020 年考过】

E. 工程质量责任单位的质量管理体系存在缺陷【2014 年考过】

F. 组织结构不合理【2020 年考过】

G. 工作流程组织不科学

H. 任务分工和职能划分不恰当

I. 管理制度不健全

J. 各级管理者的管理能力不足和责任心不强

K. 社会上的腐败现象和违法行为

L. 项目现场的空气污染、水污染、光污染和噪声、固体废弃物【2020 年考过】

【答案】E、F、G、H、I、J

重点难点专项突破

1. 本考点还可以考核的题目有：

(1) 下列项目质量风险中，属于技术风险的有 (A、B、C、D)。

(2) 下列项目质量风险中，属于环境风险的有 (K、L)。

2. 本考点主要掌握两点：一是质量风险的分类；二是风险识别的方法。上述例题总结了风险分类中可能会考核的题目。为了方便考生掌握本考点，对此我们做了总结。

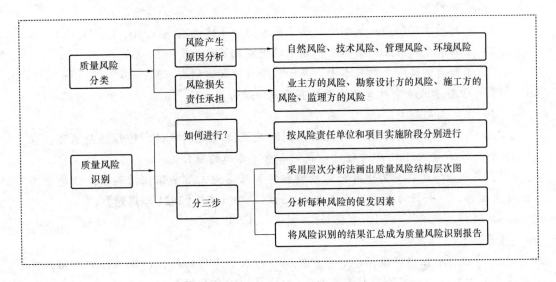

专项突破 5　质量风险响应

例题：下列质量风险应对策略中，属于风险转移策略的是(　　)。【2019 年真题题干】

A. 依法进行招标投标

B. 慎重选择有资质、有能力的项目设计、施工、监理单位

C. 正确进行项目的规划选址，避开不良地基或容易发生地质灾害的区域

D. 不选用不成熟、不可靠的设计、施工技术方案

E. 合理安排施工工期和进度计划【2015 年、2019 年考过】

F. 在施工中有针对性地制定和落实有效的施工质量保证措施【2017 年、2019 年、2021 年考过】

G. 在施工中有针对性地制定和落实质量事故应急预案【2015 年考过】

H. 施工总承包单位依法把自己缺乏经验、没有足够把握的部分工程，通过签订分包合同，分包给有经验、有能力的单位施工【2015 年考过】

I. 承包单位依法实行联合承包【2015 年考过】

J. 建设单位在工程发包时，要求承包单位提供履约担保【2015 年、2019 年考过】

K. 工程竣工结算时，扣留一定比例的质量保证金

L. 质量责任单位向保险公司投保适当的险种，把质量风险全部或部分转移给保险公司

M. 可以采取设立风险基金的办法，在损失发生后用基金弥补【2015 年考过】

N. 在建筑工程预算价格中通常预留一定比例的不可预见费【2019 年考过】

【答案】H、I、J、K、L

重点难点专项突破

1. 本考点还可以考核的题目有：

（1）下列质量风险应对策略中，属于风险规避策略的有（A、B、C、D、E）。

（2）下列质量风险应对策略中，属于风险减轻策略的有（F、G）。

（3）下列质量风险应对策略中，属于风险自留策略的有（M、N）。

2. 关于质量风险应对策略的考核有三种命题形式：

（1）上述例题题型。

（2）题干中给出具体的应对策略，判断是风险规避、减轻、转移还是自留。在2015年、2018年、2021年考核过，我们来看下具体的题目：

① 某承包单位在施工中有针对性地制定和落实施工质量保证措施来降低质量事故发生概率，这一行为属于质量风险应对的（　　）策略。【2021年真题】

A. 转移　　　　　　B. 自留　　　　　　C. 规避　　　　　　D. 减轻

【答案】D

② 某投标人在内部投标评审会中发现招标人公布的招标控制价不合理，因此决定放弃此次投标。该风险应对策略为（　　）。【2018年真题】

A. 风险规避　　　　B. 风险减轻　　　　C. 风险自留　　　　D. 风险转移

【答案】A

（3）以判断正确与错误说法的题目考核，比如：

关于风险对策的说法，正确的有（　　）。【2015年真题】

A. 编制生产安全事故应急预案是生产者安全风险规避策略

B. 招标人要求中标人提交履约担保是招标人合同风险减轻策略

C. 承包商设立质量缺陷风险基金是承包商的质量风险自留策略

D. 承包商合理安排施工工期、进度计划，避开可能发生的自然灾害是承包商的质量风险规避策略

E. 依法组成联合体承接大型工程项目是承包商的风险转移策略

【答案】C、D、E

1Z204020　建设工程项目质量控制体系

专项突破1　全面质量管理（TQC）的思想

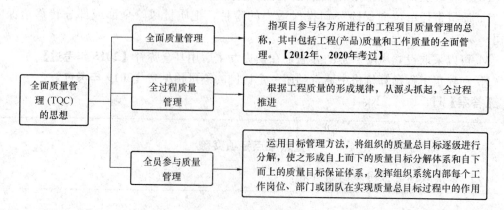

重点难点专项突破

1. 本考点内容不多，需要掌握"三全"管理的思想。

2. 本考点可能会这样命题：

(1) 建设工程项目全面质量管理中的"全面"是指(　　)的管理。【2020 年真题】

A. 工程质量和工作质量 　　　　 B. 决策过程和实施过程

C. 管理岗位和工作岗位 　　　　 D. 全方位和全流程

【答案】A

(2) 全过程质量管理要控制的主要过程有(　　)。

A. 项目策划与决策过程 　　　　 B. 设备材料采购过程

C. 施工组织与实施过程 　　　　 D. 项目运行与维修过程

E. 工程质量的评定过程

【答案】A、B、C、E

专项突破 2　质量管理的 PDCA 循环

例题： 建设工程项目质量管理的 PDCA 循环中，质量处置（A）阶段的主要任务是 (　　)。【2019 年真题题干】

A. 确定质量目标【2009 年、2010 年、2013 年考过】

B. 制定实现质量目标的行动方案【2009 年、2010 年、2013 年考过】

C. 行动方案的部署和交底【2010 年考过】

D. 将质量的目标值转换为质量的实际值【2009 年考过】

E. 对计划执行情况和结果进行检查【2009 年考过】

F. 对质量问题进行原因分析，采取措施予以纠正【2019 年考过】

【答案】F

重点难点专项突破

1. 本考点还可以考核的题目有：

(1) 建设工程项目质量管理的 PDCA 循环中，质量计划（P）阶段的主要任务是 (A、B)。

(2) 建设工程项目质量管理的 PDCA 循环中，质量实施（D）阶段的主要任务是 (C、D)。

(3) 建设工程项目质量管理的 PDCA 循环中，质量检查（C）阶段的主要任务是 (E)。

2. 在历年考试中都是以上述题型考核的，考生应能区分每个阶段的工作任务。

3. 本考点还可能会这样命题：

（1）建设工程项目质量管理的 PDCA 循环工作原理中，"P"是指（　　）。

（2）建设工程项目质量管理的 PDCA 循环工作原理中，"D"是指（　　）。

（3）建设工程项目质量管理的 PDCA 循环工作原理中，"C"是指（　　）。

（4）建设工程项目质量管理的 PDCA 循环工作原理中，"A"是指（　　）。

4. 检查包括作业者的自检、互检和专职管理者专检。【2019 年考过】

专项突破 3　项目质量控制体系的特点和构成

	项目	内容
特点	建立目的	只用于特定的项目质量控制，而不是用于建筑企业或组织的质量管理
	服务范围	涉及项目实施过程所有的质量责任主体，而不只是针对某一个承包企业或组织机构【2014 年、2018 年考过】
	控制目标	是项目的质量目标，并非某一具体建筑企业或组织的质量管理目标
	作用时效	是一次性的质量工作体系，并非永久性的质量管理体系【2010 年考过】
	评价方式	一般由项目管理的总组织者进行自我评价与诊断，不需进行第三方认证【2020 年考过】
结构	多层次结构 第一层次	应由建设单位的工程项目管理机构负责建立；在委托代建、委托项目管理或实行交钥匙式工程总承包的情况下，应由相应的代建方项目管理机构、受托项目管理机构或工程总承包企业项目管理机构负责建立【2009 年、2015 年考过】
	多层次结构 第二层次	分别由项目的设计总负责单位、施工总承包单位等建立的相应管理范围内的质量控制体系【2016 年考过】
	多层次结构 第三层次及其以下	承担工程设计、施工安装、材料设备供应等各承包单位的现场质量自控体系，或称各自的施工质量保证体系
	多单元结构	在项目质量控制总体系下，第二层次的质量控制体系及其以下的质量自控或保证体系可能有多个

重点难点专项突破

1. 在历年的考试中，项目质量控制体系的特点多数以判断正确与错误说法的题目考核，在考核时会设置的干扰选项有：

（1）目的是用于建筑企业或组织的质量管理。

（2）是针对某一个承包企业或组织机构的服务。

（3）控制目标是建筑业企业的质量管理目标。

（4）是永久性的质量管理体系。

（5）有效性需进行第三方审核认证。

2. 本考点可能会这样命题：

（1）关于建设工程项目质量控制系统特点的说法，正确的是（　　）。

A. 项目质量控制系统的目标就是某一建筑业企业的质量管理的目标

B. 项目质量控制系统仅服务于某一个承包企业或组织机构

C. 项目质量控制系统是一次性的质量工作系统

D. 项目质量控制系统建立的目的是为了建筑业企业的质量管理

【答案】C

（2）在群体工程项目中，第一层次的质量控制体系应由（　　）的工程项目管理机构负责建立。

A. 建设单位   B. 设计单位

C. 施工单位   D. 监理单位

【答案】C

专项突破 4　项目质量控制体系的建立

例题：建立项目质量控制体系时，首先开展的工作是（　　）。【2015 年真题题干】

A. 建立系统质量控制网络   B. 制定质量控制制度

C. 分析质量控制界面   D. 编制质量控制计划

【答案】A

重点难点专项突破

1. 本考点还可以考核的题目有：

项目质量控制体系的建立过程包括（A、B、C、D）。

2. 项目质量控制体系的建立，需要掌握建立的原则和程序。在历年考试中都是以单项选择题考核的。

3. 建立的原则包括三方面：分层次规划原则、目标分解原则、质量责任制原则。

4. 建立程序在考核时会有两种命题形式：一是上述例题题目，考核首先开展的工作；二是给出四项工作内容，判断正确的顺序。2016 年、2021 年考核了这类型题目。

专项突破 5　项目质量控制体系的运行

例题：项目质量控制体系运行的核心机制是（　　）。【2010 年、2011 年、2015 年考过】

A. 动力机制   B. 约束机制

C. 反馈机制   D. 持续改进机制

【答案】A

重点难点专项突破

1. **本考点还可以考核的题目有：**

在系统内部的管理制度设计时，必须予以高度的重视，防止重要管理制度的缺失、制度本身的缺陷、制度之间的矛盾等现象出现，才能为系统的运行注入（A、B、C、D）。

2. 本考点内容不多，主要掌握以下几点内容：

（1）项目质量控制体系的运行环境主要是指项目的合同结构、质量管理的资源配置和质量管理的组织制度。【2021年考过】

（2）质量控制体系得以运行的基础条件：人员的资源的合理配置。【2017年考过】

（3）质量控制体系运行的核心机制：动力机制。

（4）约束机制取决于各质量责任主体内部的自我约束能力和外部的监控效力。

【2013年考过】

专项突破6 质量管理原则

例题：根据《质量管理体系 基础和术语》GB/T 19000—2016，质量管理应遵循的原则有（　　）。【2010年、2018年考过】

A. 以顾客为关注焦点 　　　　B. 领导作用

C. 全员积极参与 　　　　　　D. 过程方法

E. 持续改进 　　　　　　　　F. 循证决策

G. 关系管理

【答案】A、B、C、D、E、F、G

重点难点专项突破

本考点还可以考核的题目有：

（1）根据《质量管理体系 基础和术语》GB/T 19000—2016，将活动作为相互关联、功能连贯的过程组成的体系来理解和管理时，可以更加有效和高效地得到一致的、可预知结果的质量管理原则是（D）。

（2）根据《质量管理体系 基础和术语》GB/T 19000—2016，"基于数据和信息的分析和评价的决策，更有可能产生期望的结果"体现了质量管理原则中的（F）。

专项突破7 企业质量管理体系文件的构成

例题：质量体系文件是企业开展质量管理的基础，主要由（　　）等构成。【2014年考过】

A. 质量手册 　　　　　　　　B. 程序文件

C. 质量计划 　　　　　　　　D. 质量记录

【答案】A、B、C、D

重点难点专项突破

1. 本考点还可以考核的题目有：

（1）企业质量管理体系的文件中，阐明一个企业的质量政策、质量体系和质量实践的文件是（A）。

（2）施工企业实施和保持质量体系过程中长期遵循的纲领性文件是（A）。

（3）在质量管理体系的系列文件中，企业落实质量管理工作而建立的各项管理标准、规章制度，属于企业各职能部门实施细则的是（B）。

（4）在质量管理体系的系列文件中，为了确保过程的有效运行和控制，针对特定的项目、产品、过程或合同，规定有谁及何时使用哪些程序和相关资源，采取何种质量措施的文件是（C）。

（5）产品质量水平和质量体系中各项质量活动进行及结果的客观反映，对质量体系程序文件所规定的运行过程及控制测量检查的内容如实加以记录，用以证明产品质量量达到合同要求及质量保证的满足程度的文件是（D）。

2. 在考核质量管理体系文件构成时，会设置的干扰选项有：质量报告、质量评审、质量方针、质量目标。

3. 该考点中，还需要知道的是质量手册和程序文件分别包括哪些内容？

质量手册的内容【2010 年考过】	程序文件（支持性文件）
企业的质量方针、质量目标。 组织机构和质量职责。 各项质量活动的基本控制程序或体系要素。 质量评审、修改和控制管理办法	文件控制程序。 质量记录管理程序。 不合格品控制程序。 内部审核程序。 预防措施控制程序。 纠正措施控制程序。 涉及产品质量形成过程各环节控制的程序文件，如生产过程、服务过程、管理过程、监督过程等管理程序文件，可视企业质量控制的需要而制定，不作统一规定【2018 年考过】

专项突破 8　企业质量管理体系的建立、运行、认证与监督

例题：企业获准质量管理体系认证后，维持与监督管理活动中的自愿行为是（　　）。

【2017 年真题题干】

A. 企业通报　　　　　　　　　B. 监督检查

C. 认证注销　　　　　　　　　D. 认证暂停

E. 认证撤销　　　　　　　　　F. 复评

G. 重新换证

【答案】D

重点难点专项突破

1. 本考点还可以考核的题目有：

（1）企业获准认证后，企业应通过经常性的内部审核，维持质量管理体系的有效性，并接受认证机构对企业质量管理体系实施监督管理。获准认证后的质量管理体系，

维持与监督管理内容包括（A、B、C、D、E、F、G）。

（2）认证机构对获证企业质量管理体系发生不符合认证要求情况时采取的警告措施是（D）。

（3）根据质量管理体系认证制度，当在认证证书有效期内出现体系认证范围变更时，企业可以采取的行动是（G）。【2019年真题题干】

2. 本考点在历年考试中以单项选择题为主，题目难度不大。

3. 接下来学习企业质量管理体系的建立、运行、认证与监督会怎么考呢？

考试怎么考	采分点
开展内部质量审核活动的主要目的有什么？【2012年、2017年考过】	（1）评价质量管理程序的执行情况及适用性。 （2）揭露过程中存在的问题，为质量改进提供依据。 （3）检查质量体系运行的信息。 （4）向外部审核单位提供体系有效的证据
施工企业质量管理体系由谁认证？【2009年考过】	公正的第三方认证机构
企业质量管理体系认证的程序是什么？	申请和受理→审核→审批与注册发证【2020年考过】
企业获准认证的有效期是多少年？	三年
企业获准认证后应进行什么工作？	应经常性的进行内部审核，并每年一次接受认证机构对企业质量管理体系实施的监督管理【2021年考过】
对企业做出认证撤销的决定后，该企业可以怎么做？【2011年、2013年考过】	一年后可重新提出认证申请

1Z204030　建设工程项目施工质量控制

专项突破1　施工质量控制的基本环节

例题： 下列施工质量控制的工作中，属于事前质量控制的有（　　）。

A. 编制施工质量计划

B. 明确质量目标

C. 制定施工方案

D. 设置质量管理点

E. 落实质量责任

F. 分析可能导致质量目标偏离的各种影响因素，并制定预防措施

G. 对质量活动的行为约束【2010年考过】

H. 质量活动主体的自我控制和他人监控【2020年考过】

I. 对质量活动过程和结果的监督控制

J. 对质量活动结果的评价、认定【2010年考过】

K. 对质量偏差的纠正【2010年考过】

L. 对不合格产品进行整改和处理

【答案】A、B、C、D、E、F

重点难点专项突破

1. 本考点还可以考核的题目有：

(1) 下列施工质量控制的工作中，属于事中质量控制的有（G、H、I）。

(2) 下列施工质量控制的工作中，属于事后质量控制的有（J、K、L）。【2010年考过】

2. 本考点需要掌握两个采分点：

一是区分事前质量控制、事中质量控制、事后质量控制的工作。

二是区分事中质量控制和事后质量控制的重点。

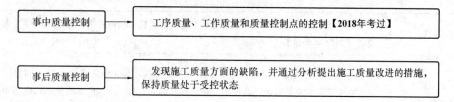

| 事中质量控制 | → | 工序质量、工作质量和质量控制点的控制【2018年考过】 |

| 事后质量控制 | → | 发现施工质量方面的缺陷，并通过分析提出施工质量改进的措施，保持质量处于受控状态 |

专项突破 2　施工质量计划的内容

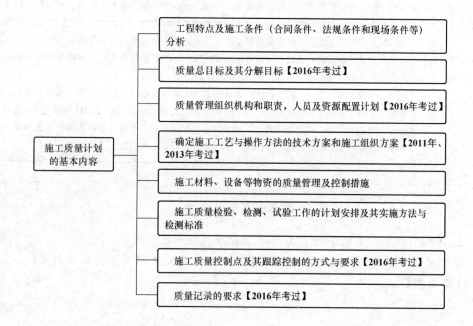

施工质量计划的基本内容
- 工程特点及施工条件（合同条件、法规条件和现场条件等）分析
- 质量总目标及其分解目标【2016年考过】
- 质量管理组织机构和职责，人员及资源配置计划【2016年考过】
- 确定施工工艺与操作方法的技术方案和施工组织方案【2011年、2013年考过】
- 施工材料、设备等物资的质量管理及控制措施
- 施工质量检验、检测、试验工作的计划安排及其实施方法与检测标准
- 施工质量控制点及其跟踪控制的方式与要求【2016年考过】
- 质量记录的要求【2016年考过】

重点难点专项突破

1. 本考点主要掌握这一个采分点就可以，施工质量计划的基本内容在考核时会

设置的干扰选项有：工序质量偏差的纠正、项目部的组织机构设置、质量手册的编制、施工质量体系的认证。

2. 本考点可能会这样命题：

施工质量计划的基本内容包括（　　）。【2016年真题】

A. 质量总目标及分解目标　　　　　B. 工序质量偏差的纠正

C. 质量管理组织机构和职责　　　　D. 施工质量控制点及跟踪控制的方式

E. 质量记录的要求

【答案】A、C、D、E

专项突破3　施工质量控制点的设置与管理

项目	内容
质量控制点的设置	应选择那些技术要求高、施工难度大、对工程质量影响大或是发生质量问题时危害大的对象进行设置【2012年考过】
质量控制点的重点控制对象	人的行为，材料的质量与性能，施工方法与关键操作，施工技术参数，技术间歇，施工顺序，易发生或常见的质量通病，新技术、新材料及新工艺的应用，产品质量不稳定和不合格率较高的工序，特殊地基或特种结构
质量控制点的管理	(1) 做好施工质量控制点的事前质量预控工作。 (2) 要向施工作业班组进行认真交底，在施工过程中，相关技术管理和质量控制人员要在现场进行重点指导和检查验收；做好动态设置和动态跟踪管理。 (3) 在事前质量预控工作中要做好以下工作：明确质量控制的目标与控制参数；编制作业指导书和质量控制措施；确定质量检查检验方式及抽样的数量与方法；明确检查结果的判断标准及质量记录与信息反馈要求等。【2015年考过】 (4) 凡属"见证点"的施工作业，如重要部位、特种作业、专门工艺等，施工方必须在该项作业开始前，书面通知现场监理机构到位旁站，见证施工作业过程【2021年考过】；凡属"待检点"的施工作业，如隐蔽工程等，施工方必须在完成施工质量自检的基础上，提前通知项目监理机构进行检查验收，然后才能进行工程隐蔽或下道工序的施工【2014年考过】

重点难点专项突破

1. 关注对控制对象的举例。2018年考核了这样一道题目：

根据施工质量控制点的要求，混凝土冬期施工应重点控制的技术参数是（　　）。

【2018年真题】

A. 养护标准　　　　　　　　　　B. 内外温差

C. 保温系数　　　　　　　　　　D. 受冻临界强度

【答案】D

2. 一般建筑工程质量控制点的设置应熟悉，在2019年考查了一道多项选择题。

3. 本考点可能会这样命题：

下列施工质量控制点的管理工作中，属于事前质量控制的有(　　)。

A. 明确质量控制目标　　　　　　B. 确定质量抽样数量

C. 质量控制人员在现场进行指导　D. 向施工作业班组认真交底

E. 动态跟踪管理质量控制点

【答案】A、B

专项突破 4　施工生产要素的质量控制

项目		内容
施工人员的质量控制		坚持执业资格注册制度和作业人员持证上岗制度；对所选派的施工项目领导者、组织者进行教育和培训；对所属施工队伍进行全员培训；对分包单位进行严格的资质考核和施工人员的资格考核【2009年考过】
施工机械的质量控制	机械设备	根据工程需要从设备选型、主要性能参数及使用操作要求等方面加以控制
	施工设备	按适用的标准定型选用之外，一般需按设计及施工要求进行专项设计，对其设计方案及制作质量的控制及验收应作为重点进行控制【2010年考过】
	混凝土预制构件吊运	根据构件的形状、尺寸、重量和作业半径等要求选择吊具和起重设备，预制柱的吊点数量、位置应经计算确定，吊索水平夹角不宜小于$60°$，不应小于$45°$【2020年考过】
	起重机械设备	不仅要对其设计安装方案进行审批，而且安装完毕交付使用前必须经专业管理部门的验收，合格后方可使用。同时，在使用过程中尚需落实相应的管理制度
材料设备的质量控制		控制材料设备的性能、标准、技术参数与设计文件的相符性；控制材料、设备各项技术性能指标、检测测试指标与标准规范要求的相符性；控制材料、设备进场验收程序的正确性及质量文件资料的完备性；优先采用节能低碳的新型建筑材料和设备，禁止使用国家明令禁用或淘汰的建筑材料和设备等
工艺技术方案的质量控制		(1) 深入正确地分析工程特征、技术关键及环境条件等资料，明确质量目标、验收标准、控制的重点和难点。 (2) 制定合理有效的有针对性的施工技术方案和组织方案，前者包括施工工艺、施工方法，后者包括施工区段划分、施工流向及劳动组织等。 (3) 合理选用施工机械设备和设置施工临时设施，合理布置施工总平面图和各阶段施工平面图。【2016年考过】 (4) 根据施工工艺技术方案选用和设计保证质量和安全的模具、脚手架等施工设备；成批生产的混凝土预制构件模具应具有足够的强度、刚度和整体稳固性。 (5) 编制工程所采用的新材料、新技术、新工艺的专项技术方案和质量管理方案。 (6) 针对工程具体情况，分析气象、地质等环境因素对施工的影响，制定应对措施
施工环境因素的质量控制		环境因素的控制包括对施工现场自然环境因素的控制、对施工质量管理环境因素的控制、对施工作业环境因素的控制。要减少其对施工质量的不利影响，主要是采取预测预防的风险控制方法【2011年、2020年考过】

1. 本考点需要掌握的采分点不多，考核力度也不大，以单项选择题为主。

2. 本考点有两种考试题型：

（1）判断备选项中的控制内容，属于对哪类生产要素的质量控制。比如2016年考试题目。

下列施工生产要素的质量控制内容中，属于工艺方案质量控制的是（　　）。
【2016年真题】

A. 施工企业坚持执业资格注册制度和作业人员持证上岗制度

B. 施工企业在施工过程中优先采用节能低碳的新型建筑材料和设备

C. 施工企业对施工中使用的模具、脚手架等施工设备进行专项设计

D. 施工企业合理布置施工总平面图和各阶段施工平面图

【答案】D

（2）对各生产要素质量控制具体内容细节性的考查。比如2020年考试题目。

混凝土预制构件吊运时需考虑的质量控制措施包括（　　）。**【2020年真题】**

A. 选择符合环保要求的吊装机械设备

B. 按照构件尺寸、重量选择吊具

C. 编制专项方案并组织专家评审

D. 计算确定构件的吊点数量、位置

E. 控制吊索水平夹角不应小于45°

【答案】A、B、D、E

专项突破5　施工准备的质量控制

例题：下列施工准备质量控制的工作中，属于技术准备质量控制的有（　　）。**【2011年、2013年、2015年考过】**

A. 对技术准备工作成果的复核审查

B. 审查、完善施工质量控制措施

C. 明确质量控制重点对象和控制方法**【2015年考过】**

D. 建立和完善施工现场计量管理的规章制度**【2015年考过】**

E. 明确计量控制责任者和配置必要的计量人员

F. 严格按规定对计量器具进行维修和校验**【2011年考过】**

G. 编制测量控制方案**【2015年考过】**

H. 对建设单位提供的原始坐标点、基准线和水准点等测量控制点线进行复核**【2011年、2021年考过】**

I. 事先划定并提供施工用地和现场临时设施用地的范围

J. 协调平衡和审查批准各施工单位的施工平面设计

【答案】A、B、C

1. 本考点还可以考核的题目有：

(1) 下列施工准备质量控制的工作中，属于计量控制工作的有 (D、E、F)。

(2) 下列施工准备质量控制的工作中，属于测量控制工作的有 (G、H)。

(3) 下列施工准备质量控制的工作中，属于施工平面图控制工作的有 (I、J)。

(4) 下列施工准备的质量控制工作中，属于现场施工准备工作的是 (D、E、F、G、H、I、J)。【2021 年真题题干】

2. A 选项，技术准备工作包括：熟悉施工图纸，进行详细的设计交底和图纸审查；细化施工技术方案和施工人员、机具的配置方案，编制施工作业技术指导书，绘制各种施工详图（如测量放线图、大样图及配筋、配板、配线图表等），进行必要的技术交底和技术培训。【2013 年考过】

3. 现场施工准备工作的质量控制包括计量控制、测量控制和施工平面图控制。

4. G 选项，编制测量控制方案应经项目技术负责人批准后实施。【2017 年考过】

5. H 选项，应将复测结果上报监理工程师审核，批准后施工单位才能据此建立施工测量控制网，进行工程定位和标高基准的控制。【2012 年考过】

专项突破 6　工程质量检验验收的项目划分

例题：根据《建筑工程施工质量验收统一标准》GB 50300—2013，建筑工程施工质量验收应划分为单位工程、分部工程、分项工程和检验批【2011 年考过】。分部工程的划分一般按(　　)确定。

A. 专业性质　　　　　　　　　　B. 工程部位

C. 材料种类　　　　　　　　　　D. 施工特点

E. 施工程序　　　　　　　　　　F. 专业系统及类别

G. 主要工种、材料　　　　　　　H. 施工工艺

I. 设备类别　　　　　　　　　　J. 工程量

K. 楼层

L. 施工段

M. 变形缝

【答案】A、B

1. 本考点还可以考核的题目有：

(1) 根据《建筑工程施工质量验收统一标准》GB 50300—2013，当分部工程较大或较复杂时，可按 (C、D、E、F) 等划分为若干子分部工程。

注意：例题中是分部工程的一般划分标准，而 (1) 题是分部工程较大或较复杂时的划分标准。

（2）根据《建筑工程施工质量验收统一标准》GB 50300—2013，分项工程的划分依据有（G、H、I）。**【2017年真题题干】**

（3）根据《建筑工程施工质量验收统一标准》GB 50300—2013，检验批可根据施工质量控制和专业验收需要，按（J、K、L、M）等进行划分。

2. 关于分部工程划分，还会这样考查：

根据《建筑工程施工质量验收统一标准》GB 50300—2013，下列工程中，属于分部工程的有（   ）。

A. 地基与基础工程
B. 主体结构工程
C. 建筑装饰装修工程
D. 混凝土工程
E. 模板工程

【答案】A、B、C

3. 本考点中还需要掌握一个采分点，就是单位工程的划分，掌握以下两点内容：

（1）具备独立施工条件并能形成独立使用功能的建筑物或构筑物为一个单位工程。

（2）对于建筑规模较大的单位工程，可将其能形成独立使用功能的部分划分为一个子单位工程。

专项突破7 施工作业质量的自控与监控

例题： 工程质量控制按其实施主体不同分为自控主体和监控主体，下列单位中属于监控主体的有（   ）。**【2014年考过】**

A. 建设单位
B. 监理单位
C. 设计单位
D. 政府的工程质量监督部门
E. 施工单位

【答案】A、B、C、D

重点难点专项突破

1. 本考点还可以考核的题目有：

下列单位中属于自控主体的是（E）。

2. 本考点作为一般考点，除了需要掌握自控主体、监控主体，还应掌握以下采分点：

（1）施工作业的质量检查，是贯穿整个施工过程的最基本的质量控制活动，包括施工单位内部的工序作业质量自检、互检、专检和交接检查；以及现场监理机构的旁站检查、平行检验等。**【2017年考过】**

（2）工序作业质量是直接形成工程质量的基础，为达到对工序作业质量控制的效果，在加强工序管理和质量目标控制方面应坚持：预防为主、重点控制、坚持标准、记录完整。

（3）项目监理机构，在施工作业实施过程中，根据其监理规划与实施细则，采取现场旁站、巡视、平行检验等形式，对施工作业质量进行监督检查。【2009年考过】

专项突破8 现场质量检查

例题：对装饰工程中的水磨石、面砖、石材饰面等现场检查时，均应进行敲击检查其铺贴质量。该方法属于现场质量检查方法中的（   ）。【2012年真题题干】

A. 目测法
B. 实测法
C. 试验法
D. 记录法

【答案】A

重点难点专项突破

1. 本考点还可以考核的题目有：

（1）对清水墙面是否洁净，喷涂的密实度和颜色是否良好、均匀，工人的操作是否正常等现场检查时，属于现场质量检验方法中的（A）。

（2）对内墙抹灰的大面及口角是否平直，混凝土外观是否符合要求的检查，属于现场质量检验方法中的（A）。

（3）对油漆的光滑度，浆活是否牢固、不掉粉等现场检查时，均应通过触摸手感进行检查、鉴别。该方法属于现场质量检查方法中的（A）。

（4）通过光源照射对管道井、电梯井等内部的管线、设备安装质量，装饰吊顶内连接及设备安装质量等进行现场检查，属于现场质量检验方法中的（A）。

> 例题题目及上述（1）～（4）题，均是对目测法的考查。目测法的手段概括为"看、摸、敲、照"四个字。（1）、（2）题为"看"；（3）题为"摸"；例题为"敲"；（4）题为"照"。针对这部分内容还会这样命题：
>
> ①目测法用于施工现场的质量检查，可以概括为"看、摸、敲、照"。对浆活是否牢固、不掉粉的检查，通常采用的手段是（   ）。
>
> A. 看
> B. 摸
> C. 敲
> D. 照
>
> 【答案】B
>
> ②下列质量检查内容中，可通过目测法中"照"的手段检查的是（   ）。【2021年真题】
>
> A. 内墙抹灰的大面是否平直
> B. 管道井内管线、设备安装质量
> C. 油漆的光滑度
> D. 混凝土的强度是否符合要求
>
> 【答案】B
>
> ③下列现场质量检查的方法中，属于目测法的是（   ）。
>
> A. 利用全站仪复查轴线偏差
> B. 利用酚酞液观察混凝土表面碳化
> C. 利用磁场磁粉探查焊缝缺陷
> D. 利用小锤检查面砖铺贴质量
>
> 【答案】D

（5）利用直尺、塞尺检查墙面、地面、路面等的平整度，属于现场质量检查方法中的（B）。

（6）利用测量工具和计量仪表等检查大理石板拼缝尺寸与超差数量、摊铺沥青拌合料的温度、混凝土坍落度的检测等，属于现场质量检查方法中的（B）。

（7）利用托线板以及线锤吊线对砌体、门窗安装的垂直度检查等，属于现场质量检查方法中的（B）。

（8）利用方尺套方，辅以塞尺对阴阳角的方正、踢脚线的垂直度、预制构件的方正、门窗口及构件的对角线检查，属于现场质量检查方法中的（B）。

> 上述（5）～（8）题，均是对实测法的考查。实测法的手段概括为"靠、量、吊、套"四个字。（5）题为"靠"；（6）题为"量"；（7）题为"吊"；（8）题为"套"。针对这部分内容也是有上述三种命题方式。

（9）对进入施工现场的钢筋取样后进行力学性能检测，属于施工质量控制方法中的（C）。

（10）对桩或地基的静载试验、下水管道的通水试验、压力管道的耐压试验、防水层的蓄水或淋水试验，属于施工质量控制方法中的（C）。

（11）利用专门的仪器仪表从表面探测结构物、材料、设备的内部组织结构或损伤情况，属于施工质量控制方法中的（C）。

> 上述（9）～（11）题，均是对试验法的考查。试验法包括理化试验和无损检测。
>
> 常用的理化试验包括物理力学性能方面的检验和化学成分及其含量的测定等两个方面。
>
> 常用的无损检测方法有超声波探伤、X射线探伤、γ射线探伤等。【2013年考过】

（12）现场施工质量检查的方法主要有（A、B、C）。

2. 上述题目将现场质量检查的方法可能会考查的题目均作了总结，考生掌握上述题目，能轻松拿到分值。

3. 现场质量检查内容主要掌握"三检"制度。

（1）开工前的检查：主要检查是否具备开工条件，开工后是否能够保持连续正常施工，能否保证工程质量。

（2）工序交接检查：严格执行自检、互检、专检的"三检"制度。【2013年、2014年考过】

（3）隐蔽工程的检查。

（4）停工后复工的检查。

（5）分项、分部工程完工后的检查。

（6）成品保护的检查。

专项突破 9　施工质量与设计质量的协调

例题： 保证建设工程项目使用功能的符合性是工程项目（　　）质量控制的目的。

A. 功能性
B. 可靠性
C. 观感性
D. 经济性
E. 可行性

【答案】 A

重点难点专项突破

1. 本考点还可以考核的题目有：

（1）建设工程项目建成后，在规定的使用年限和正常的使用条件下，应保证工程项目使用安全，建筑物、构筑物和设备系统性能稳定。这是项目质量的（B）要求。

【2009 年真题题干】

（2）对于建筑工程项目，项目（C）质量控制主要是指建筑物的总体格调、外部形体及内部空间观感效果，整体环境的适宜性、协调性，文化内涵的韵味及其魅力等的体现。

（3）建设工程项目设计（D）质量，是指不同设计方案的选择对建设投资的影响。

（4）设计意图不能脱离现实的施工技术和装备水平，否则再好的设计意图也无法实现。设计一定要充分考虑施工的（E），并尽量做到方便施工，施工才能顺利进行，保证项目施工质量。

2. 从项目施工质量控制的角度来说，项目建设单位、施工单位和监理单位，都要注重施工与设计的相互协调。这个协调工作主要包括以下几个方面：设计联络、设计交底和图纸会审、设计现场服务和技术核定、设计变更。

在这几项协调内容中，应重点掌握设计交底和图纸会审，2012 年、2018 年都对此进行了考核。

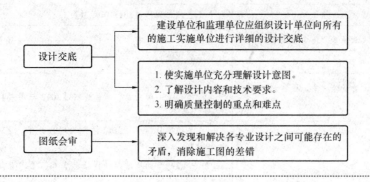

1Z204040　建设工程项目施工质量验收

专项突破 1　施工过程的质量验收

例题：根据《建筑工程施工质量验收统一标准》GB 50300—2013，分项工程质量验收的组织者是（　）。【2021 年真题题干】

A. 施工单位项目专业质量检查员 　　　　B. 专业工长

C. 项目技术负责人 　　　　　　　　　　D. 施工单位项目负责人

E. 专业监理工程师 　　　　　　　　　　F. 总监理工程师

【答案】 E

重点难点专项突破

1. 本考点还可以考核的题目有：

（1）根据《建筑工程施工质量验收统一标准》GB 50300—2013，检验批质量验收的组织者是（E）。【2015 年考过】

（2）根据《建筑工程施工质量验收统一标准》GB 50300—2013，分部工程质量验收的组织者是（F）。

（3）根据《建筑工程施工质量验收统一标准》GB 50300—2013，检验批应由专业监理工程师组织（A、B）进行验收。

（4）根据《建筑工程施工质量验收统一标准》GB 50300—2013，分部工程应由总监理工程师组织（C、D）进行验收。

2. 本考点采分点较多，单项选择题、多项选择题都有涉及，都会怎么考，我们总结下：

考试怎么考	采分点
工程验收的最小单位是什么？	检验批【2017 年考过】
检验批质量验收由谁组织？	专业监理工程师【2015 年考过】
对检验批的基本质量起决定性影响的检验项目是什么？	主控项目（它具有"否决权"，必须全部符合有关专业工程验收规范的规定）
建筑工程施工质量验收中，检验批质量验收的内容包括哪些？	主控项目、一般项目、质量资料【2012 年考过】
检验批质量验收合格的要求是什么？	（1）主控项目的质量经抽样检验均应合格。【2010 年、2015 年考过】 （2）一般项目的质量经抽样检验合格。【2010 年、2015 年考过】 （3）具有完整的施工操作依据、质量验收记录【2010 年、2015 年考过】

考试怎么考	采分点
分项工程验收由谁组织？	专业监理工程师【2014 年、2019 年、2021 年考过】
由专业监理工程师组织验收的有哪些工程？	检验批、分项工程【2017 年考过】
分项工程质量验收合格的要求是什么？	(1) 所含检验批的质量均应验收合格。 (2) 所含检验批的质量验收记录应完整
分部工验收由谁组织？	总监理工程师
工程质量验收时，设计单位项目负责人应参加验收的分部工程有哪些？	地基与基础工程、主体结构工程、节能工程【2016 年考过】
工程质量验收时，勘察、设计单位项目负责人应参加验收的分部工程是什么？	地基与基础工程【2016 年考过】
分部工程质量验收合格的要求是什么？	(1) 所含分项工程的质量均应验收合格。 (2) 质量控制资料应完整。 (3) 有关安全、节能、环境保护和主要使用功能的检验结果应符合相应规定。 (4) 观感质量应符合要求

专项突破 2 施工过程质量验收不合格的处理

例题：如工程质量不符合要求，经过加固处理后外形尺寸改变，但能满足安全使用要求，其处理方法是(   )。【2015 年考过】

A. 按验收程序重新验收

B. 具有法定资质的检测单位鉴定合格后，认可通过验收

C. 予以验收

D. 按技术处理方案和协商文件进行验收

E. 严禁验收

【答案】D

重点难点专项突破

本考点还可以考核的题目有：

(1) 对于通过返工可以解决工程缺陷的检验批，应（A）。

(2) 某工程试块强度不满足要求，难以确定可否验收时，处理方法是（B）。

(3) 某工程进行检验批验收时，发现某框架梁截面尺寸与原设计图纸尺寸不符，但经原设计单位核算，仍能满足结构安全性及使用功能要求，则该检验批（C）。

【2013 年真题题干】

（4）通过返修或加固处理仍不能满足安全使用要求的分部工程、单位（子单位）工程，其处理方法是（E）。

专项突破 3　装配式混凝土建筑的施工质量验收

例题：钢筋混凝土构件和允许出现裂缝的预应力混凝土构件进场质量验收时，应进行的检验项目包括(　　)。【2021 年真题题干】

A. 承载力
B. 挠度
C. 裂缝宽度
D. 抗裂
E. 结构性能

【答案】A、B、C

重点难点专项突破

1. 本考点还可以考核的题目有：

（1）装配式混凝土建筑预制构件的进场质量验收，对不允许出现裂缝的预应力混凝土构件应检验的内容包括（A、B、D）。【2020 年真题题干】

（2）梁板类简支受弯混凝土预制构件进场时应进行（E）检验。【2020 年真题题干】

2. 装配式混凝土建筑的施工质量验收，除了要符合一般建筑工程施工质量验收的规定以外，还有一些专门的要求。下面将可能会考核的采分点总结如下：

（1）预制构件进场时应检查质量证明文件或质量验收记录。【2019 年考过】

（2）不做结构性能检验的预制构件，施工单位或监理单位代表应驻厂监督生产过程。当无驻厂监督时，预制构件进场时应对其主要受力钢筋数量、规格、间距、保护层厚度及混凝土强度等进行实体检验。检验数量：同一类型预制构件不超过 1000 个为一批，每批随机抽取 1 个构件进行结构性能检验。【2018 年考过】

（3）对出现的一般缺陷应要求构件生产单位按技术处理方案进行处理，并重新检查验收。

专项突破 4　竣工质量验收的依据、条件与标准

项目	内容
验收依据	（1）国家相关法律法规和建设主管部门颁布的管理条例和办法。 （2）工程施工质量验收统一标准。 （3）专业工程施工质量验收规范。 （4）批准的设计文件、施工图纸及说明书。 （5）工程施工承包合同。 （6）其他相关文件

项目	内容
条件	(1) 完成建设工程设计和合同约定的各项内容。【2013 年、2014 年考过】 (2) 有完整的技术档案和施工管理资料。【2013 年、2014 年考过】 (3) 有工程使用的主要建筑材料、建筑构配件和设备的进场试验报告。 (4) 有勘察、设计、施工、工程监理等单位分别签署的质量合格文件【2014 年考过】 (5) 有施工单位签署的工程质量保修书【2013 年、2014 年考过】
标准	单位工程是工程项目竣工质量验收的基本对象。单位工程质量验收合格应符合下列规定： (1) 所含分部工程的质量均应验收合格。 (2) 质量控制资料应完整。 (3) 所含分部工程有关安全、节能、环境保护和主要使用功能的检验资料应完整。 (4) 主要使用功能的抽查结果应符合相关专业质量验收规范的规定。 (5) 观感质量应符合要求

重点难点专项突破

1. 施工项目竣工质量验收的依据包括 6 项，会作为多项选择题采分点考核。

2. 竣工质量验收的条件在 2013 年、2014 年考核的都是多项选择题，在以后的考试会是以多项选择题为主。考试时设置的干扰选项有："有工程质量监督机构的审核意见""有设计、施工、监理单位分别签署的竣工决算书"。

3. 住宅工程要分户验收，每户住宅和规定的公共部位验收完毕，应填写《住宅工程质量分户验收表》，建设单位和施工单位项目负责人、监理单位项目总监理工程师要分别签字。分户验收不合格，不能进行住宅工程整体竣工验收。

在住宅工程竣工验收前，建设单位应组织对每户住宅及相关公用部位的观感质量和使用功能等进行检查验收。【2020 年考过】

4. 住宅工程质量分户验收的内容包括 9 项，在 2019 年考核了一道多项选择题，考生应熟悉。

5. 本考点可能会这样命题：

(1) 施工单位向建设单位申请工程竣工验收的条件包括(　　)。

A. 完成工程设计和合同约定的各项内容

B. 有完整的技术档案和施工管理资料

C. 有施工单位签署的工程保修书

D. 有工程质量监督机构的审核意见

E. 有勘察、设计、施工、监理等单位分别签署的质量合格文件

【答案】A、B、C、E

(2) 根据《建筑工程施工质量验收统一标准》GB 50300—2013，单位工程质量验收合格的规定有(　　)。

A. 所含分部工程的质量均应验收合格

B. 质量控制资料应完整

C. 所含分部工程有关安全、节能、环境保护和主要使用功能的检验资料应完整

D. 主要功能项目的抽查结果应符合相关专业质量验收规范的规定

E. 工程监理质量评估记录应符合各项要求

【答案】A、B、C、D

专项突破5　竣工质量验收程序和组织

例题：建设单位应在工程竣工验收前(　　)个工作日前，将验收时间、地点、验收组名单书面通知该工程的工程质量监督机构。【2013年真题题干】

A. 3　　　　　　　　B. 7　　　　　　　　C. 14　　　　　　　　D. 15

【答案】B

重点难点专项突破

1. 本考点还可以考核的题目有：

建设单位应当自建设工程竣工验收合格之日起（D）日内，向工程所在地的县级以上地方人民政府建设主管部门备案。【2009年考过】

2. 施工项目竣工质量验收程序如下：

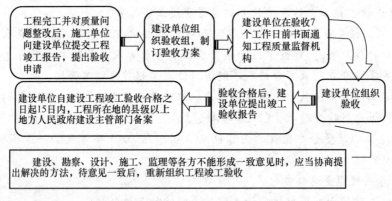

3. 本考点可能会这样命题：

(1) 关于竣工质量验收程序和组织的说法，正确的是(　　)。

A. 施工单位组织工程竣工验收

B. 工程竣工验收合格后，监理单位应当及时提出工程竣工验收报告

C. 建设单位应当在工程竣工验收7个工作日前将验收的时间、地点及验收组名单书面通知负责监督该工程的工程质量监督机构

D. 工程竣工报告应由监理单位提交并须经总监理工程师签署意见

【答案】C

(2) 根据建设工程竣工验收备案制度，备案文件资料包括（　　）。【2015 年真题】

A. 工程竣工验收报告
B. 规划部门出具的认可文件
C. 工程竣工预验收申请报告
D. 环保部门出具的准许使用文件
E. 公安消防部门出具的准许使用文件

【答案】A、B、D、E

1Z204050　施工质量不合格的处理

专项突破 1　工程质量事故按造成损失的程度分级

例题：某工程在浇筑楼板混凝土时，发生支模架坍塌，造成 6 人重伤。该工程质量事故应判定为（　　）。

A. 一般事故
B. 较大事故
C. 重大事故
D. 特别重大事故

【答案】A

重点难点专项突破

1. 本考点还可以考核的题目有：

(1) 某工程发生质量事故导致 12 人重伤，按照事故损失的程度分级，该质量事故属于(B)。【2019 年真题题干】

(2) 根据《关于做好房屋建筑和市政基础设施施工质量事故报告和调查处理工作的通知》（建质〔2010〕111 号），某工程发生一起事故造成 80 人重伤，该工程事故属于（C）。

(3) 根据《关于做好房屋建筑和市政基础设施施工质量事故报告和调查处理工作的通知》（建质〔2010〕111 号），某工程发生一起事故造成 110 人重伤，该工程事故属于（D）。

(4) 根据《关于做好房屋建筑和市政基础设施施工质量事故报告和调查处理工作的通知》（建质〔2010〕111 号），造成 2 人死亡的工程事故属于（A）。

(5) 根据《关于做好房屋建筑和市政基础设施施工质量事故报告和调查处理工作的通知》（建质〔2010〕111 号），造成 5 人死亡的工程事故属于（B）。

(6) 根据《关于做好房屋建筑和市政基础设施施工质量事故报告和调查处理工作的通知》（建质〔2010〕111 号），造成 15 人死亡的工程事故属于（C）。

(7) 根据《关于做好房屋建筑和市政基础设施施工质量事故报告和调查处理工作的通知》（建质〔2010〕111 号），造成 35 人死亡的工程事故属于（D）。

(8) 某工程发生一起事故造成直接经济损失 500 万元，根据《关于做好房屋建筑和市政基础设施施工质量事故报告和调查处理工作的通知》（建质〔2010〕111 号），该工程事故属于（A）。

(9) 某工程发生一起事故造成直接经济损失 2000 万元，根据《关于做好房屋建筑和市政基础设施施工质量事故报告和调查处理工作的通知》（建质〔2010〕111 号），该工程事故属于（B）。

(10) 某工程发生一起事故造成直接经济损失 8000 万元，根据《生产安全事故报告和调查处理条例》，该工程事故属于（C）。

(11) 某工程发生一起事故造成直接经济损失 1.5 亿元，根据《关于做好房屋建筑和市政基础设施施工质量事故报告和调查处理工作的通知》（建质〔2010〕111 号），该工程事故属于（D）。

(12) 根据《关于做好房屋建筑和市政基础设施施工质量事故报告和调查处理工作的通知》（建质〔2010〕111 号），根据事故造成的人员伤亡或者直接经济损失，将工程质量事故分为（A、B、C、D）四个等级。【2012 年考过】

2. 在考试中，也可能会这样来考核我们：题干告诉我们某事故的等级，让我们来选择以下选项中哪个的说法属于该等级。比如：

根据事故造成损失的程度，下列工程质量事故中，属于重大事故的是（　　）。

【2016 年真题】

A. 造成 1 亿元以上直接经济损失的事故

B. 造成 1000 万元以上 5000 万元以下直接经济损失的事故

C. 造成 100 万元以上 1000 万元以下直接经济损失的事故

D. 造成 5000 万元以上 1 亿元以下直接经济损失的事故

【答案】D

3. 继续看一个题目：某工程发生质量事故导致 12 人重伤、10 人死亡，按照事故损失的程度分级，该质量事故属于（　　）。

正确答案是重大事故。对于这类型的题目，应分别判断每个条件所对应的事故等级，最后选择等级最高的作为正确答案。

4. 为了方便考生更好地掌握本考点，通过表格的方式总结一下具体的划分标准：

事故等级	造成死亡人数	造成重伤人数	造成直接经济损失
特别重大事故	30 人以上	100 人以上	1 亿元以上
重大事故	10 人以上 30 人以下	50 人以上 100 人以下	5000 万元以上 1 亿元以下
较大事故	3 人以上 10 人以下	10 人以上 50 人以下	1000 万元以上 5000 万元以下
一般事故	3 人以下死亡	10 人以下	100 万元以上 1000 万元以下

专项突破 2　工程质量事故按事故责任分类

例题：某工程在浇筑楼板混凝土时，发生支模架坍塌，经调查，是现场技术管理人员未进行技术交底所致。按事故责任分类，该事故属于（　　）。

A. 指导责任事故　　　　　　　　　　B. 操作责任事故

C. 自然灾害事故　　　　　　　　　　D. 管理责任事故

【答案】A

重点难点专项突破

本考点还可以考核的题目有：

（1）由于工程负责人片面追求施工进度造成的质量事故，按事故责任分类，属于（A）。

（2）由于工程负责人放松或不按质量标准进行控制和检验，降低施工质量标准等而造成的质量事故，按事故责任分类属于（A）。

（3）某工程施工中，操作工人不听从指导，在浇筑混凝土时随意加水造成混凝土质量事故，按事故责任分类，该事故属于（B）。

（4）某工程混凝土浇筑过程中，因工人直接浇筑高度超出施工方案要求造成质量事故，该事故按照事故责任分类属于（B）。**【2021 年真题题干】**

（5）某工程项目施工工期紧迫，楼面混凝土刚浇筑完毕即上人作业，造成混凝土表面不平并出现楼板裂缝，按事故责任分，此质量事故属于（B）。

（6）某钢筋混凝土工程施工过程中，由于工人不按施工操作规程进行振捣导致混凝土密实度达不到验收规范规定的合格要求，该事故属于（B）。

（7）某工程由于地震、台风、暴雨、雷电及洪水等造成工程倒塌，该事故属于（C）。

（8）按事故责任分类，工程质量事故可分为（A、B、C）。**【2014 年真题题干】**

专项突破 3　施工质量事故的预防

例题：下列工程质量事故发生的原因中，属于技术原因的有（　　）。**【2019 年、2020 年考过】**

A. 地质勘察过于疏略**【2017 年、2020 年考过】**

B. 结构设计方案不正确，计算失误【2019 年、2020 年考过】

C. 施工管理及实际操作人员的技术素质差【2017 年考过】

D. 采用了不合适的施工方法或施工工艺【2011 年、2019 年、2020 年考过】

E. 质量管理体系不完善

F. 质量管理措施落实不力

G. 施工管理混乱【2020 年考过】

H. 不遵守相关规范，违章作业【2017 年考过】

I. 检验制度不严密

J. 质量控制不严格【2017 年考过】

K. 检测仪器设备管理不善而失准

L. 材料质量检验不严【2011 年、2017 年考过】

M. 违反基本建设程序

N. 无立项、无报建、无开工许可、无招标投标、无资质、无监理、无验收的"七无"工程

O. 边勘察、边设计、边施工的"三边"工程【2014 年、2020 年考过】

P. 盲目追求利润而不顾工程质量【2011 年考过】

Q. 在投标报价中随意压低标价

R. 中标后修改方案追加工程款

S. 中标后偷工减料【2013 年考过】

T. 严重的自然灾害

【答案】A、B、C、D

重点难点专项突破

1. 本考点还可以考核的题目有：

(1) 下列可能导致施工质量事故发生的原因中，属于管理原因的有（E、F、G、H、I、J、K、L）。【2011 年、2017 年考过】

(2) 下列可能导致施工质量事故发生的原因中，属于社会、经济原因的有（M、N、O、P、Q、R、S）。

2. T 选项是自然灾害原因引发的质量事故。

3. 施工质量事故发生的原因大致有四类，分别是技术原因，管理原因，社会、经济原因，人为事故和自然灾害原因。考试时有两种命题形式：上述例题是其中的中题型，还有一种是题干中给出引发质量事故的具体原因，判断属于哪类原因。

4. 施工质量事故预防的具体措施，共 9 项，在 2015 年考核过一道多项选择题，在 2020 年考核一道单项选择题。

(1) 严格按照基本建设程序办事。

(2) 认真做好工程地质勘察。

(3) 科学地加固处理好地基。

(4) 进行必要的设计审查复核。

（5）严格把好建筑材料及制品的质量关。

（6）强化从业人员管理。

（7）依法进行施工组织管理。

（8）做好应对不利施工条件和各种灾害的预案。

（9）加强施工安全与环境管理。

专项突破 4　施工质量事故报告和调查处理程序

例题：工程施工质量事故的处理包括事故调查、事故的原因分析、制定事故处理的技术方案、事故处理、事故处理的鉴定验收、提交处理报告。其中事故报告的内容包括（　　）。

A. 事故发生的时间、地点、工程项目名称、工程各参建单位名称

B. 事故发生的简要经过、伤亡人数和初步估计的直接经济损失

C. 事故原因的初步判断

D. 事故发生后采取的措施及事故控制情况

E. 事故报告单位、联系人及联系方式

F. 事故调查的原始资料、测试的数据

G. 事故原因分析和论证结果

H. 事故处理的依据

I. 事故处理的技术方案及措施

J. 实施技术处理过程中有关的数据、记录、资料

K. 检查验收记录

L. 对事故相关责任者的处罚情况和事故处理的结论

【答案】A、B、C、D、E

重点难点专项突破

1. 本考点还可以考核的题目有：

工程施工质量事故处理报告的内容有（F、G、H、I、J、K、L）。

2. 质量事故的处理程序有两种考查题型：

第一种题型是题干中给出事故处理工作，判断正确的顺序，在 2012 年、2014 年、2018 年、2021 年都是考查这类型题目。

施工质量事故的调查处理程序包括：①事故调查；②事故原因分析；③事故处理；④事故处理的鉴定验收；⑤制定事故处理的技术方案。正确的程序是（　　）。

【2021 年真题】

A. ②—①—③—④—⑤　　　　　　　B. ①—②—⑤—③—④

C. ①—②—③—④—⑤　　　　　　　D. ④—②—⑤—①—③

【答案】B

第二种题型是给出其中某项工作，判断其紧前一步工作或下一步工作，比如：

根据质量事故处理的一般程序，经事故调查及原因分析，则下一步应进行的工作是（　　）。

A. 制定事故处理方案　　　　　　　　B. 事故的责任处罚

C. 事故处理的鉴定验收　　　　　　　D. 提交处理报告

【答案】A

3. 关于该考点还可能考核的采分点给大家做下总结。

考试怎么考	采分点
事故发生后，应由谁向谁报告？	有关单位应当在24h内向当地建设行政主管部门和其他有关部门报告
事故处理环节的内容有哪些？	事故的技术处理；事故的责任处罚
事故处理是否达到预期的目的，是否依然存在隐患通过什么确认？	通过检查鉴定和验收做出确认
经过原因分析判定质量事故不需要处理，那么其后续工作是什么？	作出事故结论，提交处理报告【2013年考过】
事故处理的最后一步工作是什么？	提交事故处理报告【2020年考过】

4. 最后考生还需要再了解下施工质量事故处理的基本要求，在2018年考核了一道多项选择题。

专项突破5　施工质量缺陷处理的基本方法

例题： 某砖混结构住宅墙体砌筑时，由于施工放线的错误，导致山墙上窗户的位置偏离30cm，应采用的处理方法是（　　）。【2018年真题题干】

A. 返修处理　　　　　　　　　　　　B. 加固处理

C. 返工处理　　　　　　　　　　　　D. 限制使用

E. 不作处理　　　　　　　　　　　　F. 报废处理

【答案】C

重点难点专项突破

1. 本考点还可以考核的题目有：

（1）当项目的某些部分的质量虽未达到规范、标准或设计规定的要求，存在一定的缺陷，但经过采取整修等措施后可以达到要求的质量标准，又不影响使用功能或外观的要求时，可采取（A）的方法。

（2）对混凝土结构局部出现的损伤，如结构受撞击、局部未振实、冻害、火灾、酸类腐蚀、碱骨料反应等，当这些损伤仅仅在结构的表面或局部，不影响其使用和外观，应采用的处理方法是（A）。

（3）某混凝土结构工程的框架柱表面出现局部蜂窝麻面，经调查分析，其承载力满足设计要求，则对该框架柱表面质量问题的恰当处理方式是（A）。

（4）某工程的混凝土结构出现裂缝，但经分析判定其不影响结构的安全和使用，正确的处理方法是（A）。

（5）某工程项目的基础混凝土结构出现了宽度大于0.3mm的裂缝，但经分析其不影响结构的安全和使用，则可采取的处理措施是（A）。

（6）针对危及承载力的质量缺陷，正确的处理方法是（B）。

（7）某防洪堤坝填筑压实后，其压实土的干密度未达到规定值，经核算将影响土体的稳定且不满足抗渗能力的要求，正确的处理方法是（C）。

（8）某公路桥梁工程预应力按规定张拉系数为1.3，而实际仅为0.8，属严重的质量缺陷，则应采取的处理措施是（C）。

（9）某高层住宅施工中，有几层的混凝土结构误用了安定性不合格的水泥，无法采用其他补救办法，应采用的正确处理方法是（C）。

（10）当工程质量缺陷经加固、返工处理后仍无法保证达到规定的安全要求，但没有完全丧失使用功能时，适宜采用的处理方法是（D）。

（11）某工业建筑物出现放线定位的偏差，且严重超过规范标准规定，若要纠正会造成重大经济损失，但经过分析、论证其偏差不影响生产工艺和正常使用，在外观上也无明显影响，适宜采用的处理方法是（E）。

（12）某些部位的混凝土表面的裂缝，经检查分析，属于表面养护不够的干缩微裂，不影响使用和外观，适宜采用的处理方法是（E）。

（13）某工程第三层混凝土现浇楼面的平整偏差达到10mm，其后续作业为找平层和面层的施工，这时应该（E）。【2013年真题题干】

（14）某基础混凝土试块强度值不满足设计要求，但经法定检测单位对混凝土实体强度进行实际检测后，其实际强度达到规范允许和设计要求值。正确的处理方式是（E）。【2012年真题题干】

（15）某一结构构件截面尺寸不足，或材料强度不足，影响结构承载力，但按实际情况进行复核验算后仍能满足设计要求的承载力时，适宜采用的处理方法是（E）。

2. 可不作专门处理的4种情况应掌握。①不影响结构安全、生产工艺和使用要求的。②后道工序可以弥补的质量缺陷。③法定检测单位鉴定合格的。④出现的质量缺陷，经检测鉴定达不到设计要求，但经原设计单位核算，仍能满足结构安全和使用功能的。

考试时还会以判断正确与错误说法的题目考核，比如：

下列工程质量问题中，可不做专门处理的是（　　）。【2016年真题】

A. 某高层住宅施工中，底部二层的混凝土结构误用安定性不合格的水泥

B. 某防洪堤坝填筑压实后，压实土的干密度未达到规定值

C. 某检验批混凝土试块强度不满足规范要求，但混凝土实体强度检测后满足设计要求

D. 某工程主体结构混凝土表面裂缝大于0.5mm

【答案】C

3. 报废处理是采取其他几项处理方法仍不能满足规定的质量要求或标准时采用。

1Z204060　数理统计方法在工程质量管理中的应用

专项突破 1　工程质量统计分析方法的用途及应用

例题： 工程质量控制中采用因果分析图法的目的是(　)。【2018 年真题题干】

A. 找出工程质量问题及其原因所在

B. 划分调查分析的类别和层次

C. 找出影响工程质量问题的最主要原因【2018 年考过】

D. 对一个质量特性或问题进行深入的原因分析【2009 年考过】

E. 描述质量问题、偏差、缺陷、不合格等方面的统计数据【2015 年考过】

F. 描述造成质量问题的原因分析统计数据【2017 年考过】

G. 分析生产过程质量是否处于稳定状态【2011 年、2018 年考过】

H. 分析生产过程质量是否处于正常状态【2011 年、2018 年考过】

I. 分析质量水平是否保持在公差允许的范围内【2011 年、2018 年考过】

J. 整理统计数据，了解其分布特征【2011 年、2018 年考过】

K. 掌握质量能力状态【2012 年考过】

【答案】 C、D

重点难点专项突破

1. 本考点还可以考核的题目有：

(1) 工程质量控制中采用分层法可以 (A、B)。

(2) 质量管理中，运用排列图法可以 (E、F)。【2017 年真题题干】

(3) 施工现场质量管理中，直方图法的主要用途有 (G、H、I、J、K)。【2018 年真题题干】

> 助记：
>
> 因果分析图法：分析原因论因果，鱼刺指出重因素。
>
> 排列图法：分清主次靠排列，先排序来再累加；数量从高到低排，累计八成为主因，八九之间为次因，剩下一成为一般。
>
> 直方图法：分布状态看直方，分段计数接个排，天生顺序不累加，类正态分布才正常。

2. 本考点是本章一个重要考点，考查频率非常高，各统计方法的用途不要混淆。

3. 考生应能区分四个方法的基本原理，考核以单项选择题为主。考试时会这样命题：

(1) 某钢结构厂房在结构安装过程中，发现构件焊接出现不合格，施工项目部采用逐层深入排查的方法分析确定构件焊接不合格的主次原因。这种工程质量统计方法是（分层法）。【2010 年真题题干】

（2）在质量管理过程中，通过抽样检查或检验试验所得到的关于质量问题、偏差、缺陷、不合格等方面的统计数据，以及造成质量问题的原因分析统计数据，均可采用（排列图法）进行状况描述，它具有直观、主次分明的特点。

4. 分层法在考核时，还可能会给出分层调查统计数据表，判断质量水平，2016年考核了这样一道题目：

某焊接作业由甲、乙、丙、丁四名工人操作，为评定各工人的焊接质量，共抽检100个焊点，抽检结果如下表。根据表中数据，各工人焊接质量由好至差的排序是（   ）。【2016年真题】

作业工人	抽检点数	不合格点数
甲	10	2
乙	40	4
丙	20	10
丁	30	8

A. 甲→乙→丙→丁   B. 乙→甲→丁→丙

C. 乙→甲→丙→丁   D. 丁→乙→甲→丙

【答案】B

【解析】作业工人的个体不合格率及其占不合格点总数百分率计算见下表：

作业工人	抽检点数	不合格点数	个体不合格率	占不合格点总数百分率
甲	10	2	2/10＝20％	2/24＝8％
乙	40	4	4/40＝10％	4/24＝17％
丙	20	10	10/20＝50％	10/24＝42％
丁	30	8	8/30＝27％	8/24＝33％
合计	100	24		100％

根据个体不合格率判断出各工人焊接质量由好至差的排序是：乙→甲→丁→丙。

关于分层法还需要掌握分层方法。2009年考核过一道多项选择题，分层方法包括：①按施工时间分；②按地区部位分；③按产品材料分；④按检测方法分；⑤按作业组织分；⑥按工程类型分；⑦按合同结构分。

5. 因果分析图法在应用过程中应注意：

（1）一个质量特性或一个质量问题使用一张图分析。

（2）通常采用QC小组活动的方式进行，集思广益，共同分析。【2011年、2012年、2013年考过】

（3）必要时可以邀请小组以外的有关人员参与，广泛听取意见。

（4）分析时要充分发表意见，层层深入，排出所有可能的原因。【2013年考过】

（5）在充分分析的基础上，由各参与人员采用投票或其他方式，从中选择1至5项多数人达成共识的最主要原因。【2015年考过】

6. 排列图通常按累计频率划分为三部分：A类（0～80％）：主要问题，重点管理；B类（80％～90％）：次要问题，次重点管理；C类（90％～100％）：一般问题。2019年、2021年都考过这样一道题目：

对某模板工程进行抽样检查，发现在表面平整度、截面尺寸、平面水平度、垂直度和标高等方面存在质量问题。按照排列图法进行统计分析，上述质量问题累计频率依次为41%、79%、89%、98%和100%，需要进行重点管理的 A 类问题有（　　）。
【2021年真题题干】

A. 表面平整度　　　　　　　　　　　B. 标高

C. 平面水平度　　　　　　　　　　　D. 垂直度

E. 截面尺寸

【答案】A、E

专项突破 2　直方图的观察与分析

例题：下列直方图中，表明生产过程处于正常、稳定状态的是（　　）。【2012 年、2019 年、2021 年真题题干】

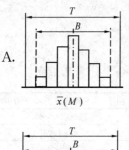

A.

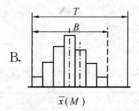

B.

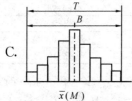

C.

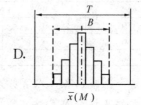

D.

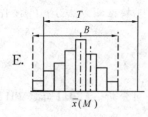

E.

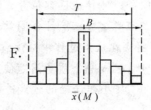

F.

【答案】A

重点难点专项突破

1. 本考点还可以考核的题目有：

（1）下列直方图中，表明质量特性数据分布偏下限，易出现不合格，在管理上必须提高总体能力的是（B）。

（2）下列直方图中，表明质量特性数据的分布宽度边界达到质量标准的上下界限，其质量能力处于临界状态，易出现不合格，必须分析原因，采取措施的是（C）。

（3）下列直方图中，表明质量特性数据的分布居中且边界与质量标准的上下界限有较大的距离，说明其质量能力偏大，不经济的是（D）。

（4）下列直方图中，表明质量特性数据分布均已出现超出质量标准的上下界限，这些数据说明生产过程存在质量不合格，需要分析原因，采取措施进行纠偏的是（E、F）。

2. 首先来说下例题题干，在 2012 年、2019 年、2021 年考试中，题干设置上都是一样的，这种情况在这门考试中是常见的，所以对历年真题的研究是非常有必要的。

3. 本考点考生需要能根据直方图的分布位置与质量控制标准上下限范围，分析质量特性数据的分布情况、产生原因及可能出现的问题。

4. 直方图的分布形状及分布区间宽窄是由质量特性统计数据的平均值和标准偏差所决定的。【2013 年、2014 年、2020 年考过】

5. 本考点在考试时会考核三种题型：

第一种题型是题干中给出质量数据分布位置、状态，判断备选项中哪个图形符合，也就是上述题目题型。

第二种题型是根据观察分析情况判断生产过程状态，比如：

在直方图的位置观察分析中，若质量特性数据的分布居中，边界在质量标准的上下界限内，且有较大距离时，说明该生产过程（　）。【2014 年真题】

A. 质量能力不足　　　　　　　　B. 易出现质量不合格

C. 存在质量不合格　　　　　　　D. 质量能力偏大

【答案】D

第三种题型是根据直方图位置分布，判断备选项中对各直方图分析是否正确，比如：

根据下列直方图的分布位置与质量控制标准的上下限范围的比较分析，正确的有（　）。【2016 年真题】

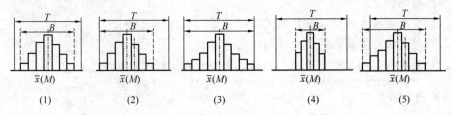

(1)　　　　(2)　　　　(3)　　　　(4)　　　　(5)

A. 图（1）显示生产过程的质量正常、稳定、受控

B. 图（2）显示质量特性数据分布偏上限，易出现不合格

C. 图（3）显示质量特性数据分布达到质量标准上下限，质量能力处于临界状态

D. 图（4）显示质量特性数据的分布居中，质量能力偏大，不经济

E. 图（5）显示质量特性数据超出质量标准的下限，存在质量不合格情况

【答案】A、C、D、E

1Z204070 建设工程项目质量的政府监督

专项突破1 政府质量监督管理的性质与权限

例题： 对全国建设工程安全生产实施统一监督管理的部门是( )。

A. 国务院建设行政主管部门

B. 国务院铁路、交通、水利有关部门

C. 国务院发展计划部门

D. 国务院经济贸易主管部门

【答案】 A

重点难点专项突破

1. 本考点还可以考核的题目有：

(1) 根据《建设工程质量管理条例》，组织稽察特派员，对国家出资的重大建设项目实施监督检查的部门是 (C)。

(2) 根据《建设工程质量管理条例》，对国家重大技术改造项目实施监督检查的部门是 (D)。【2017年真题题干】

2. 政府质量监督的性质属于行政执法行为，可能会考查单项选择题，也可能会作为备选项考核判断正确与错误说法的题目。

3. 本考点需要掌握两个概念：

工程实体质量监督——主管部门对涉及工程主体结构安全、主要使用功能的工程实体质量情况实施监督。【2017年、2020年考过】

工程质量行为监督——指主管部门对工程质量责任主体和质量检测等单位履行法定质量责任和义务的情况实施监督。

4. 政府建设行政主管部门和其他有关部门履行工程质量监督检查职责时，有权采取下列措施：

(1) 要求被检查的单位提供有关工程质量的文件和资料。

(2) 进入被检查单位的施工现场进行检查。

(3) 发现有影响工程质量的问题时，责令改正。【2021年考过】

命题总结：

这部分内容单项选择题、多项选择题都可能会考查，会这样命题：

建设工程政府质量监督机构履行质量监督职责时，可以采取的措施是/有( )。

专项突破 2 政府对工程项目质量监督的内容与实施

实施程序	考试怎么考	采分点
受理质量监督手续	工程质量监督申报手续申报是什么时间	工程项目开工前【2012 年、2016 年考过】
	工程质量监督申报手续由谁申报	建设单位【2012 年、2016 年考过】
	建设工程质量监督申报手续，审查合格后应签发什么文件	质量监督文件【2016 年考过】
制定工作计划并组织实施	一般不考核	—
对工程实体质量和工程质量责任主体等质量行为的抽查、抽测	在工程项目质量监督的"双随机、一公开"方法中，"双随机"是指什么	随机抽取检查对象，随机选派监督检查人员【2021 年考过】
	在工程项目质量监督的"双随机、一公开"方法中，"一公开"是指什么	及时公开检查情况和查处结果
	在工程基础和主体结构分部工程质量验收前应怎么做	对地基基础和主体结构混凝土强度分别进行监督检测；对在施工过程中发生的质量问题、质量事故进行查处【2016 年考过】
	对工程质量责任主体和质量检测等单位的质量行为进行检查的内容包括哪些	参与工程项目建设各方的质量保证体系建立和运行情况；企业的工程经营资质证书和相关人员的资格证书；按建设程序规定的开工前必须办理的各项建设行政手续是否齐全完备；施工组织设计、监理规划等文件及其审批手续和实际执行情况；执行相关法律法规和工程建设强制性标准的情况；工程质量检查记录等【2016 年考过】
监督工程竣工验收	监督机构对工程竣工验收工作进行监督的内容包括哪些	（1）竣工验收前，针对在质量监督检查中提出质量问题进行复查，检查其是否按要求整改完毕。（2）竣工验收前，参加竣工验收的会议，对验收的程序及验收的过程进行监督
形成质量监督报告	工程质量监督报告的基本内容包括哪些	工程项目概况；项目参建各方的质量行为检查情况；工程项目实体质量抽查情况；历次质量监督检查中提出质量问题的整改情况；工程竣工质量验收情况；项目质量评价（包括建筑节能和环保评价）；对存在的质量缺陷的处理意见
建立工程质量监督档案	监督档案按什么建立	单位工程【2014 年考过】
	由谁签字后归档	经监督机构负责人签字后归档

重点难点专项突破

1. 质量监督的内容共 8 条，在 2009 年、2010 年均以单项选择题进行考核，在 2011—2021 年均考核过，作为一般复习内容。

2. 质量监督的实施程序中采分点较多，每一句话都可能是一个采分点。

3. 本考点可能会这样命题：

（1）工程质量监督机构接受建设单位提交的有关建设工程质量监督申报手续，审查合格后应签发（　　）。

A. 施工许可证　　　　　　　　　　B. 质量监督报告

C. 质量监督文件　　　　　　　　　　D. 第一次监督记录

【答案】C

（2）建设工程质量监督档案归档前，应由（　　）签字。

A. 质量监督机构负责人　　　　　　B. 项目业主代表

C. 项目总监理工程师　　　　　　　D. 建设行政主管机构负责人

【答案】A

（3）政府质量监督管理的内容有（　　）。

A. 抽查主要建筑材料的质量　　　　B. 依法处罚违法违规行为

C. 监督工程竣工验收　　　　　　　D. 定期统计分析本地区质量情况

E. 抽查施工进度计划的执行情况

【答案】A、B、C、D

1Z205000   建设工程职业健康安全与环境管理

1Z205010   职业健康安全管理体系与环境管理体系

专项突破 1   职业健康安全管理体系结构

例题：职业健康安全管理体系标准由"领导作用—策划—支持和运行—绩效评价—改进"五大要素构成，下列属于绩效评价工作的有（   ）。

A. 资源　　　　　　　　　　　　　　B. 能力

C. 意识　　　　　　　　　　　　　　D. 沟通

E. 文件化信息　　　　　　　　　　　F. 运行策划与控制

G. 应急准备和响应　　　　　　　　　H. 监视、测量、分析和评价绩效

I. 内部审核　　　　　　　　　　　　J. 管理评审

【答案】H、K、J

重点难点专项突破

本考点还可以考核的题目有：

(1) 根据《职业健康安全管理体系 要求及使用指南》GB/T 45001—2020，属于"支持"部分的内容有（A、B、C、D、E）。

(2)《职业健康安全管理体系 要求及使用指南》GB/T 45001—2020 的总体结构及内容中，下列属于"运行"部分的内容有（F、G）。**【2021 年考过】**

专项突破 2   环境管理体系结构

例题：《环境管理体系 要求及使用指南》GB/T 24001—2016 中，应对风险和机遇的措施部分包括的内容有（   ）。

A. 总则　　　　　　　　　　　　　　B. 环境因素

C. 合规义务　　　　　　　　　　　　D. 环境目标及实现的策划

E. 措施的策划　　　　　　　　　　　F. 资源

G. 能力　　　　　　　　　　　　　　H. 意识

I. 信息交流　　　　　　　　　　　　J. 文件化信息

K. 运行策划与控制　　　　　　　　　L. 应急准备和相应

M. 监视、测量、分析和评价　　　　　N. 内部审核

O. 管理评审

【答案】A、B、C、E

重点难点专项突破

1. 本考点还可以考核的题目有：

(1)《环境管理体系 要求及使用指南》GB/T 24001—2016 中，支持部分包括的内容有（F、G、H、I、J）。

(2)《环境管理体系 要求及使用指南》GB/T 24001—2016 中，运行部分包括的内容有（K、L）。

(3)《环境管理体系 要求及使用指南》GB/T 24001—2016 中，绩效评价部分包括的内容有（M、N、O）。

2. 接下来再掌握一个概念，什么是环境？——它是组织运行活动的外部存在。**【2009 年考过】**

3. 环境管理体系的结构系统由几大要素构成？——它由"策划—支持与运行—绩效评价—改进"四大要素构成。

专项突破 3　建设工程职业健康安全与环境管理的要求

例题：在建设工程项目决策阶段，建设单位职业健康安全与环境管理的任务包括（　　）。**【2010 年、2013 年考过】**

A. 办理有关安全的各种审批手续 **【2010 年、2013 年考过】**

B. 办理有关环境保护方面的审批手续 **【2010 年、2013 年考过】**

C. 组织或委托有相应资质的单位进行建设工程项目环境影响评价和安全预评价

D. 进行环境保护设施和安全设施的设计

E. 对于采用新结构、新材料、新工艺的建设工程和特殊结构的建设工程，应在设计中提出保障施工作业人员安全和预防生产安全事故的措施建议

F. 明确工程安全环保设施费用、安全施工和环境保护措施费

G. 在申请领取施工许可证时，应当提供建设工程有关安全施工措施的资料

H. 将保证安全施工的措施报送至建设工程所在地的县级以上人民政府建设行政主管部门或者其他有关部门备案

I. 将拟拆除建筑物、构筑物及可能涉及毗邻建筑的说明，拆除施工组织方案，堆放、清除废弃物的措施的资料报送有关部门备案

J. 对环保设施进行竣工验收

K. 对项目配套的环保设施进行竣工验收

【答案】A、B、C

重点难点专项突破

1. 本考点还可以考核的题目有：

（1）在建设工程设计阶段，设计单位职业健康安全与环境管理的任务包括（D、E、F）。

（2）在建设工程施工阶段，建设单位职业健康安全与环境管理的任务包括（G、H、I）。

（3）在项目验收试运行阶段，建设单位职业健康安全与环境管理的任务包括（J、K）。

2. 考生应能区分在不同阶段，建设单位职业健康安全与环境管理的任务。

3. 本考点还需要掌握4个时间：

命题形式	时间规定
建设单位报送保证施工措施备案的时间是什么时候？	自开工报告批准之日起15日内【2017年考过】
对拆除工程，备案时间是什么时候？	施工15日前
环保设施完成竣工验收时间是什么时候？	收到申请申报设施竣工验收之日起30日内
申请配套环保设施竣工验收时间是什么时候？	项目投入试生产之日3个月内

4. 对于建设工程实行总承包的，由总承包单位对施工现场的安全生产负总责并自行完成工程主体结构的施工。分包单位应当接受总承包单位的安全生产管理，分包合同中应当明确各自的安全生产方面的权利、义务。分包单位不服从管理导致生产安全事故的，由分包单位承担主要责任，总承包和分包单位对分包工程的安全生产承担连带责任。

5. 最后再补充一个采分点——施工职业健康安全与环境管理的目的。

考试怎么考	采分点
对于建设工程项目，建设工程施工职业健康安全管理的目的是什么？	防止和尽可能减少生产安全事故、保护产品生产者的健康与安全、保障人民群众的生命和财产免受损失；控制影响或可能影响工作场所内的员工或其他工作人员（包括临时工和承包方员工）、访问者或任何其他人员的健康安全的条件和因素；避免因管理不当对在组织控制下工作的人员健康和安全造成危害
环境管理的目的是什么？	保护生态环境，使社会的经济发展与人类的生存环境相协调
对于建设工程项目，建设工程施工环境管理的目的是什么？	保护和改善施工现场的环境

专项突破4 职业健康安全管理体系与环境管理体系的建立

例题：职业健康安全管理体系文件包括（　　　）。

A. 管理手册　　　　　　　　　　B. 程序文件

C. 作业文件　　　　　　　　　　D. 初始状态评审文件

E. 管理方案

【答案】A、B、C

重点难点专项突破

1. 本考点还可以考核的题目有：

对组织整个管理体系的整体性描述，为体系的进一步展开以及后续程序文件的制定提供了框架要求和原则规定，是管理体系的纲领性文件，该文件是（A）。

2. D、E 选项是考试时可能设置的干扰选项。

3. B 选项，程序文件的一般格式可按照目的和适用范围、引用的标准及文件、术语和定义、职责、工作程序、报告和记录的格式以及相关文件等的顺序来编写。

4. C 选项，作业文件一般包括作业指导书（操作规程）、管理规定、监测活动准则及程序文件引用的表格。**【2012 年考过】**

5. 注意下职业健康安全管理体系与环境管理体系的建立步骤，可能会考查顺序题目。

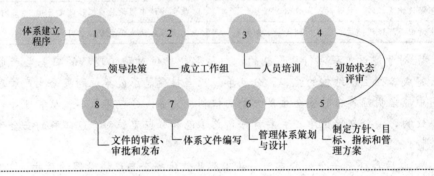

专项突破 5 职业健康安全管理体系与环境管理体系的运行

例题：在职业健康安全管理体系与环境管理体系的维持和运行中，组织对其自身的管理体系所进行的检查和评价，称为（   ）。**【2010 年、2011 年、2013 年考过】**

A. 内部审核　　　　　　　　　　B. 管理评审

C. 合规性评价　　　　　　　　　D. 文件管理

【答案】 A

重点难点专项突破

1. 本考点还可以考核的题目有：

（1）在职业健康安全管理体系与环境管理体系的维持和运行中，（A）是管理体系自我保证和自我监督的一种机制。

（2）在职业健康安全管理体系与环境管理体系的维持和运行中，由组织的最高管理者对管理体系的系统评价，称为（B）。**【2015 年、2020 年考过】**

（3）下列工职业健康安全与环境管理体系的维持和运行中，属于管理体系运行的是（D）。

（4）"及时购买补充适用的规范、规程等行业标准"的活动，属于职业健康安全管理体系运行中的（D）活动。

（5）"对现有有效文件进行整理编号，方便查询索引"的活动，属于职业健康安全管理体系运行中的（D）活动。

（6）"对在内容上有抵触的文件和过期的文件要及时作废并妥善处理"的活动，属于职业健康安全管理体系运行中的（D）活动。

2. A、B、C选项属于管理体系的维持。

3. 管理体系的运行大致有7步：培训意识和能力→信息交流→文件管理→执行控制程序→监测→不符合、纠正和预防措施→记录。

1Z205020　建设工程安全生产管理

专项突破1　施工安全生产管理制度体系的主要内容

例题：下列安全生产管理制度中，最基本、也是所有制度核心的是（　　）。【2015年真题题干】

A. 安全生产责任制度　　　　　　　B. 安全生产许可证制度

C. 政府安全生产监督检查制度　　　D. 安全生产教育培训制度

E. 安全措施计划制度　　　　　　　F. 特种作业人员持证上岗制度

G. 专项施工方案专家论证制度　　　H. 危及施工安全工艺、设备、材料淘汰制度

I. 施工起重机械使用登记制度　　　J. 安全检查制度

K. 生产安全事故报告和调查处理制度　L. "三同时"制度

M. 安全预评价制度　　　　　　　　N. 工伤和意外伤害保险制度

【答案】A

重点难点专项突破

1. 本考点还可以考核的题目有：

（1）建筑施工企业安全生产管理工作中，（J）是清除隐患、防止事故、改善劳动条件的重要手段。【2009年考过】

（2）建筑施工企业安全生产管理工作中，（L）是指凡是我国境内新建、改建、扩建的基本建设项目（工程），技术改建项目（工程）和引进的建设项目，其安全生产设施必须符合国家规定的标准，必须与主体工程同时设计、同时施工、同时投入生产和使用。

2. 本考点内容较多，采分点分散，每年在此会有一到两道题目的考查。下面把经常会考查的采分点做下总结。

安全生产责任制度（<u>最基本、核心</u>）【2015 年考过】

安全生产许可证制度
- 1. 安全生产许可证有效期为 3 年【2016 年、2018 年考过】
- 2. 期满前 3 个月向原安全生产许可证颁发管理机关办理延期手续【2016 年考过】
- 3. 未发生死亡事故的，有效期届满时，经原安全生产许可证颁发管理机关同意，不再审查【2016 年考过】

政府安全生产监督检查制度

安全生产教育培训制度
- 管理人员
- 特种作业人员
- 企业员工
  - 新员工上岗前三级安全教育（企业、项目、班组），岗前培训不得少于 24 学时【2021 年考过】
  - 改变工艺、变换岗位安全教育
  - 经常性安全教育【2014 年考过】
    - 每天班前班后会上说明安全注意事项
    - 安全活动日
    - 安全生产会议
    - 事故现场会
    - 张贴安全生产招贴画
    - 宣传标语及标志

施工安全生产管理制度体系的主要内容

安全措施计划制度：编制安全技术措施计划的步骤【2017 年考过】
- 工作活动分类
- 危险源识别
- 风险确定
- 风险评价
- 制定安全技术措施计划
- 评价安全技术措施计划的充分性

特种作业人员持证上岗制度
- 经过专门的安全作业培训，并取得特种作业操作证后，方可上岗作业
- 离岗 6 个月以上，重新考核，合格后方可上岗作业【2019 年考过】

专项施工方案专家论证制度
- 1. 专项施工方案经施工单位技术负责人、总监理工程师签字实施【2019 年考过】
- 2. 专职安全生产管理人员进行现场监督【2020 年考过】
- 3. 深基坑、地下暗挖工程、高大模板工程，施工单位应当组织专家进行论证、审核【2012 年、2013 年、2017 年、2020 年、2021 年考过】

危及施工安全的工艺、设备、材料淘汰制度

施工起重机械使用登记制度｛登记时间：自升式架设设施验收合格之日起 30 日内

安全检查制度
- 目的：清除隐患、防治事故、改善劳动条件
- 内容：查思想、管理、隐患、整改、伤亡事故处理【2011 年考过】
- 重点：检查"三违"、安全责任制落实

生产安全事故报告和调查处理制度

"三同时"制度：同时设计、同时施工、同时投入生产和使用

安全预评价制度

工伤和意外伤害保险制度：
- 意外伤害险并非强制性，建筑施工企业自主决定【2021 年考过】
- 工伤保险是强制性【2016 年考过】

172

专项突破 2 预警体系的建立与运行

例题： 预警信号一般采用国际通用的颜色表示不同的安全状况，Ⅲ级预警用（　　）表示。【**2016年、2017年、2019年考过**】

A. 红色　　　　　　　B. 橙色　　　　　　　C. 黄色　　　　　　　D. 蓝色

【答案】C

重点难点专项突破

1. 本考点还可以考核的题目有：

（1）预警信号一般采用国际通用的颜色表示不同的安全状况，Ⅰ级预警用（A）表示。

（2）预警信号一般采用国际通用的颜色表示不同的安全状况，Ⅱ级预警用（B）表示。

（3）预警信号一般采用国际通用的颜色表示不同的安全状况，Ⅳ级预警用（D）表示。

Ⅰ级预警，表示安全状况特别严重，用红色表示。

> 命题总结：
>
> 预警信号的颜色表示不同的安全状况，在考核时，还可以判断正确与错误说法的题目考核，比如2016年考试题目。
>
> 关于建设工程安全生产管理预警级别的说法，正确的是（　　）。【**2016年真题**】
>
> A. Ⅰ级预警表示生产活动处于正常状态
>
> B. Ⅳ级预警一般用蓝色表示
>
> C. Ⅱ级预警表示处于事故的上升阶段
>
> D. Ⅲ级预警表示受到事故的严重威胁
>
> 【答案】B
>
> 【解析】Ⅰ级：特别严重；Ⅱ级：严重威胁；Ⅲ级，上升阶段；Ⅳ级：正常状态。

2. 首先来了解下预警系统的构成。

一个完整的预警体系应由外部环境预警系统、内部管理不良的预警系统、预警信息管理系统和事故预警系统四部分构成。【**2019年考过**】

外部环境预警系统包括自然环境突变的预警、政策法规变化的预警、技术变化的预警。【**2020年考过**】

内部管理不良的预警系统包括质量管理预警、设备管理预警、人的行为活动管理预警。

> 命题总结：
>
> 这部分内容考查题型有两种：一是以多项选择题考查一个完整的预警体系的组成；二是对判断某一预警工作属于哪个预警体系，比如2020年这道题目：
>
> 在安全生产管理预警体系中，技术变化的预警属于（　　）系统。【**2020年真题**】

A. 内部管理不良预警　　　　　　B. 外部环境预警

C. 预警信息管理　　　　　　　　D. 事故预警

【答案】B

3. 预警体系实现的功能是什么？

预警体系功能的实现主要依赖于预警分析和预控对策两大子系统作用的发挥。

预警分析主要由预警监测、预警信息管理、预警评价指标体系构建和预测评价等工作内容组成。

预控对策一般包括组织准备、日常监控和事故危机管理三个活动阶段。

4. 预警体系的运行包括监测、识别、诊断、评价。命题时会给出具体工作内容判断是属于哪个环节的。

专项突破 3　建设工程施工安全技术措施

例题：关于施工安全技术措施要求的说法，正确的有（　　　）。【2018 年考过】

A. 必须在工程开工前制定　　　　B. 具有全面性

C. 具有针对性　　　　　　　　　D. 力求全面、具体、可靠

E. 必须包括应急预案　　　　　　F. 具有可行性和可操作性

【答案】A、B、C、D、E、F

重点难点专项突破

1. 本考点还可以考核的题目有：

（1）对于大中型工程项目、结构复杂的重点工程，除必须在施工组织设计中编制施工安全技术措施外，还应编制专项工程施工安全技术措施，详细说明有关安全方面的防护要求和措施，确保单位工程或分部分项工程的施工安全。这表明施工安全技术措施要（B）。

（2）施工安全技术措施应能够在每道工序中得到贯彻实施，既要考虑保证安全要求，又要考虑现场环境条件和施工技术能够做到。这表明施工安全技术措施要（F）。

【2012 年真题题干】

2. 本考点需要掌握的采分点有施工安全控制的目标、控制程序、施工安全技术措施的一般要求。

（1）安全控制的目标具体包括三方面，在 2011 年考核过一道多项选择题。

① 减少或消除人的不安全行为的目标。

② 减少或消除设备、材料的不安全状态的目标。

③ 改善生产环境和保护自然环境的目标。

（2）施工安全的控制程序包括五个步骤，在 2010 年考核过一道单项选择题，是这样考核的：

施工安全控制程序包括：①安全技术措施计划的落实和实施；②编制建设工程项目安全技术措施计划；③安全技术措施计划的验证；④确定每项具体建设工程项目的安全目标；⑤持续改进。其正确顺序是（   ）。【2010 年真题】

A.②—④—①—③—⑤ 　　　　　B.④—②—①—③—⑤

C.④—②—③—①—⑤ 　　　　　D.②—③—④—①—⑤

【答案】B

（3）施工安全技术措施的一般要求要掌握上述例题中的六项。

（4）最后再记住一句话：

安全技术措施中必须包含施工总平面图，结构复杂、危险性大、特性较多的分部分项工程，应编制专项施工方案和安全措施。一般工程可在施工组织设计或施工方案的安全技术措施中编制季节性施工安全措施；危险性大、高温期长的工程，应单独编制季节性的施工安全措施。

专项突破 4　安 全 技 术 交 底

项目	内容
安全技术交底的内容	（1）工程项目和分部分项工程的概况。 （2）本施工项目的施工作业特点和危险点。 （3）针对危险点的具体预防措施。【2018 年考过】 （4）作业中应遵循的安全操作规程以及应注意的安全事项。 （5）作业人员发现事故隐患应采取的措施。 （6）发生事故后应及时采取的避难和急救措施【2018 年考过】
安全技术交底的要求	（1）项目经理部必须实行逐级安全技术交底制度，纵向延伸到班组全体作业人员。【2020 年、2021 年考过】 （2）技术交底必须具体、明确，针对性强。 （3）技术交底的内容应针对分部分项工程施工中给作业人员带来的潜在危险因素和存在问题。【2020 年考过】 （4）应优先采用新的安全技术措施。【2021 年考过】 （5）对于涉及"四新"项目或技术含量高、技术难度大的单项技术设计，必须经过两阶段技术交底，即初步设计技术交底和实施性施工图技术设计交底。【2018 年、2020 年、2021 年考过】 （6）应将工程概况、施工方法、施工程序、安全技术措施等向工长、班组长进行详细交底。 （7）定期向由两个以上作业队和多工种进行交叉施工的作业队伍进行书面交底。【2020 年、2021 年考过】 （8）保存书面安全技术交底签字记录【2021 年考过】

175

1. 2018 年是以判断正确与错误说法的形式综合考核安全技术交底的内容和要求。2021 年是以判断正确与错误说法的形式考核安全技术交底的要求。安全技术交底的内容也会作为多项选择题采分点单独考查。

2. 本考点可能会这样命题:

(1) 安全技术交底的内容包括(   )。

A. 工程项目和分部分项工程的概况

B. 针对危险点的具体预防措施

C. 作业人员发现事故隐患应采取的措施

D. 安全技术交底签字记录

E. 发生事故后应及时采取的避难和急救措施

【答案】A、B、C、E

(2) 关于安全技术交底要求的说法,正确的有(   )。【2021 年真题】

A. 必须采用两阶段技术交底

B. 保持书面安全技术交底签字记录

C. 必须实行逐级安全技术交底制度

D. 必须采用新的安全技术措施

E. 定期向多工种交叉施工作业队伍书面交底

【答案】B、C、E

专项突破 5 建设工程安全隐患的处理

例题:"施工现场在对人、机、环境进行安全治理的同时,还需治理安全管理措施",体现了安全事故隐患的(   )原则。【2019 年真题题干】

A. 冗余安全度治理   B. 单项隐患综合治理

C. 直接隐患与间接隐患并治   D. 预防与减灾并重治理

E. 重点治理   F. 动态治理

【答案】C

1. 本考点还可以考核的题目有:

(1) 某工程施工期间,安全人员发现作业区内有一处电缆井盖遗失,随即在现场设置防护栏及警示牌、并设照明及夜间警示红灯。这是建设安全事故隐患处理中(A) 原则的具体体现。【2011 年、2012 年考过】

(2) 某建设工程施工现场发生一触电事故后,项目部对工人进行安全用电操作教育,同时对现场的配电箱、用电电路进行防护改造,设置漏电开关,严禁非专业电工乱接乱拉电线。这体现了施工安全隐患处理原则中的（B）原则。

（3）治理安全事故隐患时，需尽可能减少肇发事故的可能性，如果不能控制事故的发生，也要设法将事故等级减低。这体现了施工安全隐患处理原则中的（D）原则。【2020年考过】

（4）按对隐患的分析评价结果实行危险点分级治理，也可以用安全检查表打分对隐患危险程度分级。这体现了施工安全隐患处理原则中的（E）原则。

（5）施工过程中发现问题及时处理，是施工安全隐患处理原则中（F）原则的体现。

2. 建设工程安全隐患包括三个部分的不安全因素：人的不安全因素、物的不安全状态和组织管理上的不安全因素。考生应能区分人的不安全行为、物的不安全状态。

3. 安全事故隐患的处理原则在考核时一般会是上述题型，逆向考查的情况较小。

1Z205030　建设工程生产安全事故应急预案和事故处理

专项突破 1　应急预案的编制目的及构成

例题：某建设工程生产安全事故应急预案中，针对深基坑开挖编制的应急预案属于（　　）。【2012年真题题干】

A. 综合应急预案　　　　　　　　　B. 专项应急预案

C. 现场处置方案　　　　　　　　　D. 综合应急预案

【答案】B

重点难点专项突破

1. 本考点还可以考核的题目有：

（1）从总体上阐述事故的应急方针、政策，应急组织结构及相关应急职责，应急行动、措施和保障等基本要求和程序，应对各类事故的综合性文件是（A）。

（2）某建设工程生产安全事故应急预案中，针对脚手架拆除可能发生的事故，相关危险源和应急保障而制订的计划属于（B）。

（3）针对具体的装置、场所或设施、岗位所制定的应急处置措施属于（C）。【2020年考过】

（4）生产规模小、危险因素少的施工单位，可以合并编写的应急预案是（A、B）。

（5）应急预案体系包括（A、B、C）。

2. 选项D属于干扰选项。

3. 应急预案体系的构成在考核时一般是以上述题型来考核的。

4. 编制应急预案的目的，是防止一旦紧急情况发生时出现混乱，能够按照合理的响应流程采取适当的救援措施，预防和减少可能随之引发的职业健康安全和环境影响。【2018 年考过】

专项突破 2　生产安全事故应急预案编制的要求和内容

例题：生产安全事故综合应急预案的主要内容包括(　　)。【2019 年真题题干】

A. 施工单位的危险性分析【2019 年考过】

B. 组织机构及职责

C. 预防与预警

D. 应急响应【2019 年考过】

E. 信息发布【2011 年、2019 年考过】

F. 后期处置

G. 保障措施

H. 培训与演练【2019 年考过】

I. 事故类型和危害程度分析【2019 年考过】

J. 应急处置基本原则

K. 组织机构及职责

L. 信息报告程序

M. 应急物资与装备保障

N. 事故特征

O. 应急组织与职责【2011 年考过】

P. 应急处置

【答案】A、B、C、D、E、F、G、H

重点难点专项突破

1. 本考点还可以考核的题目有：

(1) 生产安全事故专项应急预案的主要内容包括（I、J、K、L、M）。

(2) 生产安全事故现场处置方案的主要内容包括（N、O、P）。【2011 年、2013 年考过】

2. 综合应急预案、专项应急预案、现场处置方案编制的主要内容较多，考生可根据教材详细了解。

3. 生产安全事故应急预案编制应符合 8 个要求，在 2015 年考查了判断正确与错误说法的题目，考查频次不高，熟悉即可。8 个要求包括：(1) 符合有关法律、法规、规章和标准的规定；(2) 结合本地区、本部门、本单位的安全生产实际情况【2015 年考过】；(3) 结合本地区、本部门、本单位的危险性分析情况；(4) 应急组织和人员的职责分工明确，并有具体的落实措施【2015 年考过】；(5) 有明确、具体的事故预防措施和应急程序，并与其应急能力相适应；（6）有明确的应急保障措施，并能满足本地区、本部门、本单位的应急工作要求；（7）预案基本要素齐全、完整，预案附件提供的信息准确【2015年考过】；（8）预案内容与相关应急预案相互衔接。

专项突破3 生产安全事故应急预案的管理

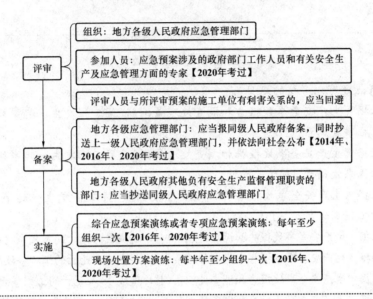

重点难点专项突破

1. 建设工程生产安全事故应急预案的管理包括应急预案的评审、备案、实施和奖惩，这几部分可单独作为采分点考核，可能设置的干扰选项有："制定""落实"。

2. 应急预案演练次数既可以单独成题，也可能会作为判断正误的综合题目的备选项。

3. 对应急预案进行修订的情形，时间充裕的考生可以看一看，可能会作为判断正确与错误说法的题目考查，也可能会考查多项选择题。

4. 本考点可能会这样命题：

（1）地方各级应急管理部门的应急预案，应当报（　　）备案。

A. 上一级人民政府　　　　　　　　B. 应急管理部

C. 同级应急管理部门　　　　　　　D. 同级人民政府

【答案】D

（2）建设工程生产安全事故应急预案的管理包括应急预案的（　　）。

A. 评审　　　　　　　　　　　　　B. 制定

D. 落实　　　　　　　　　　　　　C. 实施

E. 监督管理

【答案】A、C、E

专项突破 4 职业伤害事故的分类

例题： 根据《生产安全事故报告和调查处理条例》，某工程因提前拆模导致垮塌，造成 5 人重伤，该事故属于(   )。

A. 一般事故【2020 年考过】   B. 较大事故【2018 年考过】

C. 重大事故【2013 年考过】   D. 特别重大事故

【答案】A

重点难点专项突破

1. 本考点还可以考核的题目有：

（1）根据《生产安全事故报告和调查处理条例》，某工程发生一起事故造成 15 人重伤，该工程事故属于（B）。

（2）根据《生产安全事故报告和调查处理条例》，某工程发生一起事故造成 60 人重伤，该工程事故属于（C）。

（3）根据《生产安全事故报告和调查处理条例》，某工程发生一起事故造成 110 人重伤，该工程事故属于（D）。

（4）根据《生产安全事故报告和调查处理条例》，造成 2 人死亡的工程事故属于（A）。

（5）根据《生产安全事故报告和调查处理条例》，造成 6 人死亡的工程事故属于（B）。

（6）根据《生产安全事故报告和调查处理条例》，造成 18 人死亡的工程事故属于（C）。

（7）根据《生产安全事故报告和调查处理条例》，造成 33 人死亡的工程事故属于（D）。

（8）某工程发生一起事故造成直接经济损失 660 万元，根据《生产安全事故报告和调查处理条例》，该工程事故属于（A）。【2020 年考过】

（9）某工程发生一起事故造成直接经济损失 2000 万元，根据《生产安全事故报告和调查处理条例》，该工程事故属于（B）。

（10）某工程发生一起事故造成直接经济损失 7000 万元，根据《生产安全事故报告和调查处理条例》，该工程事故属于（C）。

（11）某工程发生一起事故造成直接经济损失 1.2 亿元，根据《生产安全事故报告和调查处理条例》，该工程事故属于（D）。

（12）根据《生产安全事故报告和调查处理条例》规定，根据生产安全事故造成的人员伤亡或者直接经济损失，将生产安全事故分为（A、B、C、D）四个等级。

再来看下面两个题目，应该选择哪个答案：

（13）根据《生产安全事故报告和调查处理条例》，发生工程事故造成 50 人重伤属于（C）。

（14）根据《生产安全事故报告和调查处理条例》，发生工程事故造成 100 人重伤属于（D）。

就这两个题目，有考生会问为什么第（1）题不选择 B，第（2）题不选择 C？如果你提出这样的问题，那就是对该条例中的等级标准的说明忽略了，该说明就是"该等级标准中所称的以上包括本数，所称的以下不包括本数"。

2. 该知识点是不是有种似曾相识的感觉，在施工质量事故分类中，它的划分标准是一样的，唯一不同的是，重伤包括急性工业中毒。

3. 在考试中，也可能会这样来考核我们：题干告诉我们某事故的等级，让我们来选择以下选项中哪个的说法属于该等级。比如：

根据《生产安全事故报告和调查处理条例》，下列安全事故中，属于较大事故的是（　　）。【2018年真题】

A. 2人死亡，980万元直接经济损失　　B. 4人死亡，6000万元直接经济损失

C. 3人死亡，4800万元直接经济损失　　D. 10人死亡，3000万元直接经济损失

【答案】C

4. 继续看一个题目：某工程发生了火灾事故，据统计，本次事故造成2人死亡、22人重伤，造成直接经济损失6525万元，根据《生产安全事故报告和调查处理条例》，该事故属于（　　）。

正确答案是重大事故。对于这类型的题目，我们先分别判断每个条件所对应的事故等级，最后选择等级最高的作为正确答案。考查了这类题型。

5. 为了方便考生更好地掌握本考点，通过表格的方式总结一下具体的划分标准：

事故等级	造成死亡人数	造成重伤人数	造成直接经济损失
特别重大事故	30人以上	100人以上（包括急性工业中毒，下同）	1亿元以上
重大事故	10人以上30人以下	50人以上100人以下	5000万元以上1亿元以下
较大事故	3人以上10人以下	10人以上50人以下	1000万元以上5000万元以下
一般事故	3人以下死亡	10人以下	1000万元以下

重点提示：

每一事故等级所对应的3个条件是独立成立的，只要符合其中一条就可以判定。

这里一定要记住："该等级标准中所称的以上包括本数，所称的以下不包括本数"。

专项突破5　建设工程安全事故的处理

例题：根据《生产安全事故报告和调查处理条例》，单位负责人接到报告后，应当在1h内向（　　）报告。

A. 事故发生地县级以上人民政府应急管理部门和负有安全生产监督管理职责的有关部门

B. 设区的市级人民政府应急管理部门和负有安全生产监督管理职责的有关部门

C. 省、自治区、直辖市人民政府应急管理部门和负有安全生产监督管理职责的有关部门

D. 国务院应急管理部门和负有安全生产监督管理职责的有关部门

E. 建设行政主管部门

F. 有关行业主管部门

G. 公安机关

H. 劳动保障行政部门

I. 工会

J. 人民检察院

【答案】A

重点难点专项突破

1. 本考点还可以考核的题目有：

（1）根据《生产安全事故报告和调查处理条例》，各个行业的建设施工中出现了安全事故，都应当向（E）报告。

（2）根据《生产安全事故报告和调查处理条例》，专业工程出现安全事故，需要向（C、E、F）报告。【2016年、2019年考过】

（3）根据《生产安全事故报告和调查处理条例》，情况紧急时，事故现场有关人员可以直接向事故发生地（A）报告。【2016年、2019年考过】

（4）根据《生产安全事故报告和调查处理条例》，应急管理部门和负有安全生产监督管理职责的有关部门接到事故报告后，应当依照规定上报事故情况，并通知（G、H、I、J）。

（5）根据《生产安全事故报告和调查处理条例》，特别重大事故、重大事故逐级上报至（D）。

（6）根据《生产安全事故报告和调查处理条例》，较大事故逐级上报至（C）。

（7）根据《生产安全事故报告和调查处理条例》，一般事故上报至（B）。

2. 本考点是每年的必考考点，采分点较多，考生应全面掌握。上述题目总结了安全事故报告部门，应注意区分。

3. 下面将考试时易考核的采分点总结如下：

（1）事故发生后，事故现场有关人员应当立即向本单位负责人报告。【2016年、**2019年考过**】

（2）必要时，可以越级上报事故情况。

（3）应急管理部门和负有安全生产监督管理职责的有关部门逐级上报事故情况，每级上报的时间不得超过2h。【2019年考过】

4. 不同级别事故的处理程序可以参考下表对比记忆：

分级 ＼ 处理程序	逐级上报至何级单位	谁组织调查
一般事故	设区的市级人民政府应急管理部门和负有安全生产监督管理职责的有关部门	县级人民政府；无人员伤亡的，事故发生单位【2017年、2021年考过】
较大事故	省、自治区、直辖市人民政府应急管理部门和负有安全生产监督管理职责的有关部门	设区的市级人民政府
重大事故	国务院应急管理部门和负有安全生产监督管理职责的有关部门	省级人民政府【2018年考过】
特别重大事故		国务院或者国务院授权有关部门

5. 事故处理的"四不放过"原则在 2012 年、2017 年考核了多项选择题，2015 年考核了单项选择题。单项选择题是这样命题的：

使事故责任者和广大群众了解发生的原因及所造成的危害，并深刻认识到搞好安全生产的重要性，从事故中吸取教训，提高安全意识，改进安全管理工作。这体现了事故处理中的（　　）原则。【2015 年真题】

A. 事故原因未查清不放过

B. 事故责任人未受到处理不放过

C. 事故责任人和周围群众未受到教育不放过

D. 事故没有制定切实可行的整改措施不放过

【答案】C

6. 关于事故调查报告提交时限与批复时限要掌握，会考核数字题目。

项目	时限
提交事故调查报告	事故发生之日起 60 日内【2019 年考过】
提交事故调查报告的延长期限	最长不超过 60 日
重大事故、较大事故、一般事故的批复	收到事故调查报告之日起 15 日内【2013 年考过】
特别重大事故的批复	30 日内【2021 年考过】
特殊情况下，批复延长的时间	最长不超过 30 日

7. 事故调查报告的内容包括 6 方面，在 2013 年考核过一道多项选择题。

1Z205040　建设工程施工现场职业健康安全与环境保护的要求

专项突破 1　建设工程现场文明施工的措施

措施	内容
组织措施	（1）建立文明施工的管理组织。确立以项目经理为现场文明施工的第一责任人。【2011 年、2012 年、2015 年、2017 年考过】 （2）健全文明施工的管理制度

措施		内容
管理措施	施工平面布置	施工总平面图应对施工机械设备、材料和构配件的堆场、现场加工场地，以及现场临时运输道路、临时供水供电线路和其他临时设施进行合理布置，并随工程实施的不同阶段进行场地布置和调整【2021年考过】
	现场围挡、标牌	施工现场必须实行封闭管理，设置进出口大门，制定门卫制度，严格执行外来人员进场登记制度。【2011年、2012年、2017年、2018年考过】 沿工地四周连续设置围挡，市区主要路段和其他涉及市容景观路段的工地设置围挡的高度不低于2.5m，其他工地的围挡高度不低于1.8m。【2011年、2012年、2017年、2018年、2020年、2021年考过】 施工现场必须设有"五牌一图"，即工程概况牌、管理人员名单及监督电话牌、消防保卫（防火责任）牌、安全生产牌、文明施工牌和施工现场平面图
	施工场地	（1）施工现场应积极推行硬地坪施工，作业区、生活区主干道地面必须用一定厚度的混凝土硬化，场内其他道路地面也应硬化处理。【2018年考过】 （2）施工现场道路畅通、平坦、整洁，无散落物。【2020年考过】 （3）施工现场设置排水系统，排水畅通，不积水。【2021年考过】 （4）严禁泥浆、污水、废水外流或未经允许排入河道，严禁堵塞下水道和排水河道。【2011年、2012年、2017年考过】 （5）施工现场适当地方设置吸烟处，作业区内禁止随意吸烟。【2018年、2020年、2021年考过】 （6）积极美化施工现场环境，根据季节变化，适当进行绿化布置
	材料堆放、周转设备管理	（1）建立材料收发管理制度，仓库、工具间材料堆放整齐，易燃易爆物品分类堆放，专人负责，确保安全。 （2）建筑垃圾及时清运，临时存放现场的也应集中堆放整齐、悬挂标牌。不用的施工机具和设备应及时出场。 （3）施工设施、大模板、砖夹等，集中堆放整齐，大模板成对放稳，角度正确。钢模及零配件、脚手扣件分类分规格，集中存放。竹木杂料，分类堆放、规则成方，不散不乱，不作他用
	现场生活设施	（1）施工现场作业区与办公、生活区必须明显划分，确因场地狭窄不能划分的，要有可靠的隔离栏防护措施。 （2）宿舍内应确保主体结构安全，设施完好。 （3）宿舍内严禁使用煤气灶、煤油炉、电饭煲、热得快、电炒锅、电炉等器具。 （4）食堂应有良好的通风和洁卫措施，保持卫生整洁，炊事员持健康证上岗。 （5）建立现场卫生责任制，设卫生保洁员。 （6）施工现场应设固定的男、女简易淋浴室和厕所，并要保证结构稳定、牢固和防风雨。并实行专人管理、及时清扫，保持整洁，要有灭蚊蝇滋生措施
	现场消防、防火管理	（1）现场建立消防管理制度，建立消防领导小组，落实消防责任制和责任人员。【2011年、2012年考过】 （2）定期对有关人员进行消防教育，落实消防措施。 （3）现场必须有消防平面布置图，临时设施按消防条例有关规定搭设，做到标准规范。【2017年考过】 （4）易燃易爆物品堆放间、油漆间、木工间、总配电室等消防防火重点部位要按规定设置灭火器和消防沙箱，并有专人负责，对违反消防条例的有关人员进行严肃处理。【2018年、2020年考过】 （5）施工现场用明火做到严格按动用明火规定执行，审批手续齐全

措施		内容
管理措施	医疗急救的管理	展开卫生防病教育，准备必要的医疗设施，配备经过培训的急救人员，有急救措施、急救器材和保健医药箱
	社区服务的管理	建立施工不扰民的措施。现场不得焚烧有毒、有害物质等
	治安管理	(1) 建立现场治安保卫领导小组，有专人管理。 (2) 新入场的人员做到及时登记，做到合法用工。 (3) 按照治安管理条例和施工现场的治安管理规定搞好各项管理工作。 (4) 建立门卫值班管理制度，严禁无证人员和其他闲杂人员进入施工现场，避免安全事故和失盗事件的发生

重点难点专项突破

1. 本考点内容较多，考试时可能会将几部分综合命题，也可能就每一部分单独命题。考生要多加关注。

2. 围挡高度可以单独命题，也可以作为判断正误综合题目的备选项。

3. "五牌一图"的内容，也可能会单独命题。

4. 施工现场文明施工制度包括：材料收发管理制度、门卫值班管理制度、宣传教育制度、消防管理制度、检查考核制度。【2013 年考过】

5. 本考点可能会这样命题：

(1) 施工现场文明施工管理组织的第一责任人是(　　)。

A. 项目经理　　　　　　　　　　B. 总监理工程师

C. 业主代表　　　　　　　　　　D. 项目总工程师

【答案】A

(2) 施工现场文明施工"五牌一图"中，"五牌"是指(　　)。

A. 工程概况牌　　　　　　　　　B. 管理人员名单及监督电话牌

C. 现场危险警示牌　　　　　　　D. 安全生产牌

E. 消防保卫（防火责任）牌

【答案】A、B、D、E

(3) 关于施工现场文明施工措施的说法，正确的有(　　)。【2020 年真题】

A. 利用现场施工道路堆放砌块材料

B. 材料库房内配备保管员住宿用的单人床

C. 闹市区施工现场设置 2.5m 高的围挡

D. 施工作业区内禁止随意吸烟

E. 在总配电室设置灭火器和消防沙箱

【答案】C、D、E

专项突破 2 施工现场环境污染的处理

例题：下列施工现场环境保护措施中，属于水污染防治措施的有（   ）。

A. 高大建筑物清理施工垃圾时，要使用封闭式的容器或者采取其他措施处理高空废弃物，严禁凌空随意抛撒【2010 年、2014 年、2019 年、2020 年考过】

B. 施工现场道路应指定专人定期洒水清扫，形成制度，防止道路扬尘【2014 年、2019 年、2020 年考过】

C. 对于细颗粒散体材料（如水泥、粉煤灰、白灰等）的运输、储存要注意遮盖、密封，防止和减少扬尘

D. 车辆开出工地要做到不带泥沙，基本做到不洒土、不扬尘，减少对周围环境污染

E. 除设有符合规定的装置外，禁止在施工现场焚烧油毡、橡胶、塑料、皮革、树叶、枯草、各种包装物等废弃物品以及其他会产生有毒、有害烟尘和恶臭气体的物质【2018 年、2020 年考过】

F. 机动车都要安装减少尾气排放的装置，确保符合国家标准【2019 年考过】

G. 工地茶炉应尽量采用电热水器，若只能使用烧煤茶炉和锅炉时，应选用消烟除尘型茶炉和锅炉【2014 年、2021 年考过】

H. 大城市市区的建设工程已不容许搅拌混凝土【2020 年考过】

I. 拆除旧建筑物时，应适当洒水，防止扬尘【2019 年考过】

J. 禁止将有毒有害废弃物作土方回填【2015 年、2018 年考过】

K. 施工现场搅拌站废水，现制水磨石的污水，电石（碳化钙）的污水必须经沉淀池沉淀合格后再排放，最好将沉淀水用于工地洒水降尘或采取措施回收利用【2015 年考过】

L. 现场存放油料，必须对库房地面进行防渗处理【2015 年考过】

M. 施工现场 100 人以上的临时食堂，污水排放时可设置简易有效的隔油池，定期清理，防止污染【2013 年考过】

N. 工地临时厕所、化粪池应采取防渗漏措施【2018 年考过】

O. 化学用品、外加剂等要妥善保管，库内存放，防止污染环境【2014 年、2015 年、2019 年考过】

P. 进入施工现场不得高声喊叫、无故甩打模板、乱吹哨，限制高音喇叭的使用【2014 年考过】

Q. 一般晚 10 点到次日早 6 点之间停止强噪声作业【2013 年考过】

R. 选用低噪声设备和加工工艺【2018 年考过】

【答案】J、K、L、M、N、O

重点难点专项突破

1. 本考点还可以考核的题目有：

（1）下列施工现场环境保护措施中，属于大气污染防治措施的有（A、B、C、D、E、F、G、H、I）。

(2) 下列施工现场环境保护措施中，属于噪声污染预防措施的有（P、Q、R）。

(3) 下列施工现场环境污染的防治措施中，说法正确的有（A、B、C、D、E、F、G、H、I、J、K、L、M、N、O、P、Q、R）。

2. 这是每年的必考考点，每年至少考查1~2道题目，考生应全面掌握该考点的内容。

3. 工程建设过程中的污染主要包括对施工场界内的污染和对周围环境的污染，它们有什么不同呢？

4. A选项如果单独命题，会这样考核："清理高层建筑施工垃圾的正确做法是（　　）。"

5. K选项可能会这样设置错误选项："将未经处理的泥浆水直接排入城市排水设施""现场产生的废水经沉淀后直接排入城市排水设施"。

6. M选项中的数字"100"要记住，可以作为单项选择题考查，作为判断正误综合题的备选项时，也是设置陷阱的地方。

7. Q选项中的数字"10时到次日早6时"要记住，可以作为单项选择题考查。

8. 建设工程环境保护措施包括大气污染的防治、水污染的防治、噪声污染的防治、固体废物污染的防治。这是每年的必考考点，不仅会将几项防治措施综合命题，还会单独就某一防治措施命题。

9. 关于施工现场噪声的控制措施，还需要掌握以下采分点，2020年、2021年考核了传播途径控制的措施。

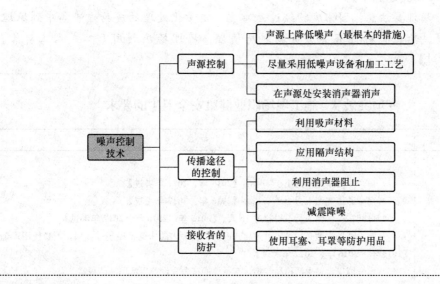

10. 再来看下施工场界环境噪声限值【2017年、2021年考过】。

昼间	夜间
70dB（A）	55dB（A）

专项突破3　固体废物的处理方法

例题： 建设工程施工工地上，对于不适合再利用且不宜直接予以填埋处置的废物，可采取（　　）的处理方法。【2014年真题题干】

A. 回收利用　　　　　　　　　　B. 减量化

C. 焚烧　　　　　　　　　　　　D. 稳定和固化

E. 填埋

【答案】C

重点难点专项突破

1. 本考点还可以考核的题目有：

（1）建设工程固体废物的处理方法中，进行资源化处理的重要手段是（A）。【2019年真题题干】

（2）对已经产生的固体废物进行分选、破碎、压实浓缩、脱水等减少其最终处置量，减低处理成本，减少对环境的污染。此做法属于固体废物（B）的处置。

（3）利用水泥、沥青等胶结材料，将松散的废物胶结包裹起来，减少有害物质从废物中向外迁移、扩散，使得废物对环境的污染减少。此做法属于固体废物（D）的处置。【2012年真题题干】

2. 关于填埋要注意：固体废物经过无害化、减量化处理的废物残渣集中到填埋场进行处置。禁止将有毒有害废弃物现场填埋，填埋场应利用天然或人工屏障。【2021年考过】

专项突破4　施工现场职业健康安全卫生的要求

项目	内容
现场宿舍管理	（1）宿舍室内净高不得小于2.4m。【2015年、2017年考过】 （2）宿舍通道宽度不得小于0.9m。【2015年、2017年考过】 （3）每间宿舍居住人员不得超过16人。【2015年、2016年、2017年考过】 （4）施工现场宿舍必须设置可开启式窗户，宿舍内的床铺不得超过2层，严禁使用通铺。【2015年、2016年、2017年考过】 （5）宿舍内应设置生活用品专柜，有条件的宿舍宜设置生活用品储藏室

项目	内容
现场食堂管理	（1）食堂必须有卫生许可证，炊事人员必须持身体健康证上岗。【2016 年、2018 年、2020 年考过】 （2）炊事人员上岗应穿戴洁净的工作服、工作帽和口罩，并应保持个人卫生。不得穿工作服出食堂，非炊事人员不得随意进入制作间。【2018 年、2020 年考过】 （3）食堂炊具、餐具和公用饮水器具必须清洗消毒。 （4）施工现场应加强食品、原料的进货管理，食堂严禁出售变质食品。 （5）食堂应设置独立的制作间、储藏间，门扇下方应设不低于 0.2m 的防鼠挡板。 （6）制作间灶台及其周边墙壁贴瓷砖，所贴瓷砖高度不宜小于 1.5m，地面应做硬化和防滑处理。【2018 年、2020 年考过】 （7）粮食存放台距墙和地面应大于 0.2m。 （8）食堂应配备必要的排风设施和冷藏设施。 （9）食堂的燃气罐应单独设置存放间，存放间应通风良好并严禁存放其他物品。 （10）食堂外应设置密闭式泔水桶，并应及时清运【2018 年、2020 年考过】
现场厕所管理	（1）施工现场应设置水冲式或移动式厕所，厕所地面应硬化，门窗应齐全。 （2）厕所应设专人负责清扫、消毒、化粪池应及时清掏【2016 年考过】
其他临时设施管理	（1）淋浴间应设置满足需要的淋浴喷头，可设置储衣柜或挂衣架。 （2）盥洗设施应设置满足作业人员使用的盥洗池，并应使用节水龙头。 （3）生活区应设置开水炉、电热水器或饮用水保温桶；施工区应配备流动保温水桶。 【2016 年考过】 （4）文体活动室应配备电视机、书报、杂志等文体活动设施、用品。 （5）施工现场作业人员发生法定传染病、食物中毒或急性职业中毒时，必须在 2h 内向施工现场所在地建设行政主管部门和有关部门报告，并应积极配合调查处理。 （6）现场施工人员患有法定传染病时，应及时进行隔离，并由卫生防疫部门进行处置

重点难点专项突破

1. 在历年考试中都是以判断正确与错误说法的题目考核，可能会就某一管理措施命题，也可能会将几项管理措施综合命题。上述知识点涵盖了考试易考核的采分点，考生应多加关注。

2. 上表内容中的数字要牢记，设置错误选项时会在数字上做文章。

3. 本考点可能会这样命题：

（1）关于施工现场食堂职业健康安全卫生管理的说法，正确的是（　　）。【2018 年真题】

A. 食堂不需办理卫生许可证，但炊事人员须有健康证明

B. 除炊事人员和现场管理人员外，不得随意进入制作间

C. 食堂制作间灶台及周边贴 1.8m 高瓷砖

D. 食堂外设置敞开式泔水桶，并定期进行清理

【答案】C

（2）关于施工现场宿舍设置的说法，正确的有(　　)。

A. 室内净高 2.5m
B. 室内通道宽度 0.8m

C. 每间宿舍居住 18 人
D. 使用通铺

E. 床铺不得超过 2 层

【答案】A、E

1Z206000 建设工程合同与合同管理

1Z206010 建设工程施工招标与投标

专项突破 1 施工招标条件与招标投标项目的确定

项目	内容
招标条件	(1) 招标人已经依法成立。【2021 年考过】 (2) 初步设计及概算应当履行审批手续的，已经批准。【2021 年考过】 (3) 招标范围、招标方式和招标组织形式等应当履行核准手续的，已经核准。 (4) 有相应资金或资金来源已经落实。【2021 年考过】 (5) 有招标所需的设计图纸及技术资料【2021 年考过】
招标投标项目的确定	按照我国的《中华人民共和国招标投标法》，以下项目宜采用招标的方式确定承包人： (1) 大型基础设施、公用事业等关系社会公共利益、公众安全的项目。【2019 年考过】 (2) 全部或者部分使用国有资金投资或者国家融资的项目。【2019 年考过】 (3) 使用国际组织或者外国政府资金的项目【2019 年考过】

重点难点专项突破

施工招标条件、招标投标项目的确定在 2019 年、2021 年考查都是多项选择题。

(1) 建设工程施工招标应当具备的条件是( )。【2021 年真题】

A. 有编制招标文件和组织评标能力

B. 招标人已经依法成立

C. 有招标所需的设计图纸及技术资料

D. 有相应资金或资金来源已经落实

E. 初步设计及概算应当履行审批程序的，已经批准

【答案】B、C、D、E

(2) 根据《中华人民共和国招标投标法》，下列项目宜采用公开招标方式确定承包人的有( )。【2019 年真题】

A. 大型基础设施项目

B. 部分使用国有资金投资的项目

C. 使用国际组织援助资金的项目

D. 关系公众安全的公共事业项目

E. 技术复杂且潜在投标人较少的项目

【答案】A、B、C、D

专项突破 2 施 工 招 标

项目		内容
招标方式的确定		国有资金占控股或者主导地位的依法必须进行招标的项目，应当公开招标；但有下列情形之一的，可以邀请招标：（1）技术复杂、有特殊要求或者受自然环境限制，只有少量潜在投标人可供选择；（2）采用公开招标方式的费用占项目合同金额的比例过大。 世界银行贷款项目中的工程和货物的采购，可以采用国际竞争性招标、有限国际招标、国内竞争性招标、询价采购、直接签订合同、自营工程等采购方式。其中国际竞争性招标和国内竞争性招标都属于公开招标，而有限国际招标则相当于邀请招标【2018 年考过】
信息的发布		依法必须招标项目的招标公告和公示信息应当在"中国招标投标公共服务平台"或者项目所在地省级电子招标投标公共服务平台发布。【2020 年考过】 拟发布的招标公告和公示信息文本应当由招标人或其招标代理结构盖章，并由主要负责人或其授权的项目负责人签名。 自招标文件或者资格预审文件出售之日起至停止出售之日止，最短不得少于 5 日。【2014 年、2020 年考过】 招标人发售资格预审文件、招标文件收取的费用应当限于补偿印刷、邮寄的成本支出，不得以营利为目的。对于所附的设计文件，招标人可以向投标人酌收押金【2014 年考过】；对于开标后投标人退还设计文件的，招标人应当向投标人退还押金。招标文件或者资格预审文件售出后，不予退还【2014 年、2020 年考过】。招标人在发布招标公告、发出投标邀请书后或者售出招标文件或资格预审文件后不得擅自终止招标
信息的修正	时限	应当在招标文件要求提交投标文件截止时间至少 15 日前发出【2011 年考过】
	形式	所有澄清文件必须以书面形式进行
	全面	所有澄清文件必须直接通知所有招标文件收受人
资格预审		招标人可以根据招标项目本身的特点和要求，要求投标申请人提供有关资质、业绩和能力等的证明，并对投标申请人进行资格审查。资格审查分为资格预审和资格后审。【2021 年考过】 资格预审是指招标人在招标开始之前或者开始初期进行。【2021 年考过】 投标意向者在规定的截止日期之前完成填报的内容，报送资格预审文件，所报送的文件在规定的截止日期后不能再进行修改。【2021 年考过】 由业主组织资格预审评审委员会，对资格预审文件进行评审，并将评审结果及时以书面形式通知所有参加资格预审的投标意向者【2021 年考过】
标前会议		标前会议是招标人按投标须知规定的时间和地点召开的会议。 标前会议上，招标人除了介绍工程概况以外，还可以对招标文件中的某些内容加以修改或补充说明，以及对投标人书面提出的问题和会议上即席提出的问题给予解答，会议结束后，招标人应将会议纪要用书面通知的形式发给每一个获得招标文件的投标人。对问题的答复不需要说明问题来源。 会议纪要和答复函件形成招标文件的补充文件，都是招标文件的有效组成部分，与招标文件具有同等法律效力。当补充文件与招标文件内容不一致时，应以补充文件为准。 招标人可以根据实际情况在标前会议上确定延长投标截止时

项目	内容
评标	评标分为评标的准备、初步评审、详细评审、编写评标报告等过程。 初步评审审查内容包括：投标资格审查、投标文件完整性审查、投标担保的有效性、与招标文件是否有显著的差异和保留等【2019 年考过】。另外还要对报价计算的正确性进行审查，如果计算有误，通常的处理方法是：大小写不一致的以大写为准，单价与数量的乘积之和与所报的总价不一致的应以单价为准；标书正本和副本不一致的，则以正本为准。 详细评审是评标的核心，是对标书进行实质性审查，包括技术评审和商务评审。 评标结束应该推荐中标候选人。评标委员会推荐的中标候选人应当限定在 1～3 人

重点难点专项突破

1. 本考点内容较多，采分点也比较分散，考生应全面掌握。对于施工招标内容，考试时可能会就某一项内容命题；比如，根据《工程建设项目施工招标投标法》，工程施工项目招标信息发布时，正确的有（　　）。也可能会就这几项内容综合命题，比如：下列关于施工招标做法，符合规定的有（　　）。

2. 注意两个数据"5 日""15 日"，会作为采分点考核单项选择题。

3. 招标信息的修正形式，会在"书面"上做"文章"，会设置为"澄清文件可以口头方式也可以书面形式进行"。

4. 澄清文件通知的人员要注意，会作为采分点考核单项选择题，如果设置错误选项会设置为"澄清文件必须直接通知有效投标人"。

5. 以不合理条件限制、排斥潜在投标人或者投标人的情形应掌握，在 2016 年、2017 年都考核过。招标人有下列行为之一的，属于以不合理条件限制、排斥潜在投标人或者投标人：

（1）就同一招标项目向潜在投标人或者投标人提供有差别的项目信息。【2016 年、2017 年考过】

（2）设定的资格、技术、商务条件与招标项目的具体特点和实际需要不相适应或者与合同履行无关。

（3）依法必须进行招标的项目以特定行政区域或者特定行业的业绩、奖项作为加分条件或者中标条件。【2016 年、2017 年考过】

（4）对潜在投标人或者投标人采取不同的资格审查或者评标标准。【2017 年考过】

（5）限定或者指定特定的专利、商标、品牌、原产地或者供应商。【2016 年、2017 年考过】

（6）依法必须进行招标的项目非法限定潜在投标人或者投标人的所有制形式或者组织形式。

（7）以其他不合理条件限制、排斥潜在投标人或者投标人。

6. 本考点可能会这样命题：

（1）根据《中华人民共和国招标投标法》，招标人对已发出的招标文件进行必要的澄清或修改的，应当在招标文件要求提交投标文件截止时间至少（　　）日前书面通知。

A. 5　　　　　　　　B. 10　　　　　　　　C. 15　　　　　　　　D. 20

【答案】C

（2）关于招标信息发布与修正的说法，正确的是（　　）。

A. 招标人在发布招标公告或发出投标邀请书后，不得擅自终止招标

B. 招标人或其委托的招标代理机构只能在一家指定的媒介发布招标公告

C. 自招标文件出售之日起至停止出售之日止，最短不得少于 3 日

D. 招标人对已发出的招标文件进行修改，应当在招标文件要求提交投标文件截止时间至少 5 日前发出

【答案】A

（3）关于标前会议的说法，正确的是（　　）。

A. 与招标文件内容不一致时，以补充文件为准

B. 不能作为招标文件的组成部分

C. 其法律效力仅次于招标文件

D. 与招标文件内容不一致时，以招标文件为准

【答案】A

专项突破 3　施　工　投　标

项目		内容
研究招标文件【2010 年、2013 年考过】		（1）投标人须知：招标工程的详细内容和范围、投标文件的组成、重要时间安排。 （2）投标书附录与合同条件。 （3）技术说明。 （4）永久性工程之外的报价补充文件
复核工程量		对于单价合同，尽管是以实测工程量结算工程款，但投标人仍应根据图纸仔细核算工程量，当发现相差较大时，投标人应向招标人要求澄清。 对于总价合同，如果业主在投标前对争议工程量不予更正，而且是对投标者不利的情况，投标者应按实际工程量调整报价
施工方案制定		由投标人的技术负责人主持制定【2011 年、2013 年考过】
正式投标	注意投标的截止日期	招标人所规定的投标截止日就是提交标书最后的期限。投标人在投标截止日之前所提交的投标是有效的，超过该日期之后就会被视为无效投标限。在招标文件要求提交投标文件的截止时间后送达的投标文件，招标人可以拒收【2020 年考过】
	注意投标文件的完备性	投标文件应当对招标文件提出的实质性要求和条件作出响应。投标不完备或投标没有达到招标人的要求，在招标范围以外提出新的要求，均被视为对于招标文件的否定，不会被招标人所接受

项目		内容
正式投标	注意标书的标准	标书的提交要有固定的要求，基本内容是：签章、密封【2020 年考过】。如果不密封或密封不满足要求，投标是无效的【2020 年考过】。投标书还需要按照要求签章，投标书需要盖有投标企业公章以及企业法人的名章（或签字）【2017 年考过】。如果项目所在地与企业距离较远，由当地项目经理部组织投标，需要提交企业法定代表人对于投标项目经理的授权委托书【2020 年考过】
	注意投标的担保	通常投标需要提交投标担保【2017 年考过】，应注意要求的担保方式、金额以及担保期限等

重点难点专项突破

1. 在施工招标内容中，应重点掌握工程量复核、正式投标的注意事项。

2. 本考点可能会这样命题：

（1）某建设工程采用固定总价方式招标，业主在招投标过程中对某项争议工程量不予更正，投标单位正确的应对策略是(　　)。

A. 修改工程量后进行报价

B. 按业主要求工程量修改单价后报价

C. 采用不平衡报价法提高该项工程报价

D. 投标时注明工程量表存在错误，应按实结算

【答案】D

（2）关于投标人正式投标时投标文件和程序要求的说法，正确的是(　　)。

A. 提交投标保证金的最后期限为招标人规定的投标截止日

B. 标书的提交可按投标人的内部控制标准

C. 投标文件应对招标文件提出的实质性要求和条件作出响应

D. 投标的担保截止日为提交标书最后的期限

【答案】C

专项突破 4　合同订立的程序

例题：投标人根据招标文件在约定期限内向招标人提交投标文件的行为，称为(　　)。【2014 年真题题干】

A. 要约　　　　　　　　　　　　　B. 要约邀请

C. 承诺　　　　　　　　　　　　　D. 合同生效

【答案】A

重点难点专项突破

1. 本考点还可以考核的题目有：

（1）招标人通过媒体发布招标公告，或向符合条件的投标人发出招标邀请的行为，称为（B）。【2019年考过】

（2）招标人通过评标确定中标人，发出中标通知书的行为，称为（C）。【2019年考过】

（3）招标人和中标人按照中标通知书、招标文件和中标人的投标文件等订立书面合同时（D）。

2. 在2010年、2011年、2014年都考核了要约，要约的采分点不仅在本科目考试中多次考核，在《建设工程法规及相关知识》的考试中也是频频考核。备考复习时要特别关注。

3. 要约采分点有两种命题方式：一是上述例题题型；二是判断备选项中行为，哪项属于要约行为。

4. 在明确中标人并发出中标通知书后，双方即可就建设工程施工合同的具体内容和有关条款展开谈判，直到最终签订合同。【2018年考过】

专项突破5　建设工程施工承包合同谈判的主要内容

例题： 在签订合同的谈判中，为了防范货币贬值或者通货膨胀的风险，招标人和中标人一般通过（　　）约定风险分担方式。【2009年、2013年考过】

A. 工程内容和范围的确认　　　　B. 确定合同价格条款

C. 确定价格调整条款　　　　　　D. 确定合同款支付方式

【答案】 C

重点难点专项突破

1. 本考点还可以考核的题目有：

（1）在签订合同的谈判中，为监理工程师提供的建筑物、家具、车辆以及各项服务，应在（A）条款中逐项详细地予以明确。

（2）在签订合同的谈判中，中标人在谈判过程中提出降低风险的改进方案，一般通过（B）条款约定。

（3）在签订合同的谈判中，建设工程预付款、工程进度款、最终付款和退还保留金应在（D）条款予以明确支付时间、条件和审批程序。

2. 本考点在近三年的考试中都没有出现，通过历年的考试情况来看，考试以单项选择题为主，难度也不大，除了上述题型外，还会以判断正确与错误说法的题目考核。

3. 在合同谈判的过程中，招标人和中标人可对技术要求、技术规范和施工技术方案等进行进一步讨论和确认，必要的情况下甚至可以变更技术要求和施工方案。

4. 关于工期和维修期需要掌握以下几个采分点【2016年考过】：

（1）双方可根据各自的项目准备情况、季节和施工环境因素等条件洽商适当的开工时间。【2016年考过】

（2）对于具有较多的单项工程的建设工程项目，可在合同中明确允许分部位或分批提交业主验收，并从该批验收时起开始计算该部分的维修期，以缩短承包人的责任期限，最大限度保障自己的利益。【2016年考过】

（3）双方应通过谈判明确，由于工程变更（业主在工程实施中增减工程或改变设计等）、恶劣的气候影响，以及"作为一个有经验的承包人无法预料的工程施工条件的变化"等原因对工期产生不利影响时的解决办法，通常在上述情况下应该给予承包人要求合理延长工期的权利。【2016年考过】

（4）合同文本中应当对维修工程的范围、维修责任及维修期的开始和结束时间有明确的规定，承包人应该只承担由于材料和施工方法及操作工艺等不符合合同规定而产生的缺陷。

（5）承包人应力争以维修保函来代替业主扣留的保留金。【2016年考过】

1Z206020　建设工程合同的内容

专项突破1　施工合同示范文本的组成

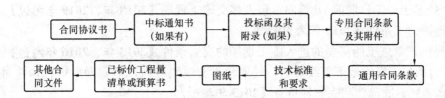

重点难点专项突破

1. 各种施工合同示范文本一般都由协议书、通用条款、专用条款3部分组成。【2014年考过】

2. 通用条款规定的优先解释顺序有两种考查题型：

（1）判断备选项中拥有最优先解释权的合同文件，比如：

根据《建设工程施工合同（示范文本）》GF—2017—0201，除专用条款另有约定外，下列合同文件中拥有最优先解释权的是（　　）。【2013年真题】

A. 通用合同条款　　　　　　　　B. 中标通知书

C. 投标函及其附件　　　　　　　D. 技术标准和要求

【答案】B

（2）判断几项合同文件的优先解释顺序，比如：

根据《建设工程施工合同（示范文本）》GF—2017—0201，合同文件的优先解释顺序是（　　）。

A. 合同协议书→中标通知书→投标函→专用合同条款

B. 专用合同条件→通用合同条件→中标通知书→投标函

C. 通用合同条件→专用合同条件→投标函→合同协议书

D. 投标函→专用合同条件→通用合同条件→中标通知书

【答案】A

专项突破2　发包人与承包人的责任与义务

例题：根据《建设工程施工合同（示范文本）》GF—2017—0201，除专用条款另有约定外，发包人的责任与义务有（　　）。【2018年真题题干】

A. 发包人应按照专用合同条款约定向承包人免费提供图纸【2018年、2019年考过】

B. 对施工现场发掘的遗迹、化石采取妥善的保护措施【2018年考过】

C. 负责承担取得出入施工现场所需的批准手续和全部权利【2019年考过】

D. 负责取得因施工所需修建道路、桥梁基础设施的权利

E. 提供场外、场内交通设施的技术参数和具体条件【2014年、2019年考过】

F. 负责完善无法满足施工需要的场外交通设施并承担相关费用【2016年考过】

G. 遵守法律，并办理法律规定由其办理的许可、批准或备案

H. 最迟于开工日期前7d前向承包人移交施工现场【2018年、2019年考过】

I. 提供施工条件【2019年考过】

J. 提供正常施工所需要的进入施工现场的交通条件【2013年、2016年考过】

K. 向承包人提供地下管线资料，气象和水文观测资料，地质勘察资料，并对所提供资料的真实性、准确性和完整性负责【2013年考过】

L. 要求承包人提供履约担保的，应当向承包人提供支付担保【2018年考过】

M. 支付合同价款

N. 按合同约定及时组织竣工验收

O. 按法律规定和合同约定采取施工安全和环境保护措施

P. 负责施工场地及其周边环境与生态的保护工作【2014年考过】

Q. 办理工伤保险【2014年考过】

R. 编制施工组织设计和施工措施计划，并对所有施工作业和施工方法的完备性和安全可靠性负责

【答案】A、B、C、D、E、F、G、H、I、J、K、L、M、N

重点难点专项突破

1. 本考点还可以考核的题目有：

根据《建设工程施工合同（示范文本）》GF—2017—0201，除专用条款另有约定

外，承包人的责任与义务有（O、P、Q、R）。

2. 注意 G 选项，发包人办理的许可、批准或备案，包括但不限于建设用地规划许可证、建设工程规划许可证、建设工程施工许可证、施工所需临时用水、临时用电、中断道路交通、临时占用土地等许可和批准。

3. 除上述题型，还可能会这样命题："根据《建设工程施工合同（示范文本）》GF—2017—0201，现场地质勘察资料和水文气象资料的准确性应由（　　）负责。"

专项突破 3　质量控制的主要条款内容

例题： 根据《建设工程施工合同（示范文本）》GF—2017—0201，对于监理人未能按照约定的时间进行检验且无其他指示的工程隐蔽部位，承包人自己进行了隐蔽，此后，经剥开重新检验证明其质量是符合施工合同要求的，由此增加的费用和延误的工期应由（　　）承担。

A. 发包人　　　　　　　　　　B. 承包人
C. 监理人　　　　　　　　　　D. 设计单位

【答案】A

重点难点专项突破

1. 本考点还可以考核的题目有：

（1）根据《建设工程施工合同（示范文本）》GF—2017—0201，承包人按照合同规定将隐蔽工程覆盖后，监理人又要求承包人对已覆盖部位揭开重新检验，经检验证明工程质量不符合合同要求，由此增加的费用和延误的工期应由（B）承担。

（2）根据《建设工程施工合同（示范文本）》GF—2017—0201，承包人未通知监理人到场检查，私自将工程隐蔽部位覆盖的，监理人有权指示承包人钻孔探测或揭开检查，由此增加的费用和（或）工期延误由（B）承担。

> 注意：
> 承包人私自覆盖，无论合格与否，承包人承担责任。

2. C、D 选项是考试经常会出现的干扰选项。

3. 除专用合同条款另有约定外，工程隐蔽部位经承包人自检确认具备覆盖条件的，承包人应在共同检查前 48h 书面通知监理人检查，通知中应载明隐蔽检查的内容、时间和地点，并应附有自检记录和必要的检查资料。【2020 年考过】

专项突破 4　费用控制的主要条款内容

例题： 根据《建设工程施工合同（示范文本）》GF—2017—0201，除专用合同条款另有约定外，监理人应在收到承包人进度付款申请单以及相关资料后（　　）d 内完成审查并报送发包人，发包人应在收到后 7d 内完成审批并签发进度款支付证书。

A. 7 　　　　　　B. 14 　　　　　　C. 28 　　　　　　D. 42

【答案】A

重点难点专项突破

1. 本考点还可以考核的题目有：

（1）根据《建设工程施工合同（示范文本）》GF—2017—0201，发包人逾期支付预付款超过（A）d的，承包人有权向发包人发出要求预付的催告通知。

（2）根据《建设工程施工合同（示范文本）》GF—2017—0201，发包人逾期支付预付款，发包人收到预付的催告通知后（A）d内仍未支付的，承包人有权暂停施工。

（3）根据《建设工程施工合同（示范文本）》GF—2017—0201，发包人应在进度款支付证书或临时进度款支付证书签发后（B）d内支付。

2. 选项C、D是考试时经常会出现的干扰选项。

3. 关于费用控制的主要条款内容还会考查判断正确与错误说法的综合题目，比如2021年考试题目：

关于施工总承包合同中费用控制条款的说法，正确的有（　　）。【2021年真题】

A. 承包人可以使用预付款修建临时工程、组织施工队进场

B. 发包人应在进度款支付证书签发后28d内完成支付

C. 发包人在工程款中逐期扣回预付款后，预付款担保额度应相应减少

D. 发包人签发进度款支付证书，表明发包人已接受了承包人完成的相应工作

E. 发包人在收到预付款催告通知后7d内仍未支付的，承包人有权暂停施工

【答案】A、C、E

专项突破5　实际竣工日期、缺陷责任期、保修期

例题：根据《建设工程施工合同（示范文本）》GF—2017—0201，工程经竣工验收合格的，以（　　）为实际竣工日期。【2011年、2015年、2018年考过】

A. 承包人提交竣工验收申请报告之日　　B. 工程转移占有之日

C. 工程通过竣工验收之日　　　　　　　D. 发包人签发工程接收证书之日

【答案】A

重点难点专项突破

1. 本考点还可以考核的题目有：

（1）根据《建设工程施工合同（示范文本）》GF—2017—0201，因发包人原因，未在监理人收到承包人提交的竣工验收申请报告42d内完成竣工验收，以（A）为实际竣工日期。

（2）根据《建设工程施工合同（示范文本）》GF—2017—0201，完成竣工验收不予签发工程接收证书的，以（A）为实际竣工日期。

（3）根据《建设工程施工合同（示范文本）》GF—2017—0201，工程未经竣工验收，发包人擅自使用，以（B）为实际竣工日期。

（4）根据《建设工程施工合同（示范文本）》GF—2017—0201，发包人未经竣工验收擅自使用该工程的，该工程的缺陷责任期自（B）计算。【2017年考过】

（5）根据《建设工程施工合同（示范文本）》GF—2017—0201，工作缺陷责任期自（C）起计算。【2014年、2016年、2017年、2019年考过】

（6）根据《建设工程施工合同（示范文本）》GF—2017—0201，工程保修期从（C）起算。【2016年、2018年、2019年考过】

> 重点提示：
> 工程竣工验收合格之日就是工程通过竣工验收之日。

2. 关于竣工日期、缺陷责任期、保修期除了上述题型外，还会有下面这种题型考核：

某工程承包人于2019年5月15日提交了竣工验收申请报告，6月10日工程竣工验收合格，6月15日发包人签发了工程接收证书。根据《建设工程施工合同（示范文本）》GF—2017—0201通用条款，该工程的缺陷责任期、保修期起算日分别为（　　）。【2019年真题】

A. 5月15日、6月10日　　　　　B. 6月10日、6月15日

C. 5月15日、6月15日　　　　　D. 6月15日、6月10日

【答案】A

3. 关于缺陷责任期和保修期，考生还要掌握以下采分点：

（1）承包人应按约定的工程保修年限承担保修义务。【2017年考过】

（2）缺陷责任期最长不超过24个月。【2017年考过】

（3）单位工程先于全部工程进行验收，经验收合格并交付使用的，该单位工程缺陷责任期自单位工程验收合格之日起算。

（4）因承包人原因导致工程无法按合同约定期限进行竣工验收的，缺陷责任期从实际通过竣工验收之日起计算。

（5）因发包人原因导致工程无法按合同约定期限进行竣工验收的，在承包人提交竣工验收申请报告90d后，工程自动进入缺陷责任期。

专项突破6　建筑材料采购合同的主要内容

例题： 建筑材料采购合同中约定供货方负责送货的，其交货期限一般以（　　）的日期为准。

A. 采购方收货戳记　　　　　　B. 供货方按合同规定通知的提货

C. 供货方发运产品时承运单位签发　　D. 采购方向承运单位提出申请

【答案】A

重点难点专项突破

1. 本考点还可以考核的题目有：

(1) 由采购方负责提货的建筑材料，交货期限应以（B）的日期为准。

(2) 在建筑材料采购合同中，委托运输部门运输、送货或代运的产品，其交货期限一般以（C）的日期为准。【2010年、2015年考过】

> 命题总结：
>
> 2015年是以判断正误的综合题考查的交货期限。可以这样命题的：关于物资采购合同中交货日期的说法，正确/错误的有/是（　　　）。

2. 关于建筑材料采购合同的主要内容包括标的、数量、包装、交付及运输方式、验收交货期限、价格、结算、违约责任，考生可以着重记忆以下采分点。

建筑材料采购合同的主要内容

- 标的
  - 质量要求符合
    - 国家或行业质量标准
    - 设计要求
  - 约定质量标准的原则
    - 按颁布的国家标准
    - 没有国家标准，有行业标准，按部颁标准
    - 没有国家和行业颁标准，按企业标准
    - 没有上述标准，或有特殊要求，按约定技术要求
- 数量：必须在合同中注明
- 包装
  - 供应：供货方负责，不另外向采购方收取包装费
  - 回收：押金回收、折价回收
- 交付及运输方式
- 验收
  - 驻厂验收：采购方派人在生产厂家进行材质检验
  - 提运验收：提货人在提取产品时检验
  - 接运验收：接运人对到达的物资进行检查
  - 入库验收：仓库管理人员负责数量和外观检验
- 交货期限
  - 供方送货——采购方收货戳记日期
  - 需方提货——供方按合同规定通知的提货日期
  - 委托代运——供方发运产品时承运单位签发日期
- 价格
  - 国家有定价——按国家定价
  - 国家尚无定价——报请物价主管部门批准
  - 不属于国家定价——供需双方协商确定【2009年考过】
- 结算：合同中应明确结算时间、方式和手续【2021年考过】
- 违约责任
  - 供方违约
    - 逾期交货——需方损失，供方承担【2017年考过】
    - 提前交货【2011年考过】
      - 需方自提——可拒绝提前提货
      - 供方提前发运或交货
        - 需方按规定时间付款
        - 多交、不符合规定——供方承担保管费、保养费
  - 需方违约
    - 中途退货——支付违约金，承担供方损失【2017年考过】
    - 不能按期提货——支付违约金，承担保管费、保养费
    - 逾期付款——支付逾期付款利息【2017年考过】

专项突破7 工程承包人（总承包单位）的主要责任和义务

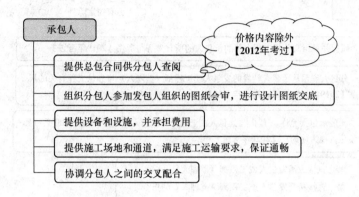

```
承包人
├── 提供总包合同供分包人查阅        价格内容除外【2012年考过】
├── 组织分包人参加发包人组织的图纸会审，进行设计图纸交底
├── 提供设备和设施，并承担费用
├── 提供施工场地和通道，满足施工运输要求，保证通畅
└── 协调分包人之间的交叉配合
```

重点难点专项突破

1. 本考点内容不多，掌握以上内容即可。

2. 本考点可能会这样命题：

（1）根据《建设工程施工专业分包合同（示范文本）》GF—2003—0213，承包人应提供总包合同供分包人查阅，但可以不包括其中有关（   ）。【2012年真题】

A. 承包工程的进度要求

B. 项目业主的情况

C. 违约责任的条款

D. 承包工程的价格内容

【答案】D

（2）根据《建设工程施工专业分包合同（示范文本）》GF—2003—0213，工程承包人的主要责任和义务包括（   ）。

A. 组织分包人参加发包人组织的图纸会审，向分包人进行设计图纸交底

B. 负责整个施工场地的管理工作，协调分包人与同一施工场地的其他分包人之间的交叉配合

C. 负责提供专业分包合同专用条款中约定的保修与试车，并承担由此发生的费用

D. 随时为分包人提供确保分包工程施工所要求的施工场地和通道，满足施工运输需要

E. 负责整个施工场地的管理工作，协调分包人与同一施工场地的其他分包人之间的交叉配合

【答案】A、B、D、E

专项突破8　专业工程分包人的主要责任和义务

分包人

另有约定除外

履行并承担与分包工程有关的承包人的所有义务与责任【2019年考过】

分包人须服从承包人转发的发包人或工程师（监理人）与分包工程有关的指令【2019年、2020年、2021年考过】

未经承包人允许，禁止与发包人或工程师（监理人）发生直接工作联系（如发生，视为违约）【2020年考过】

禁止直接致函发包人或工程师（监理人）
禁止直接接受发包人或工程师（监理人）的指令

执行承包人根据分包合同所发出的所有指令

1. 按约定对分包工程设计、施工、竣工和保修。

2. 按约定完成规定设计内容，承包人承担费用。【2019年考过】

3. 按约定向承包人年、季、月度工程进度计划，进度统计报表。

4. 提交施工组织设计。【2019年考过】

5. 按规定办理有关手续。【2020年考过】

6. 工作时间内允许承包人、发包人、工程师（监理人）及其三方中任何一方授权的人员进入施工场地或材料存放地点，以及其他有关的任何工作或准备地点。【2020年考过】

7. 负责已完分包工程的成品保护工作，承包人要求分包人采取特殊措施保护的工程部位和相应的追加合同价款，在合同专用条款内约定【2021年考过】

重点难点专项突破

1. 本考点考核以判断正误的表述题为主，每一句话都可能作为备选项出现，考生应多加关注。考试时还可能会结合合同价款及支付综合命题，主要有以下采分点：

（1）分包工程合同价款采用固定价格、可调价格、成本加酬金三种方法。

（2）分包合同价款与总包合同相应部分价款无任何连带关系。

（3）分包合同约定的工程变更调整的合同价款、合同价款的调整、索赔的价款或费用以及其他约定的追加合同价款，应与工程进度款同期调整支付。【2021年考过】

（4）承包人应在收到分包工程竣工结算报告及结算资料后28d内支付工程竣工结算价款。

2. 本考点可能会这样命题：

（1）关于建设工程专业分包人的说法，正确的是（　　）。

A. 分包人须服从监理人直接发出的与分包工程有关的指令

B. 分包人可直接致函监理人，对相关指令进行澄清

C. 分包人不能直接致函给发包人

D. 分包人在接到监理人要求后，可不执行承包人的指令

【答案】C

（2）根据《建设工程施工专业分包合同（示范文本）》GF—2003—0213，下列工作中，属于分包人的工作有(   )。

A. 对分包工程进行深化设计、施工、竣工和保修

B. 负责已完分包工程的成品保护工作

C. 向监理人提供进度计划及进度统计报表

D. 向承包人提交详细的施工组织设计

E. 直接履行监理工程师的工作指令

【答案】A、B、D

专项突破 9　工程承包人与劳务分包的主要义务

例题： 根据《建设工程施工劳务分包合同》GF—2003—0214，工程承包人的义务包括(   )。

A. 组织实施项目管理的各项工作，对工程的工期和质量向发包人负责

B. 向劳务分包人交付具备本合同项下劳务作业开工条件的施工场地

C. 满足劳务作业所需的能源供应、通信及施工道路畅通

D. 向劳务分包人提供相应的工程资料

E. 向劳务分包人提供生产、生活临时设施

F. 负责编制施工组织设计【2009 年考过】

G. 组织编制年、季、月施工计划、物资需用量计划表【2009 年考过】

H. 负责工程测量定位、沉降观测、技术交底，组织图纸会审【2009 年考过】

I. 按时提供图纸

J. 交付材料、设备，所提供的施工机械设备、周转材料、安全设施保证

K. 向劳务分包人支付劳动报酬

L. 负责与发包人、监理、设计及有关部门联系，协调现场工作关系【2009 年考过】

【答案】A、B、C、D、E、F、G、H、I、J、K、L

重点难点专项突破

1. 本考点还可以考核的题目有：

根据《建设工程施工劳务分包合同》GF—2003—0214，在劳务分包人施工前，工程承包人应完成的工作有（B、C、D、E）。

2. K 选项中提到的劳动报酬应在什么时间进行最终支付？

全部工作完成，经工程承包人认可后 14d 内，劳务分包人向工程承包人递交完整的结算资料，双方按照本合同约定的计价方式，进行劳务报酬的最终支付。

3. 关于劳务分包人的主要义务通过下面这道题目来说明。

某建设工程项目中，甲公司作为工程发包人与乙公司签订了工程承包合同，乙公司又与劳务分包人丙公司签订了该工程的劳务分包合同。则在劳务分包合同中，关于丙公司应承担义务的说法，正确的有(   )。【2011年真题】

A. 丙公司须服从乙公司转发的发包人及工程师的指令

B. 丙公司应自觉接受乙公司及有关部门的管理、监督和检查

C. 丙公司未经乙公司授权或允许，不得擅自与甲公司及有关部门建立工作联系

D. 丙公司应按时提交报表、有关的技术经济资料，配合乙公司办理交工验收

E. 丙公司负责组织实施施工管理的各项工作，对工期和质量向发包人负责

【答案】A、B、C

【解析】劳务分包人对劳务分包范围内的工程质量向工程承包人负责，组织具有相应资格证书的熟练工人投入工作；未经工程承包人授权或允许，不得擅自与发包人及有关部门建立工作联系；自觉遵守法律法规及有关规章制度。劳务分包人应严格按照设计图纸、施工验收规范、有关技术要求及施工组织设计精心组织施工，确保工程质量达到约定的标准。劳务分包人自觉接受承包人及有关部门的管理、监督和检查；接受承包人随时检查其设备、材料保管、使用情况，及其操作人员的有效证件、持证上岗情况；与现场其他单位协调配合，照顾全局。劳务分包人须服从承包人转发的发包人及工程师（监理人）的指令。除非合同另有约定，劳务分包人应对其作业内容的实施、完工负责，劳务分包人应承担并履行总（分）包合同约定的、与劳务作业有关的所有义务及工作程序。D选项，乙公司应按时提交报表、有关的技术经济资料。E选项，乙公司负责。

专项突破10　劳务分包合同关于办理保险的规定

例题：根据《建设工程施工劳务分包合同（示范文本）》GF—2003—0214，必须由劳务分包人办理并支付保险费用的有(   )。【2013年考过】

A. 施工场地内的自有人员及第三人人员生命财产办理的保险

B. 运至施工场地用于劳务施工的材料办理保险

C. 运至施工场地用于劳务施工的待安装设备办理保险

D. 租赁施工机械设备办理保险

E. 从事危险作业的职工办理意外伤害保险

F. 施工场地内自有人员生命财产和施工机械设备办理保险

【答案】E、F

重点难点专项突破

1. 本考点还可以考核的题目有：

（1）根据《建设工程施工劳务分包合同（示范文本）》GF—2003—0214，劳务分

包人施工开始前，工程承包人应获得发包人办理，且不需劳务分包人支付保险费用的是（A）。

（2）根据《建设工程施工劳务分包合同（示范文本）》GF—2003—0214，由工程承包人办理或获得保险，且不需劳务分包人支付保险费用的有（B、C）。

（3）根据《建设工程施工劳务分包合同（示范文本）》GF—2003—0214，必须由工程承包人办理保险，并支付保险费用的有（D）。

2. 本考点还可能会考核判断正确与错误说法的综合题目，在2013年考试中是给出办理的保险事项，判断办理人员。这也是上述例题的逆向命题。

根据《建设工程施工劳务分包合同（示范文本）》GF—2003—0214，从事危险作业职工的意外伤害保险应由（   ）办理。【2013年真题】

A. 发包人
B. 施工承包人
C. 专业分包人
D. 劳务分包人

【答案】D

专项突破11　工程总承包合同的内容

例题：根据《建设项目工程总承包合同示范文本》GF—2020—0216，承包人的一般义务有（   ）。

A. 提供施工现场和工作条件

B. 提供基础资料

C. 办理建设用地规划许可证、建设工程规划许可证、建设工程施工许可证

D. 向承包人提供支付担保，支付合同价款

E. 现场管理配合

F. 在缺陷责任期和保修期内承担缺陷保证责任和保修义务，对工作中的任何缺陷进行整改、完善和修补

G. 按合同约定负责临时设施的设计、施工、运行、维护、管理和拆除

H. 编制设计、施工的组织和实施计划，保证项目进度计划的实现，并对所有设计、施工作业和施工方法，以及全部工程的完备性和安全可靠性负责

I. 采取安全文明施工、职业健康和环境保护措施，办理员工工伤保险等相关保险

J. 应及时支付其雇用人员（包括建筑工人）工资，并及时向分包人支付合同价款

K. 避免对邻近的公共设施产生干扰

【答案】F、G、H、I、J、K

重点难点专项突破

1. 本考点还可以考核的题目有：

按照《建设项目工程总承包合同示范文本》GF—2020—0216，发包人的主要义务和权利包括（A、B、C、D、E）。

2. 注意 B 选项，提供基础资料是指向承包人提供施工现场及工程实施所必需的毗邻区域内的供水、排水、供电、供气、供热、通信、广播电视等地上、地下管线和设施资料，气象和水文观测资料，地质勘察资料，相邻建筑物、构筑物和地下工程等有关基础资料，并承担基础资料错误造成的责任。

3. 发包人与承包人提供的材料和工程设备及保险的内容简单了解。

专项突破 12 监 理 工 作 内 容

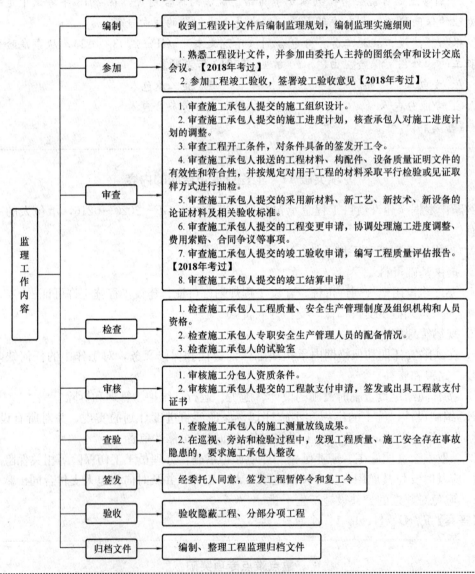

重点难点专项突破

1. 监理工作的内容可以分为几类来记忆：编写、参加、检查、审查，考试时在设置错误选项的时候，可能会在这些字眼上做"文章"。

2. 有精力的考生再了解下监理人的职责。

3. 本考点可能会这样命题：

(1) 根据《建设工程监理合同（示范文本)》GF—2012—0202，关于监理人职责的说法，正确的是(　　)。【2017年真题】

A. 委托人与承包人之间发生合同争议时，监理人应代表委托人进行处理

B. 在任何情况下，监理人的指令都必须经委托人批准后方可发出

C. 委托人与承包人合同争议提交仲裁机构时，监理人应提供必要的证明资料

D. 监理人发现承包人的人员不能胜任本职工作时，无权要求承包人予以替换

【答案】C

(2) 根据《建设工程监理合同（示范文本)》GF—2012—0202，监理工作的内容包括(　　)。

A. 主持设计交底会议

B. 检查施工承包人的试验室

C. 组织工程竣工验收

D. 编制、整理工程监理归档文件

E. 编写工程质量评估报告

【答案】B、D、E

1Z206030　合同计价方式

专项突破1　单价合同的特点和类型

例题：某单价合同的投标报价中，钢筋混凝土工程量为 1000m³，投标单价为 300 元/m³，合价为 30000 元，投标报价单的总报价为 8100000 元，关于此投标报价单的说法，正确的有(　　)。

A. 实际施工中工程量是 2000m³，则钢筋混凝土工程的价款金额应该是 600000 元

B. 该单价合同若采用固定单价合同，无论发生影响价格的任何因素，都不对该投标单价进行调整

C. 评标时应根据单价优先原则对总价进行修正，正确报价应该为 8400000 元

D. 该单价合同若采用变动单价合同，双方可以约定在实际工程量变化较大时对该投标单价进行调整

E. 钢筋混凝土的合价应该是 300000 元，投标人报价存在明显计算错误，业主可以先做修改再进行评标

【答案】A、B、D、E

重点难点专项突破

1. 首先分析上述例题：

A 选项：当总价和单价的计算结果不一致时，以单价为准调整总价（这一点在 2010 年、2012 年、2013 年、2014 年、2019 年、2020 年都考核过）。钢筋混凝土工程的价款金额＝300×2000＝600000 元。

> 命题总结：
>
> 单价合同的特点是单价优先，这是非常重要的采分点，考生一定要牢记。考试还可能会这样考核：
>
> 对于采用单价合同招标的工程，如投标书中有明显的数字计算错误，业主有权先做修改再评标。当总价和单价的计算结果不一致时，正确的做法是（ ）。【2013 年真题】
>
> A. 按市场价调整单价
> B. 分别调整单价和总价
> C. 以总价为准调整单价
> D. 以单价为准调整总价
>
> 【答案】D

B 选项：固定单价合同条件下，无论发生哪些影响价格的因素都不对单价进行调整，因而对承包商而言就存在一定的风险。

C、E 选项：在工程款结算中单价优先，对于投标书中明显的数字计算错误，业主有权力先作修改再评标（这一点在 2015 年考核过）。根据投标人的投标单价，钢筋混凝土的合价应该是 300000 元，而实际只写了 30000 元，在评标时应根据单价优先原则对总报价进行修正，正确的报价应该是 8100000＋（300000－30000）＝8370000 元。

D 选项：当采用变动单价合同时，合同双方可以约定一个估计的工程量，当实际工程量发生较大变化时可以对单价进行调整，同时还应该约定如何对单价进行调整；当然也可以约定，当通货膨胀达到一定水平或者国家政策发生变化时，可以对哪些工程内容的单价进行调整以及如何调整等。

2. 关于单价合同的特点在 2010 年、2019 年还考核过计算题，这类题目如何考核，看 2019 年题目：

某土石方工程采用混合计价。其中土方工程采用总价包干，包干价 14 万元；石方工程采用综合单价合同，单价为 100 元/m³。该工程有关工程量和价格资料见下表，则该工程结算价款为（ ）万元。【2019 年真题】

项目	估计工程量（m³）	实际工程量（m³）	合同单价（元/m³）
土方工程	3300	3600	—
石方工程	2000	2500	100

A. 34　　　　　B. 37　　　　　C. 39　　　　　D. 42

【答案】C

【解析】土方工程为固定总价合同，石方工程为单价合同。单价合同中，实际工程款则按实际完成的工程量和合同中确定的单价计算，该工程结算价款＝14＋(2500×100)/10000＝39万元。

3. 单价合同的类型——固定单价合同和变动单价合同。考生只需要掌握两点：

(1) 固定单价合同条件下，无论发生哪些影响价格的因素都不对单价进行调整，承包商存在一定风险。【2021年考过】

(2) 变动单价合同中可以约定调整的情况有：当实际工程量发生较大变化；当通货膨胀达到一定水平或者国家政策发生变化。（承包商的风险相对较小）【2009年、2017年、2019年考过】

专项突破2　总价合同的类型

例题：在固定总价合同中承包商承担了全部的工作量和价格的风险。下列风险属于价格风险有(　　)。【2012年、2015年、2018年考过】

A. 报价计算错误　　　　　　　B. 漏报项目

C. 物价和人工费上涨　　　　　D. 工程量计算错误

E. 工程范围不确定　　　　　　F. 工程变更

G. 设计深度不够所造成的误差

【答案】A、B、C

重点难点专项突破

1. 本考点还可以考核的题目有：

(1) 采用固定总价合同时，承包商承担的工作量风险有 (D、E、F、G)。

(2) 在固定总价合同模式下，承包人承担的风险包括 (A、B、C、D、E、F、G)。

> 注意：
> 采用成本加酬金合同时，承包商不承担任何价格变化或工程量变化的风险，这些风险主要由业主承担，对业主的投资控制很不利。

2. 关于固定总价合同需要掌握以下采分点：

(1) 固定总价合同的价格计算是以图纸及规定、规范为基础，工程任务和内容明确，业主的要求和条件清楚，合同总价一次包死，固定不变。在发生重大工程变更、累计工程变更超过一定幅度或者其他特殊条件下可以对合同价格进行调整。【2016年考过】

(2) 在双方都无法预测的风险条件下和可能有工程变更的情况下，承包商承担了较大的风险，业主的风险较小【2016年考过】，承包商报价中不可避免地要增加一笔较高的不可预见风险费【2009年考过】。

3. 关于变动总价合同需要掌握以下采分点：

考试怎么考	采分点
在变动总价合同中通常可以约定调整合同价款的情况有哪些？	通货膨胀使工、料成本增加超过一定幅度。 设计变更、工程量变化或其他工程条件变化所引起的费用变化
对建设周期一年半以上的工程项目，采用变动总价合同时，应考虑引起价格变化的因素包括哪些？【2014年考过】	（1）劳务工资以及材料费用的上涨。 （2）其他影响工程造价的因素，如运输费、燃料费、电力等价格的变化。 （3）外汇汇率的不稳定。 （4）国家或者省、市立法的改变引起的工程费用的上涨

专项突破 3 单价合同、总价合同、成本加酬金合同的适用范围

例题：下列建设工程项目中，宜采用成本加酬金合同的有（   ）。

A. 工期较短、工程量变化幅度不会太大的项目

B. 工程量小、工期短，估计在施工过程中环境因素变化小，工程条件稳定并合理的项目

C. 工程设计详细，图纸完整、清楚工程任务和范围明确的项目

D. 工程结构和技术简单，风险小的项目

E. 投标期相对宽裕，承包商可以有充足的时间详细考察现场，复核工程量的项目

F. 合同条件中双方的权利和义务十分清楚，合同条件完备的项目

G. 施工期限一年左右的项目

H. 建设周期一年半以上的工程项目

I. 工程特别复杂，工程技术、结构方案不能预先确定的项目

J. 研究开发性质的工程项目

K. 时间特别紧迫的抢险、救灾工程项目

【答案】I、J、K

重点难点专项突破

1. 本考点还可以考核的题目有：

（1）下列建设工程项目中，宜采用固定单价合同的是（A）。

（2）下列建设工程项目中，宜采用固定总价合同的有（B、C、D、E、F、G）。

（3）下列建设工程项目中，宜采用变动总价合同的有（H）。【2015年考过】

2. 关于单价合同、总价合同、成本加酬金合同的适用条件掌握上述题目就可以了。

3. 一般是在施工图设计完成，施工任务和范围比较明确，业主的目标、要求和条件都清楚的情况下才采用总价合同。

4. 在国际上，许多项目管理合同、咨询服务合同采用成本加酬金合同方式。

专项突破 4 总价合同和成本加酬金合同的特点

例题：对业主而言，成本加酬金合同的优点有（   ）。

A. 可以通过分段施工缩短工期，而不必等待所有施工图完成才开始招标和施工

【2012年、2015年、2020年、2021年考过】

B. 可以减少承包商的对立情绪【2012年、2021年考过】

C. 可以利用承包商的施工技术专家，帮助改进或弥补设计中的不足【2012年、2015年、2021年考过】

D. 业主可以根据自身力量和需要，较深入地介入和控制工程施工和管理【2012年、2015年、2020年考过】

E. 可以通过确定最大保证价格约束工程成本不超过某一限值，转移一部分风险【2020年、2021年考过】

F. 发包单位可以在报价竞争状态下确定项目的总造价，可以较早确定或者预测工程成本

G. 业主的风险较小，承包人将承担较多的风险【2017年、2021年考过】

H. 评标时易于迅速确定最低报价的投标人

I. 在施工进度上能极大地调动承包人的积极性【2017年、2021年考过】

J. 发包单位能更容易、更有把握地对项目进行控制

K. 必须完整而明确地规定承包人的工作

【答案】A、B、C、D、E

重点难点专项突破

1. 本考点还可以考核的题目有：

总价合同的特点有（F、G、H、I、J、K、L）。

2. 成本加酬金合同的优点在历年考试中考查的都是多项选择题，以后考查也会是这样考查。

3. 对承包商来说，成本加酬金合同比固定总价合同的风险低，利润比较有保证，因而比较有积极性。其缺点是合同的不确定性大，由于设计未完成，无法准确确定合同的工程内容、工程量以及合同的终止时间，有时难以对工程计划进行合理安排。

专项突破 5 成本加酬金合同的形式

例题： 某项目招标时，因工程初期很难描述工作范围和性质，无法按常规编制招标文件，则适宜采用的合同形式是（ ）。【2019年真题题干】

A. 成本加固定费用合同　　　　　　B. 成本加固定比例费用合同

C. 成本加奖金合同　　　　　　　　D. 最大成本加费用合同

【答案】B

重点难点专项突破

1. 本考点还可以考核的题目有：

（1）在工程总成本一开始估计不准，可能变化不大的情况下，适宜采用的合同形式是（A）。

（2）某项目招标时，因图纸、规范准备不充分，不能据此确定合同价格，而仅能制定一个估算指标，则适宜采用的合同形式是（C）。【2011年、2018年考过】

（3）在非代理型 CM 模式的合同中，采用成本加酬金合同的具体方式是（D）。【2014 年考过】

（4）成本加酬金合同常见的形式有（A、B、C、D）。

2. 本考点还会以判断正误的综合题考查，涉及的采分点有：

（1）成本加固费用合同中，考虑确定一笔固定数目的报酬金额作为管理费及利润，对人工、材料、机械台班等直接成本则实报实销。【2017 年考过】

（2）成本加固定比例费用合同中，工程成本中直接费加一定比例的报酬费，报酬部分的比例在签订合同时由双方确定。

（3）成本加奖金合同中，奖金是根据报价书中的成本估算指标制定的，在合同中对这个估算指标规定一个底点和顶点，分别为工程成本估算的 60%～75% 和 110%～135%。承包商在估算指标的顶点以下完成工程则可得到奖金，超过顶点则要对超出部分支付罚款。如果成本在底点之下，则可加大酬金值或酬金百分比。当实际成本超过顶点对承包商罚款时，最大罚款限额不超过原先商定的最高酬金值。

（4）最大成本加费用合同中，当设计深度达到可以报总价的深度，投标人报一个工程成本总价和一个固定的酬金（包括各项管理费、风险费和利润）。【2017 年考过】

1Z206040 建设工程施工合同风险管理、工程保险和工程担保

专项突破 1 工程合同风险分类

例题： 下列工程合同风险中，属于信用风险的有（ ）。【2018 年真题题干】

A. 不利的地质条件变化   B. 工程变更

C. 物价上涨【2018 年、2021 年考过】   D. 不可抗力

E. 业主拖欠工程款【2018 年考过】   F. 承包商层层转包

G. 非法分包【2018 年、2021 年考过】   H. 偷工减料【2018 年、2021 年考过】

I. 以次充好【2021 年考过】   J. 知假买假【2018 年考过】

【答案】E、F、G、H、I、J

重点难点专项突破

1. 本考点还可以考核的题目有：

下列工程合同风险中，属于合同工程风险的有（A、B、C、D）。【2021 年考过】

2. 按合同风险产生的原因分，可以分为合同工程风险和合同信用风险。按合同的不同阶段进行划分。可以将合同风险分为合同订立风险和合同履约风险。

3. 合同信用风险与合同工程风险类型在考核时会相互作为干扰选项。

专项突破 2 施工合同风险的类型

例题： 下列建设工程施工合同的风险中，属于管理风险的有（ ）。【2016 年真题

题干】
    A. 对现场和周围环境条件缺乏足够全面和深入的调查【2016 年考过】

    B. 对影响投标报价的风险、意外事件缺乏足够的了解和预测

    C. 合同条款不严密、错误、具有二义性【2016 年考过】

    D. 工程范围和标准存在不确定性

    E. 承包商投标策略错误【2016 年考过】

    F. 承包商的技术设计、施工方案、施工计划和组织措施存在缺陷和漏洞

    G. 合作伙伴争执、责任不明

    H. 缺乏有效措施保证进度、安全和质量要求

    I. 分包层次太多，造成计划执行和调整、实施的困难

    J. 工程所在国政治环境的变化

    K. 通货膨胀、汇率调整、工资和物价上涨【2016 年考过】

    L. 合同所依据的法律环境的变化【2015 年考过】

    M. 自然环境的变化【2015 年考过】

    N. 业主企业的经营状况恶化、濒于倒闭，支付能力差，恶意拖欠工程款

    O. 业主在工程中苛刻刁难承包商，滥用权力，施行罚款和扣款

    P. 业主改变设计方案、施工方案，打乱工程施工秩序，发布错误指令【2015 年考过】

    Q. 业主不能及时供应设备、材料，不能及时交付场地，不及时支付工程款

    R. 承包商的技术能力、施工力量、装备水平和管理能力不足

    S. 没有合适的技术专家和项目管理人员

    T. 承包商信誉差，不诚实

    U. 设计单位设计错误，不能及时交付设计图纸

    V. 承包商的工作人员不积极履行合同责任

    W. 政府机关工作人员、城市公共供应部门的干预、苛求和个人需求【2016 年考过】

    X. 项目周边或涉及的居民或单位的干预、抗议或苛刻的要求

【答案】A、B、C、D、E、F、G、H、I

重点难点专项突破

1. 本考点还可以考核的题目有：

（1）下列建设工程施工合同的风险中，属于项目外界风险的有（J、K、L、M）。

（2）下列建设工程施工合同的风险中，属于项目组织成员资信和能力风险的有（N、O、P、Q、R、S、T、U、V、W、X）。

2. J 选项中工程所在国政治环境的变化是指发生战争、禁运、罢工、社会动乱等造成工程施工中断或终止。

3. M 选项中自然环境变化是指百年不遇的洪水、地震、台风等，以及工程水文、地质条件存在不确定性，复杂且恶劣的气候条件和现场条件。

4. 项目外界环境风险、项目组织成员资信和能力风险、管理风险在考核时会相互作为干扰选项。

专项突破 3　工程合同风险分配

例题：关于工程合同风险分配原则的说法，正确的有(　　)。

A. 业主、承包商谁能更有效的降低风险损失，则应由谁承担相应的风险责任【2017年考过】

B. 承担者能够以最低的成本来承担风险损失，同时他管理风险的成本、自我防范和市场保险费用最低，同时又是有效、方便、可行的

C. 通过风险分配，加强责任，发挥双方管理和技术革新的积极性

D. 承包商提供的工程（或服务）与业主支付的价格之间应体现公平

E. 风险责任与权利之间应平衡

F. 风险承担者同时应能享有风险控制获得的收益和机会收益

G. 给风险承担者以风险预测、计划、控制的条件和可能性

H. 符合现代工程管理理念

I. 符合工程惯例，即符合通常的工程处理方法

【答案】A、B、C、D、E、F、G、H、I

重点难点专项突破

1. 本考点还可以考核的题目有：

(1) 合同风险应该按照效率原则和公平原则进行分配。下列体现最大限度发挥双方积极性原则的有（A、B、C）。

(2) 下列分配原则，体现了公平合理，责权利平衡原则的有（D、E、F、G）。

2. 业主起草招标文件和合同条件，确定合同类型，对风险的分配起主导作用。如果业主把风险全部推给对方会产生什么后果呢？

> (1) 如果业主不承担风险，他也缺乏工程控制的积极性和内在动力，工程也不能顺利进行。
>
> (2) 如果合同不平等，承包商没有合理利润，不可预见的风险太大，则会对工程缺乏信心和履约积极性。
>
> (3) 如果合同所定义的风险没有发生，则业主多支付了报价中的不可预见风险费，承包商取得了超额利润。【2017年考过】

专项突破 4　工 程 保 险 种 类

例题：根据《建设工程施工合同（示范文本）》GF—2017—0201，除另有约定外，国内工程中通常由项目法人投保的险种是(　　)。【2019年真题题干】

A. 建筑工程一切险　　　　　　　　B. 安装工程一切险

C. 第三者责任险　　　　　　　　　D. 人身意外伤害险

E. 承包人设备保险　　　　　　　　F. 执业责任险

G. CIP 保险

【答案】A、B

重点难点专项突破

1. 本考点还可以考核的题目有：

(1) 按照国际惯例，国际工程一般要求承包人办理保险的险种（A、B）。

(2) 按照我国保险制度，要求投保人办理保险时应以双方名义共同投保的险种是（A、B、C）。【2014 年、2015 年、2018 年、2021 年考过】

(3) 由于施工的原因导致项目法人和承包人以外的第三人受到财产损失或人身伤害赔偿的险种是（C）。

> 注意：
> 属于承包商或业主在工地的财产损失，或其公司和其他承包商在现场从事与工作有关的职工的伤亡不属于第三者责任险的赔偿范围，而属于工程一切险和人身意外伤害险的范围。【2017 年考过】

(4) 按照保险制度，保险义务分别由发包人、承包人负责对本方参与现场施工人员投保的险种是（D）。

(5) 以设计人、咨询人（监理人）的设计、咨询错误或员工工作疏漏给业主或承包商造成的损失为保险标的的险种是（F）。

2. 按照我国保险制度，工程一切险包括建筑工程一切险、安装工程一切险两类。我国的工程一切险包括承包人设备保险。第三者责任险一般附加在工程一切险中。【2021 年考过】

3. E 选项，承包人设备保险的范围包括承包人运抵施工现场的施工机具和准备用于永久工程的材料及设备。我国的工程一切险包括此项保险内容。【2021 年考过】

4. G 选项，CIP 保险意思是"一揽子保险"，保障范围涵盖业主、承包商及所有分包商。内容包括劳工赔偿、雇主责任险、一般责任险、建筑工程一切险、安装工程一切险【2020 年考过】。具有的优点是：

(1) 以最优的价格提供最佳的保障范围；

(2) 能实施有效的风险管理；【2020 年考过】

(3) 降低赔付率，进而降低保险费率；

(4) 避免诉讼，便于索赔。【2020 年考过】

5. 本考点还需要掌握几个概念。

保险标的——保险保障的目标和实体，指保险合同双方当事人权利和义务所指向的对象，可以是财产或与财产有关的利益或责任，也可以是人的生命或身体。

保险金额——保险人承担赔偿或给付保险金责任的最高限额。【2016 年考过】

保险费——投保人为转嫁风险支付给保险人的与保险责任相应的价金。

保险责任——保险人根据合同的规定应予承担的责任。

各类保险合同由于标的的差异，除外责任不尽相同，但比较一致的有以下几项：

(1) 投保人故意行为所造成的损失；【2015 年考过】

（2）因被保险人不忠实履行约定义务所造成的损失；【2015 年考过】

（3）战争或军事行为所造成的损失；【2015 年考过】

（4）保险责任范围以外，其他原因所造成的损失。

专项突破 5　担保的方式

例题： 建设工程中保证人和债权人约定，当债务人不能履行债务时，保证人按照约定履行债务或承担责任的行为，属于（　　）。【2011 年考过】

A. 保证担保
B. 抵押担保

C. 质押担保
D. 留置担保

E. 定金担保

【答案】A

重点难点专项突破

1. 本考点还可以考核的题目有：

（1）建设工程中采用的投标保函、履约保函属于（A）。【2020 年考过】

（2）债务人不转移对拥有财产的占有，将该财产作为债权的担保；债务人不履行债务时，债权人有权依法从将该财产折价或者拍卖，变卖该财产的价款中优先受偿。这种担保方式是（B）。【2014 年考过】

（3）债务人或者第三人将其质押物移交债权人占有，将该物作为债权的担保。债务人不履行债务时，债权人有权依法从将该物折价或者拍卖、变卖的价款中优先受偿。这种担保方式是（C）。

（4）债权人按照合同约定占有债务人的动产，债务人不履行债务时，债权人有权依法留置该财产，以该财产折价或者以拍卖、变卖该财产的价款优先受偿。这种担保方式是（D）。

2. 担保方式有五种：保证、抵押、质押、留置和定金，考生应掌握这五种方式的概念。

3. 采用定金担保时，债务人履行债务后，定金应当抵作价款或者收回。给付定金的一方不履行约定债务的，无权要求返还定金；收受定金的一方不履行约定债务的，应当双倍返还定金。

专项突破 6　工程担保、投标担保、履约担保、预付款担保与支付担保

例题： 我国建设工程常用的担保方式中，担保金额最大的是（　　）。【2018 年真题题干】

A. 投标担保
B. 履约担保

C. 预付款担保
D. 支付担保

E. 保修担保

【答案】B

重点难点专项突破

1. 本考点还可以考核的题目有：

（1）投标人向招标人提供的担保，保证投标人一旦中标即按中标通知书、投标文件和招标文件等有关规定与业主签订承包合同。这种担保是（A）。

（2）下列工程担保中，以保护发包人合法权益为目的的有（A、B、C、E）。【2011年考过】

（3）下列工程担保中，主要以保护招标人不因中标人不签约而蒙受经济损失为目的的是（A）。

（4）招标人在招标文件中规定的要求中标的投标人提交的保证履行合同义务和责任的担保是（B）。

（5）下列工程担保中，在很大程度上促使承包商履行合同约定，完成工程建设任务的是（B）。

（6）承包人与发包人签订合同后领取预付款之前，为保证正确、合理使用发包人支付的预付款而提供的担保是（C）。

（7）下列工程担保中，（C）的主要作用在于保证承包人能够按合同规定进行施工，偿还发包人已支付的全部预付金额。【2010年、2019年考过】

（8）下列担保中，担保金额在担保有效期内逐步减少的是（C）。【2011年考过】

（9）下列工程担保中，应由发包人出具的是（D）。【2016年考过】

（10）下列工程担保中，以保护承包人合法权益为目的的是（D）。【2012年考过】

2. 本考点内容较多，采分点也较多，考核频次非常高，上述题目主要是对担保种类及作用的考查。那么其他采分点会怎么考呢？

考试怎么考	采分点
投标担保的形式有哪些？	银行保函、担保公司担保书、同业担保书和投标保证金担保【2014年考过】
施工投标保证金的数额要求是什么？	不得超过投标总价的 2%，但最高不得超过 80 万元人民币【2009年考过】
国际上常见的投标担保的保证金数额为多少？	2%～5%
履约担保的有效期始于什么时间？	工程开工之日【2010年、2017年考过】
履约担保的终止日期为什么时间？	可以约定为工程竣工交付之日或者保修期满之日【2017年考过】
履约担保的形式有哪些？	银行保函、履约担保书、履约保证金和同业担保【2009年、2013年、2020年考过】
银行履约保函由谁开具？	商业银行【2017年考过】
银行履约保函的金额是多少？	合同金额的 10% 左右【2017年考过】

考试怎么考	采分点
履约担保书是由谁开具？	担保公司或者保险公司
履约保证金额的大小取决于什么？	招标项目的类型与规模
预付款担保的形式有什么？	银行保函
支付担保的形式有什么？	银行保函、履约保证金和担保公司担保
支付担保的额度为工程合同总额的多少？	20%～25% 2021年根据这个数据考核了一道计算题
招标人要求中标人提供履约担保时，招标人应同时向中标人提供的担保是什么？	工程款支付担保

3. 关于保证金额度的助记：

施工投标保证金≤80万元

勘察设计投保保证金≤10万元

2%	<	10%	<	20%～25%
投标担保		预付款或履约担保		支付担保
投标人向招标人提交的		承包商向业主提交的		业主向承包人提交的

1Z206050　建设工程施工合同实施

专项突破1　施工合同分析的含义、目的和作用

项目	内容
含义	从合同执行的角度去分析、补充和解释合同的具体内容和要求，将合同目标和合同规定落实到合同实施的具体问题和具体时间上，用以指导具体工作，使合同能符合日常工程管理的需要，使工程按合同要求实施，为合同执行和控制确定依据。【2021年考过】 合同分析不同于招标投标过程中对招标文件的分析，其目的和侧重重点都不同。【2021年考过】 合同分析往往由企业的合同管理部门或项目中的合同管理人员负责【2021年考过】
目的和作用	(1) 分析合同中的漏洞，解释有争议的内容。【2010年考过】 (2) 分析合同风险，制定风险对策。【2010年、2021年考过】 (3) 合同任务分解、落实【2010年、2014年考过】

重点难点专项突破

1. 本考点一般有两种命题方式：

一是以判断正确与错误说法的综合题目考查，比如2010年、2021年考试题目。

关于合同分析及其作用的说法，正确的有( )。【2021年真题】

A. 合同分析往往由项目经理负责

B. 合同分析同招标文件分析的侧重点相同

C. 分析合同中的漏洞，解释有争议的内容

D. 合同分析要从合同执行的角度去分析

E. 合同分析的目的之一是合同任务分解、落实

【答案】C、D、E

二是对目的和作用中细节的考查，比如2014年考试题目。

在施工合同实施中，"项目经理将各种任务的责任分解，并落实到具体人员"这一活动属于( )的内容。【2014年真题】

A. 合同分析   B. 合同跟踪

C. 合同交底   D. 合同实施控制

【答案】A

2. 本考点可能会这样命题：

在合同起草和谈判过程中，双方都会力争完善，但仍然难免会有所疏漏，可以通过( )，找出漏洞，可以作为履行合同的依据。

A. 合同分析   B. 合同跟踪

C. 合同交底   D. 合同实施控制

【答案】A

专项突破2　建设工程施工合同分析的内容

例题：施工合同分析中，对工程师权限和责任分析属于( )分析的内容。

A. 合同法律基础   B. 承包人主要任务

C. 发包人责任   D. 合同价格

E. 施工工期   F. 违约责任

G. 验收、移交和保险   H. 索赔程序和争议解决方式

【答案】C

重点难点专项突破

1. 本考点还可以考核的题目有：

(1) 施工合同分析中，对工程量计量程序，工程款结算方法和程序分析属于(D)分析的内容。

(2) 施工合同分析中，由于管理上的疏忽造成对方人员和财产损失的赔偿条款分析属于(F)分析的内容。

(3) 在合同分析中，对重要的验收要求、时间、程序以及验收所带来的法律后果

作说明，属于（G）分析的内容。

2. 本考点在 2010 年、2011 年、2012 年、2014 年、2015 年、2018 年、2020 年均有考查，考生应重点掌握的内容为承包人的义务【2020 年考过】、发包人的责任、验收、移交和保修的相关要点。考试时可能会就某一句话单独成题，也会以判断正确与措施说法的综合题目考核。

3. 本考点可能会这样命题：

（1）关于承包人施工合同分析内容的说法，正确的是（　　）。【2020 年真题】

A. 应明确承包人的合同标的

B. 分析工程变更补偿范围，通常以合同金额的一定百分比表示，百分比值越大，承包人的风险越小

C. 合同实施中，承包人必须无条件执行工程师指令的变更

D. 分析索赔条款，索赔有效期越短，对承包人越有利

【答案】A

（2）在建设工程施工合同分析时，关于承包人任务的说法，正确的是（　　）。【2013 年真题】

A. 应明确承包人的合同标的

B. 工程变更补偿范围以合同金额的一定百分比表示时，百分比值越大，承包人的风险越小

C. 合同实施中，对工程师指令的变更，承包人必须无条件执行

D. 工程变更的索赔有效期越短，对承包人越有利

【答案】A

专项突破 3　施 工 合 同 交 底

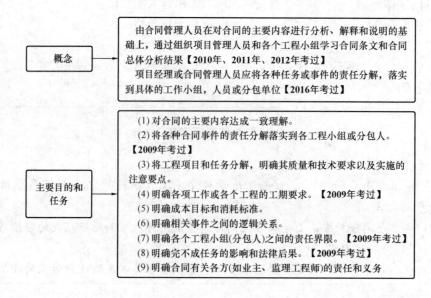

概念	由合同管理人员在对合同的主要内容进行分析、解释和说明的基础上，通过组织项目管理人员和各个工程小组学习合同条文和合同总体分析结果【2010 年、2011 年、2012 年考过】 项目经理或合同管理人员应将各种任务或事件的责任分解，落实到具体的工作小组，人员或分包单位【2016 年考过】
主要目的和任务	（1）对合同的主要内容达成一致理解。 （2）将各种合同事件的责任分解落实到各工程小组或分包人。【2009 年考过】 （3）将工程项目和任务分解，明确其质量和技术要求以及实施的注意要点。 （4）明确各项工作或各个工程的工期要求。【2009 年考过】 （5）明确成本目标和消耗标准。 （6）明确相关事件之间的逻辑关系。 （7）明确各个工程小组（分包人）之间的责任界限。【2009 年考过】 （8）明确完不成任务的影响和法律后果。【2009 年考过】 （9）明确合同有关各方（如业主、监理工程师）的责任和义务

1. 施工合同交底的概念在历年考试中都是以单项选择题考查的。

2. 合同交底的目的和任务考核的话一般会是多项选择题。

3. 本考点可能会这样命题：

(1) 在进行合同分析以后，应由(　　)作"合同交底"。【2012年真题】

A. 各层次管理者向合同管理人员

B. 合同管理人员向劳务作业人员

C. 项目经理向合同管理人员

D. 合同管理人员向各层次管理者

【答案】D

(2) 施工合同交底的目的和任务包括(　　)。

A. 将各种合同事件的责任分解落实到各工程小组或分包人

B. 分析合同中的漏洞

C. 明确各项工作或各个工程的工期要求

D. 分析合同风险，制定风险对策

E. 明确各个工程小组（分包人）之间的责任界限

【答案】A、C、E

专项突破4　施 工 合 同 跟 踪

例题：下列工程任务或工作中，可作为施工合同跟踪对象的有(　　)。

A. 工程施工的质量　　　　　　　　　B. 工程进度

C. 工程数量　　　　　　　　　　　　D. 成本的增加和减少

E. 工程小组的工程和工作　　　　　　F. 分包人的工程和工作

G. 业主对工程施工实施条件的提供　　H. 业主和工程师的指令、答复和确认

I. 工程款项的支付

【答案】A、B、C、D、E、F、G、H、I

1. 本考点还可以考核的题目有：

(1) 下列工程任务或工作中，属于对承包人跟踪的有（A、B、C、D）。

(2) 下列工程任务或工作中，属于对业主及其委托工程师跟踪的有（G、H、I）。

【2016年考过】

2. 本考点内容不多，属于记忆型考点。合同跟踪的依据属于多项选择题考点，包括合同以及依据合同而编制的各种计划文件；各种实际工程文件如原始记录、报表、验收报告；管理人员对现场情况的直观了解。

3. 对专业分包人的工作和负责的工程,总承包商负有协调和管理的责任,并承担由此造成的损失,所以专业分包人的工作和负责的工程必须纳入总承包工程的计划和控制中。

专项突破5 合同实施偏差分析及处理

例题:下列合同实施偏差的调整措施中,属于组织措施的有( )。【2021年考过】

A. 增加人员投入【2013年考过】

B. 调整人员安排

C. 调整工作流程【2017年、2021年考过】

D. 调整工作计划【2019年考过】

E. 变更技术方案【2013年、2017年、2021年考过】

F. 采用新的高效率的施工方案

G. 增加资金投入【2013年、2019年、2021年考过】

H. 采取经济激励措施

I. 合同变更【2013年考过】

J. 签订附加协议【2021年考过】

K. 采取索赔手段【2017年、2019年考过】

【答案】A、B、C、D

重点难点专项突破

1. 本考点还可以考核的题目有:

(1) 下列合同实施偏差的调整措施中,属于技术措施的有(E、F)。

(2) 下列合同实施偏差的调整措施中,属于经济措施的有(G、H)。

(3) 下列合同实施偏差的调整措施中,属于合同措施的有(I、J、K)。

2. 合同实施的偏差分析包括三个方面,可能会这样考查:

下列工作内容中,属于合同实施偏差分析的有( )。

A. 产生偏差的原因分析　　　　B. 实施偏差的费用分析

C. 实施偏差的责任分析　　　　D. 合同实施趋势分析

E. 合同终止的原因分析

【答案】A、C、D

3. 合同实施偏差的调整措施包括组织措施、技术措施、经济措施、合同措施。这也是采分点,2019年考核了一道多项选择题。

4. 本考点另外一种命题方式是:在题干中给出所采取的措施,判断属于哪类措施?

专项突破6 工程变更管理

项目		内容
变更范围		根据《建设工程施工合同（示范文本）》GF—2017—0201规定，除专用合同条款另有约定外，合同履行过程中发生以下情形的，应按照本条约定进行变更： （1）取消合同中任何一项工作，但被取消的工作不能转由发包人或其他人实施。 （2）改变合同中任何一项工作的质量或其他特性。 （3）改变合同工程的基线、标高、位置或尺寸。 （4）改变合同中任何一项工作的施工时间或改变已批准的施工工艺或顺序。 （5）为完成工程需要追加的额外工作
变更的程序	变更的提出	承包商、业主方、设计方都可以根据需要提出工程变更【2011年考过】
	工程变更的批准	承包商提出的工程变更，应该交予工程师审查并批准【2018年考过】；由设计方提出的工程变更应该与业主协商或经业主审查并批准；由业主方提出的工程变更，涉及设计修改的应该与设计单位协商，并一般通过工程师发出
	工程变更指令的发出及执行	根据工程惯例，除非工程师明显超越合同权限，承包人应该无条件地执行工程变更的指示。即使工程变更价款没有确定，或者承包人对工程师答应给予付款的金额不满意，承包人也必须一边进行变更工作，一边根据合同寻求解决办法【2018年考过】
	工程变更的责任分析与补偿要求	（1）由于业主要求、政府部门要求、环境变化、不可抗力、原设计错误等导致的设计修改，应该由业主承担责任。由此所造成的施工方案的变更以及工期的延长和费用的增加应该向业主索赔。【2014年、2018年、2020年考过】 （2）由于承包人的施工过程、施工方案出现错误、疏忽而导致设计的修改，应该由承包人承担责任。 （3）施工方案变更要经过工程师的批准，不论这种变更是否会对业主带来好处（如工期缩短、节约费用）。 由于承包人的施工过程、施工方案本身的缺陷而导致了施工方案的变更，由此所引起的费用增加和工期延长应该由承包人承担责任。 业主向承包人授标前（或签订合同前），可以要求承包人对施工方案进行补充、修改或作出说明，以便符合业主的要求【2010年考过】

重点难点专项突破

1. 关于变更的范围可以这样记：

一取消——取消一项工作，但被他人实施。

一追加——追加额外工作。

三改变——改变质量、特性、基线、标高、位置、尺寸、时间、工艺顺序。

2. 复习过程中，应注意不同主体导致的变更，责任由哪一方来承担。历年在此考查的频次较高。

3. 本考点可能会这样命题：

（1）根据《建设工程施工合同（示范文本）》GF—2017—0201，合同履行中可以进行工程变更的情形有(   )。

A. 改变合同中某项工作的施工时间

B. 为完成工程追加的额外工作

C. 改变合同中某项工作的质量标准

D. 取消合同中的某项工作，转由发包人实施

E. 改变合同工程的标高

【答案】A、B、C、E

（2）下列工程施工变更情形中，由业主承担责任的有(   )。

A. 不可抗力导致的设计修改

B. 环境变化导致的设计修改

C. 原设计失误导致的设计修改

D. 政府部门要求导致的设计修改

E. 施工方案出现错误导致的设计修改

【答案】A、B、C、D

专项突破 7　施工分包管理的内容

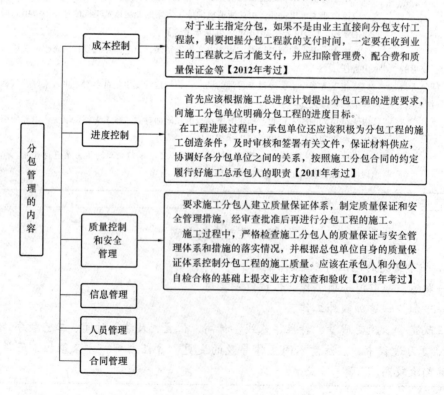

1. 从历年考试情况来看，本考点考核力度不大，在近几年的考试中都没有考查，掌握上述内容即可。

2. 本考点可能会这样命题：

(1) 对于业主指定分包，如果不是由业主直接向分包支付工程款，承包商一定要在( )才能支付，并应扣除管理费、配合费和质量保证金等。

A. 分包合同约定的付款时间

B. 承包商收到业主工程款之后

C. 业主向承包人支付工程款之前14d

D. 业主向承包人支付工程款之前7d

【答案】B

(2) 关于对施工分包单位进行管理的说法，正确的有( )。

A. 总承包单位要积极为分包工程的施工创造条件，协调好各分包单位之间的关系

B. 对业主指定分包单位进行管理的第一责任主体是业主

C. 在工程进展过程中，承包单位应协调好各分包单位之间的关系，按照施工分包合同的约定履行好施工总承包人的职责

D. 在分包工程施工前，要求施工分包人建立质量保证体系，制定质量保证和安全管理措施

E. 分包工程在分包人自检合格的基础上可以直接提请业主或监理工程师验收

【答案】A、C、D

专项突破8 施工合同履行过程中的诚信自律

例题：建设行政主管部门市场诚信信息平台上良好行为记录信息的公布期限一般为( )。【2014年、2020年真题题干】

A. 3个月　　　　　　　　　　B. 7个月

C. 6个月至3年　　　　　　　D. 3年

【答案】D

1. 本考点还可以考核的题目有：

(1) 根据《建筑市场诚信行为信息管理办法》，不良行为记录信息公布期限最短不得少于（A）个月。【2021年真题题干】

(2) 不良行为记录信息的公布时间为行政处罚决定作出后（B）内。【2015年考过】

（3）根据《建筑市场诚信行为信息管理办法》（建市〔2007〕9号），不良行为记录信息公布期限一般为（C）。【2011年真题题干】

2. 本考点内容不多，考生应掌握上述题目中的数字，切忌混淆。

3. 诚信行为记录由各省、自治区、直辖市建设行政主管部门在当地建筑市场诚信信息平台上统一公布。省、自治区和直辖市建设行政主管部门负责审查整改结果。对于拒不整改或整改不力的单位，信息发布部门可延长其不良行为记录信息公布期限。【2018年考过】

1Z206060 建 设 工 程 索 赔

专项突破 1 索 赔 的 分 类

项目	内容
业主向承包商提出索赔	承包商未按合同要求实施工程，发生下列损害业主权益或违约的情况时，业主可索赔费用和（或）利润： （1）工程进度太慢，要求承包商赶工时，可索赔工程师的加班费。【2021年考过】 （2）合同工期已到而工程仍未完工，可索赔误期损害赔偿费。【2021年考过】 （3）质量不满足合同要求，如不按照工程师的指示拆除不合格工程和材料，不进行返工或不按照工程师的指示在缺陷责任期内修复缺陷，则业主可找另一家公司完成此类工作，并向承包商索赔成本及利润。【2021年考过】 （4）质量不满足合同要求，工程被拒绝接收，在承包商自费修复后，业主可索赔重新检验费。 （5）未按合同要求办理保险，业主可前去办理并扣除或索赔相应的费用。【2021年考过】 （6）由于合同变更或其他原因造成工程施工的性质、范围或进度计划等方面发生变化，承包商未按合同要求去及时办理保险，由此造成的损失或损害可向承包商索赔。 （7）未按合同要求采取合理措施，造成运输道路、桥梁等的破坏。 （8）未按合同条件要求，无故不向分包商付款。【2021年考过】 （9）严重违背合同（如工程进度一拖再拖，质量经常不合格等），工程师一再警告而没有明显改进时，业主可没收履约保函
承包商向业主提出索赔	（1）因为发包人未按合同要求提供施工条件，或者发包人指令工程暂停或不可抗力事件等原因造成工期拖延的。【2020年考过】 （2）由于发包人或工程师指令承包人加快施工进度，缩短工期，引起承包人的人力、物力、财力的额外开支。 （3）发包人或工程师指令增加或减少工程量或增加附加工程、修改设计、变更施工顺序等，造成工期延长和费用增加。【2009年、2020年考过】 （4）发包人违约或发生了不可抗力事件等造成工程非正常终止，承包人受经济损失。 （5）施工期间在现场遇到一个有经验的承包商通常不能预见的外界障碍或条件。【2009年、2021年考过】 （6）货币贬值和严重经济失调，导致承包人实际费用的增加。【2009年考过】 （7）施工过程中，工程师有权下令暂停全部或任何部分工程，只要这种暂停命令并非承包人违约或其他意外风险造成的，承包人不仅可以得到要求工期延长的权利，而且可以就其停工损失获得合理的额外费用补偿【2017年考过】

重点难点专项突破

1. 索赔可按有关当事人、索赔目的和要求、索赔事件的性质分类，具体掌握按索赔时间的性质分类，包括：工程延期索赔、工程加速索赔、工程变更索赔、工程终止索赔、不可抗力事件引起的索赔、承包商向业主的索赔、业主向承包商索赔。

2. 本考点可能会这样命题：

(1) 下列索赔类型中，属于按索赔事件性质分类的是（　　）。

A. 工期索赔

B. 费用索赔

C. 工程延期索赔

D. 承包人与分包人之间的索赔

【答案】C

(2) 下列影响工程进度因素中，属于承包人可以要求合理延长工期的有（　　）。【2020 年真题】

A. 业主在工程实施中增减工程量对工期产生不利影响

B. 业主在工程实施中改变工程设计对工期产生不利影响

C. 因进场材料不合格而对工期产生不利影响

D. 因施工操作工艺不规范而对工期产生不利影响

E. 突发的极端恶劣的气候对工期产生不利影响

【答案】A、B、E

(3) 若承包商未按合同要求实施工程，关于业主向承包商索赔的说法，正确的有（　　）。【2021 年真题】

A. 质量不满足要求，业主另找公司完成的，只可向承包商索赔成本

B. 合同工期已到而工程仍未完工，可索赔误期损害赔偿费

C. 未按合同要求办理保险，业主可前去办理并索赔相应的费用

D. 工程进度太慢，要求承包商赶工时，可索赔业主方工程师的加班费

E. 未按合同条件要求，无故不向分包人付款，业主无权进行索赔

【答案】B、C、D

专项突破 2　索赔成立的条件

项目	内容
构成施工项目索赔条件的事件	(1) 发包人违反合同给承包人造成时间、费用的损失。 (2) 因工程变更造成的时间、费用损失。 (3) 由于监理工程师对合同文件的歧义解释、技术资料不确切，或由于不可抗力导致施工条件的改变，造成了时间、费用的增加。 (4) 发包人提出提前完成项目或缩短工期而造成承包人的费用增加。 (5) 发包人延误支付期限造成承包人的损失。 (6) 合同规定以外的项目进行检验，且检验合格，或非承包人的原因导致项目缺陷的修复所发生的损失或费用。 (7) 非承包人的原因导致工程暂时停工。 (8) 物价上涨，法规变化及其他

项目	内容
索赔成立的前提条件 【2013 年、2018 年、 2020 年考过】	（1）与合同对照，事件已造成了承包人工程项目成本的额外支出或直接工期损失。 （2）造成费用增加或工期损失的原因，按合同约定不属于承包人的行为责任或风险责任。 （3）承包人按合同规定的程序和时间提交索赔意向通知和索赔报告

重点难点专项突破

1. 索赔事件又称为干扰事件，是指那些使实际情况与合同规定不符合，最终引起工期和费用变化的各类事件。可能会考查单项选择题。

2. 索赔成立的三个前提条件必须同时具备。

3. 本考点可能会这样命题：

（1）承包商可以向业主提起索赔的情形是（　　）。

A. 监理工程师提出的工程变更造成费用的增加

B. 承包商为确保质量而增加的措施费

C. 分包商因返工造成费用增加、工期顺延

D. 承包商自行采购材料的质量有问题造成费用增加、工期顺延

【答案】A

（2）建设工程索赔成立应当同时具备的条件有（　　）。

A. 与合同对照，事件已经造成承包人项目成本的额外支出

B. 造成费用增加的原因，按合同约定不属于承包人的行为责任

C. 造成的费用增加数额已得到第三方核认

D. 承包人按合同规定的程序、时间提交索赔意向通知书和索赔报告

E. 发包人按合同规定的时间回复索赔报告

【答案】A、B、D

专项突破 3　索 赔 的 程 序

例题：工程施工过程中发生索赔事件以后，承包人首先要做的工作是提出（　　）。【2011 年、2013 年考过】

A. 索赔意向通知书　　　　　　　　B. 中间索赔报告

C. 索赔通知书　　　　　　　　　　D. 最终索赔报告

【答案】A

重点难点专项突破

1. 本考点还可以考核的题目有：

（1）根据《建设工程施工合同（示范文本）》GF—2017—0201，承包人应在知道或应当知道索赔事件发生后 28d 内，向监理人发出（A）。

（2）根据《建设工程施工合同（示范文本）》GF—2017—0201，如果干扰事件对建设工程的影响持续时间长，承包人应按监理工程师要求的合理间隔提交（B）。

（3）根据《建设工程施工合同（示范文本）》GF—2017—0201，承包人必须在发出索赔意向通知后的28d内或经过工程师同意的其他合理时间内向工程师提交（C）。

（4）根据《建设工程施工合同（示范文本）》GF—2017—0201，在干扰事件影响结束后的28d内提交（D）。

2. 承包人向发包人索赔的一般程序是：索赔意向通知→索赔资料的准备→索赔文件的提交→索赔文件的审核→发包人审查→协商。对该采分点的考核比较简单，下面来看看本考点中的其他采分点会怎么考呢？

考试怎么考	采分点
索赔文件的主要内容包括什么？	总述部分、论证部分、索赔款项（或工期）计算部分、证据部分
对于承包人向发包人的索赔请求，索赔文件应该交由谁审核？	工程师

专项突破 4　索 赔 费 用 计 算

例题：某建设工程项目在施工中发生下列人工费：完成业主要求的合同外工作花费 3 万元；由于业主原因导致工效降低，使人工费增加 3 万元；施工机械故障造成人员窝工损失 1 万元。则施工单位可向业主索赔的合理人工费为（　　）万元。**【2019 年真题题干】**

A. 3　　　　　　　B. 4　　　　　　　C. 6　　　　　　　D. 7

【答案】

重点难点专项突破

1. 首先来学习索赔费用的组成内容，通过下表来理解：

费用组成	内容
人工费	（1）完成合同之外的额外工作所花费的人工费用。【2019 年考过】 （2）非承包人责任的工效降低所增加的人工费用。【2019 年考过】 （3）超过法定工作时间加班劳动。【2019 年考过】 （4）法定人工费增长。【2019 年考过】 （5）非承包人责任工程延期导致的人员窝工费和工资上涨费
材料费	（1）材料实际用量超过计划用量而增加的材料费。【2011 年考过】 （2）由于客观原因材料价格大幅度上涨。【2011 年考过】 （3）由于非承包人责任工程延期导致的材料价格上涨和超期储存费用【2011 年考过】

费用组成	内容
设备费	(1) 当工作内容增加引起设备费索赔时，设备费的标准按照机械台班费计算。 (2) 因窝工引起的设备费索赔，当施工机械属于施工企业自有时，按照机械折旧费计算索赔费用。 (3) 当施工机械是施工企业从外部租赁时，索赔费用的标准按照设备租赁费计算
施工机械使用费	(1) 完成额外工作增加的机械使用费。【2017 年考过】 (2) 非承包人责任工效降低增加的机械使用费。【2017 年考过】 (3) 由于业主或监理工程师原因导致机械停工的窝工费。【2017 年考过】 租赁设备，一般按实际租金和调进调出费的分摊计算；承包人自有设备，一般按台班折旧费计算【2013 年考过】
分包费用	一般也包括人工、材料、机械使用费的索赔
现场管理费	包括管理人员工资、办公、通信、交通费
利息	(1) 按当时的银行贷款利率。 (2) 按当时的银行透支利率。 (3) 按合同双方协议的利率。 (4) 按中央银行贴现率加三个百分点
总部（企业）管理费	(1) 按照投标书中总部管理费的比例（3%～8%）计算： 总部管理费＝合同中总部管理费比率（%）×（直接费索赔款额 　　　　　　　＋现场管理费索赔款额等） (2) 按照公司总部统一规定的管理费比率计算： 总部管理费＝公司管理费比率（%）×（直接费索赔款额 　　　　　　　＋现场管理费索赔款额等） (3) 以工程延期的总天数为基础，计算总部管理费的索赔额，计算步骤如下： 对某一工程提取的管理费＝同期内公司的总管理费×$\dfrac{该工程的合同额}{同期内公司的总合同额}$ 该工程的每日管理费＝$\dfrac{该工程向总部上缴的管理费}{合同实施天数}$ 索赔的总部管理费＝该工程的每日管理费×工程延期的天数
利润	由于工程范围的变更、文件有缺陷或技术性错误、业主未能提供现场等引起的索赔，承包人可以列入利润【2010 年考过】
迟延付款利息	发包人未按约定时间进行付款的，应按约定利率支付迟延付款的利息

命题总结：

（1）关于人工费、材料费、机具使用费索赔费用在 2011 年、2017 年、2019 年分别以多项选择题进行了考核，可以这样命题："在建设工程项目施工索赔中，可索赔的合理人工费/材料费/施工机具使用费包括（　　）。"

（2）计算题目的考核，一般会考核人工费、施工机具使用费的索赔费用以及总部管理费的索赔。

2. 掌握了上面知识点，再来看上述例题的解题过程：

人工费补偿不包括施工机械故障造成人员窝工损失1万元，故可向业主索赔的合理人工费为3＋3＝6万元。

3. 本考点还会考核哪些计算题目呢？

（1）某工程因为发包人原因造成承包人自有施工机械窝工10d，该机械市场租赁费为1200元/d，进出场费2000元，台班费400元/台班，其中台班折旧费160元/台班，计划每天工作1台班，共使用40d，则承包人索赔成立的费用是（　　）元。【2016年真题】

A. 4000　　　　　　B. 1600　　　　　　C. 12000　　　　　　D. 12500

【答案】B

【解析】承包人自有设备，一般按台班折旧费计算，而不能按台班费计算，因台班费中包括了设备使用费。所以索赔成立的费用＝160×1×10＝1600元。

（2）某国际工程合同额为5000万元人民币，合同实施天数为300d；由国内某承包商总承包施工，该承包商同期总合同额为5亿人民币，同期内公司的总管理费为1500万元；因为业主修改设计，承包商要求工期延期30d。该工程项目部在施工索赔中总部管理费的索赔额是（　　）万元。【2015年真题】

A. 50　　　　　　B. 15　　　　　　C. 12　　　　　　D. 10

【答案】B

【解析】以工程延期的总天数为基础，计算总部管理费的索赔额，计算步骤如下：

对某一工程提取得管理费＝1500×5000/50000＝150万元。

该工程的每日管理费＝150/300＝0.5万元/d。

索赔的总部管理费＝0.5×30＝15万元。

4. 最后还要掌握一个采分点——索赔费用的三个主要计算方法。

（1）实际费用法：最常用的一种方法。【2018年考过】

（2）总费用法。

（3）修正的总费用法。

专项突破5　工　期　延　误

例题： 某工程的时标网络计划如下图所示，下列工期延误事件中，属于共同延误的是（　　）。

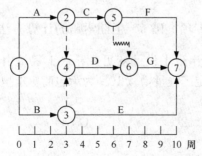

A. 工作 A 因发包人原因和工作 B 因承包人原因各延误 2 周

B. 工作 C 因发包人原因和工作 G 因承包人原因各延误 2 周

C. 工作 D 因发包人原因和工作 F 因承包人原因各延误 2 周

D. 工作 E 因发包人原因和工作 F 因承包人原因各延误 2 周

【答案】A

重点难点专项突破

1. 首先要掌握一个概念，什么是工期延误。

工期延误，又称为工程延误或进度延误，是指工程实施过程中任何一项或多项工作的实际完成日期迟于计划规定的完成日期，从而可能导致整个合同工期的延长。

2. 工期延误的分类有 4 种，重点掌握两种：

(1) 按延误工作在工程网络计划的线路划分：关键线路延误和非关键线路延误。

类型	分析	
关键线路延误	非承包商原因造成关键线路延误都是可索赔延误	
非关键线路延误	否超过总时差	延误＞总时差：可索赔延误。
		延误≤总时差：不予给予工期顺延，但可能给予费用补偿【2009 年考过】

(2) 按照延误事件之间的关联性划分【2014 年考过】

类型	分析
单一延误	在某一延误事件从发生到终止的时间间隔内，没有其他延误事件的发生
共同延误	当两个或两个以上的延误事件从发生到终止的时间完全相同时，这些事件引起的延误称为共同延误。 这里要特别注意：当业主引起的延误或双方不可控制因素引起的延误与承包商引起的延误共同发生时，即可索赔延误与不可索赔延误同时发生时，可索赔延误就将变成不可索赔延误，这是工程索赔的惯例之一
交叉延误	当两个或两个以上的延误事件从发生到终止只有部分时间重合时，称为交叉延误

3. 学习了上面知识点，再来返回来看例题，根据共同延误的定义，只有 A 项是符合的。工期延误事件与网络图结合考核，题目很是新颖，但是没有难度，只要掌握了共同延误的定义和网络图中工作之间的逻辑关系，就能解答。

专项突破 6　工期索赔的计算方法

例题：某防水工程施工出现了设计变更，导致工程量由 1600m² 增加到了 2400m²，原定施工工期 60d。合同约定工程量增减 10% 为承包商应承担的风险，则承包商可索赔工期(　　)d。【2021 年真题】

A. 60　　　　　　　　B. 12　　　　　　　　C. 30　　　　　　　　D. 24

【答案】D

工期索赔的计算方法包括直接法、比例分析法、网络分析法。在2014年、2015年、2017年、2018年、2019年、2020年、2021年考核的都是比例分析计算工期索赔值。可以采用两种方法：

(1) 按工程量的比例进行分析：工期索赔值＝原工期×新增工程量/原工程量。【2014年、2018年、2021年考过】

上述例题按照工程量比例计算，工期索赔值＝60×[2400－1600×(1＋10%)/1600]＝24d。

(2) 按造价的比例进行分析：工期索赔值＝原合同工期×附加或新增工程造价/原合同总价。【2015年、2017年、2019年、2020年考过】

某基础工程合同价为3000万元，合同总工期为30个月，施工过程中因设计变更，导致增加额外工程600万元，业主同意工期顺延。根据比例分析法，承包商可索赔工期( )个月。【2020年真题】

A. 3   B. 4   C. 8   D. 6

【答案】D

1Z206070   国际建设工程施工承包合同

专项突破1   FIDIC系列合同条件

例题：FIDIC系列合同条件中，采用固定总价方式计价、只有在出现某些特定风险时才能调整价格的合同是( )。【2009年、2014年、2015年考过】

A. 施工合同条件

B. 永久设备和设计—建造合同条件

C.EPC交钥匙项目合同条件

D. 简明合同格式

【答案】C

1. 本考点还可以考核的题目有：

(1) FIDIC系列合同条件中，(A) 主要用于由发包人设计的或由咨询工程师设计的房屋建筑工程和土木工程的施工项目。【2013年考过】

(2) FIDIC系列合同条件中，合同计价方式属于单价合同，但也有某些子项采用包干价格，工程款按实际完成工程量乘以单价进行结算，一般情况下，单价可随各类物价的波动而调整的合同是 (A)。【2013年、2021年考过】

（3）FIDIC系列合同条件中，适用于由承包商做绝大部分设计的工程项目，承包商要按照业主的要求进行设计、提供设备以及建造其他工程的合同是（B）。

（4）FIDIC系列合同条件中，合同计价采用总价合同方式，如果发生法规规定的变化或物价波动，合同价格可随之调整的合同是（B）。【2018年考过】

（5）FIDIC系列合同条件中，（C）适用于在交钥匙的基础上进行的工程项目的设计和施工，承包商要负责所有的设计、采购和建造工作，在交钥匙时，要提供一个设施配备完整、可以投产运行的项目。

（6）FIDIC系列合同条件中，（D）主要适用于投资额较低的一般不需要分包的建筑工程或设施，或尽管投资额较高，但工作内容简单、重复，或建设周期短。

（7）FIDIC系列合同条件中，合同计价可以采用单价合同、总价合同或者其他方式的合同是（D）。

2. FIDIC标准合同主要适用于世界银行、亚洲开发银行等国际金融机构贷款项目以及其他国际工程，是我国工程界最为熟悉的国际标准合同条件。考生要掌握上述题目，还会考查判断正确与错误说法的题目。一般会这样命题："关于FIDIC《永久设备和设计—建造合同条件》的说法，正确的是（　　）。【2018年真题题干】"

专项突破2　美国AIA系列合同条件

例题： 美国建造师学会（AIA）合同文件中，A系列的合同类型主要是用于（　　）。【2017年真题题干】

A. 业主与承包人之间

B. 业主与建筑师之间

C. 建筑师与提供专业服务的咨询机构之间

D. 建筑师行业

E. 财务管理报表

F. 合同和办公管理中使用的文件和表格

G. 国际工程项目

【答案】A

1. 本考点还可以考核的题目有：

(1) 美国建造师学会（AIA）合同文件中，B 系列是关于（B）的合同文件。

(2) 美国建造师学会（AIA）合同文件中，C 系列是关于（C）的合同文件。

(3) 美国建造师学会（AIA）合同文件中，D 系列是（D）所用的有关文件。

(4) 美国建造师学会（AIA）合同文件中，F 系列是（E）。

(5) 美国建造师学会（AIA）合同文件中，G 系列是（F）。

(6) 美国建造师学会（AIA）合同文件中，INT 系列用于（G）的合同文件。

2. AIA 合同条件主要用于私营的房屋建筑工程，在美洲地区具有较高的权威性，应用广泛。AIA 合同文件分为 A、B、C、D、F、G、INT 系列。每个系列又有不同的标准合同文件。本考点主要掌握各系列属于什么合同文件就可以了。

专项突破 3　施工承包合同争议的解决方式

例题：在解决国际工程承包合同争议的时候，最常用、最有效、也是应该首选的方式是（　　）。【2009 年、2012 年、2014 年、2017 年、2018 年、2020 年考过】

A. 协商解决　　　　　　　　　　B. 调解

C. 仲裁　　　　　　　　　　　　D. 诉讼

E. DAB　　　　　　　　　　　　F. DRB

【答案】A

1. 本考点还可以考核的题目有：

(1) 在许多国际工程承包合同中，合同双方往往愿意采用（E、F）方式解决争议。

(2) 在 FIDIC 合同中采用的是（E）方式解决争议。

(3) 国际工程承包合同的争议，尤其是较大规模项目的施工承包合同争议，双方很少采用（D）方式解决。

2. 调解、仲裁、DAB 方式的特点考生可通过下表对比记忆。

调解	仲裁	DAB
(1) 提出调解，能较好地表达双方对协商谈判结果的不满意和争取解决争议的决心。 (2) 由于调解人的介入，增加了解决争议的公正性，双方都会顾及声誉和影响，容易接受调解人的劝说和意见。 (3) 程序简单，灵活性较大，调解不成，不影响采取其他解决途径。 (4) 节约时间、精力和费用。 (5) 双方关系仍比较友好，不伤感情	(1) 仲裁程序效率高，周期短，费用少。【2010 年考过】 (2) 保密性。【2010 年考过】 (3) 专业化。 在我国，仲裁实行一裁终局制【2018 年考过】	(1) DAB 委员可以在项目开始时就介入项目，了解项目管理情况及其存在的问题。【2012 年考过】 (2) DAB 委员公正性、中立性的规定通常情况下可以保证他们的决定不带有任何主观倾向或偏见。DAB 的委员有较高的业务素质和实践经验，特别是具有项目施工方面的丰富经验。 (3) 周期短，可以及时解决争议。【2012 年考过】 (4) DAB 的费用较低。【2012 年考过】 (5) DAB 委员是发包人和承包人自己选择的，其裁决意见容易为他们所接受。 (6) 由于 DAB 提出的裁决不是强制性的，不具有终局性，合同双方或一方对裁决不满意，仍然可以提请仲裁或诉讼【2016 年考过】

3. 最后再了解下 DAB 的任命。

DAB 的成员一般为工程技术和管理方面的专家【**2010 年、2016 年、2019 年考过**】，其任命通常有以下三种方式。

常任争端裁决委员会	→	在施工前任命一个委员会，通常在施工过程中定期视察现场。在视察期间，DAB 也可以协助双方避免发生争端
特聘争端裁决委员会	→	由只在发生争端时任命的一名或三名成员组成，他们的任期通常在 DAB 对该争端发出其最终决定时期满【2013年考过】
工程师兼任	→	工程师是具有必要经验和资源的独立专业咨询工程师

1Z207000　建设工程项目信息管理

1Z207010　建设工程项目信息管理的目的和任务

专项突破　项目信息管理的目的和任务

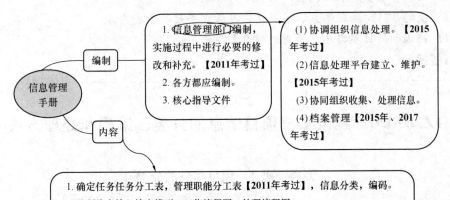

信息管理手册

编制
1. 信息管理部门编制，实施过程中进行必要的修改和补充。【2011年考过】
2. 各方都应编制。
3. 核心指导文件

(1) 协调组织信息处理。【2015年考过】
(2) 信息处理平台建立、维护。【2015年考过】
(3) 协同组织收集、处理信息。
(4) 档案管理【2015年、2017年考过】

内容
1. 确定任务任务分工表，管理职能分工表【2011年考过】，信息分类，编码。
2. 绘制信息输入输出模型，工作流程图，处理流程图。
3. 确定处理平台，报表格式和周期，进展报告内容、编制原则和方法，档案管理制度【2011年考过】，保密制度

重点难点专项突破

1. 本考点中需要掌握几个概念。

信息——用口头的方式、书面的方式或电子的方式传输（传达、传递）的知识、新闻，或可靠的或不可靠的情报。

信息管理——信息传输的合理的组织和控制。信息管理核心的手段是基于互联网的信息处理平台。【2013年考过】

项目的信息管理——通过对各个系统、各项工作和各种数据的管理，使项目的信息能方便和有效地获取、存储、存档、处理和交流。

> 项目的信息管理的目的：在通过有效的项目信息传输的组织和控制为项目建设的增值服务。【2009年考过】

建设工程项目的信息——包括在项目决策过程、实施过程（设计准备、设计、施工和物资采购过程等）和运行过程中产生的信息，以及其他与项目建设有关的信息。

1Z207020　建设工程项目信息的分类、编码和处理方法

专项突破 1　项目信息的分类

例题：下列建设工程项目信息中，属于技术类信息的有(　　)。【2012 年、2021 年真题题干】

A. 编码信息【2010 年、2015 年考过】

B. 单位组织信息【2015 年考过】

C. 项目组织信息【2015 年考过】

D. 项目管理组织信息

E. 进度控制信息【2021 年考过】

F. 合同管理信息【2010 年、2015 年考过】

G. 风险管理信息【2020 年考过】

H. 安全管理信息

I. 投资控制信息【2021 年考过】

J. 工作量控制信息【2010 年、2020 年、2021 年考过】

K. 前期技术信息【2010 年考过】

L. 设计技术信息

M. 质量控制信息【2019 年、2020 年、2021 年考过】

N. 材料设备技术信息

O. 施工技术信息

P. 竣工验收技术信息

【答案】K、L、M、N、O、P

240

1. 本考点还可以考核的题目有:

(1) 下列建设工程项目信息中,属于组织类信息的有 (A、B、C、D)。

(2) 下列建设工程项目信息中,属于管理类信息的有 (E、F、G、H)。

(3) 下列建设工程项目信息中,属于经济类信息的有 (I、J)。【2020 年考过】

2. 建设工程项目的信息可以从不同的角度进行分类,可以按项目管理工作的对象、按项目实施的工作过程、按项目管理工作的任务、按信息的内容属性分类。考生掌握按信息内容属性的分类即可。

3. 在记忆组织类信息、管理类信息、经济类信息、技术类信息时,要注意工作量控制信息属于经济类信息,不要看到是工作量控制就选择管理类或者技术类;另外还要注意质量控制信息,它是技术类信息,可能会被认为是管理类信息。

4. 从历年考试情况来看,该考点考核有两种题型:一是例题题型;二是题干中给出具体的信息,判断属于哪一类。

专项突破 2 项目信息编码的方法

例题:工程档案编码,应根据(   )等而建立。【2013 年考过】

A. 有关工程档案的规定

B. 项目的特点

C. 项目实施单位的需求

D. 不同层次、不同深度和不同用途的进度计划工作项的需要

E. 项目的合同结构

F. 合同的分类

【答案】A、B、C

1. 本考点还可以考核的题目有:

(1) 项目的进度项编码,应综合考虑 (D) 建立统一的编码。

(2) 合同编码,应参考 (E、F),应反映合同的类型、相应的项目结构和合同签订的时间等特征。

2. 一个建设工程项目有不同类型和不同用途的信息,考生应重点掌握项目的结构编码、项目管理组织结构编码、项目实施的工作项编码、项目的投资编码、项目的进度项编码、项目进展报告和各类报表编码、合同编码、函件编码、工程档案编码的编制依据、用途。

1Z207030　建设工程管理信息化及建设工程项目管理信息系统的功能

专项突破 1　工程管理信息化

例题： 建设工程项目管理信息系统主要用于( )。【2013 年真题题干】

A. 项目的目标控制【2013 年考过】

B. 企业的人、财、物、产、供、销的管理

C. 项目各参与方信息交流、共同工作、共同使用和互动【2017 年考过】

D. 项目的技术资料管理

【答案】A

重点难点专项突破

1. 本考点还可以考核的题目有：

(1) 管理信息系统是基于数据处理设备的信息系统，主要用于 (B)。

(2) 项目信息门户可用于各类建设工程的管理，是 (C) 的管理工具。

2. 选项 D 属于干扰选项。

3. 项目信息门户是基于互联网技术为建设工程增值的重要管理工具，它既不同于项目管理信息系统，也不同于管理信息系统【2017 年考过】。考生主要掌握以下采分点：

(1) 项目信息门户可以为一个建设工程的各参与方的信息交流和共同工作服务，也可以为一个建设工程群体的管理服务。【2021 年考过】

(2) 项目信息门户实施的条件包括：组织件、教育件、软件、硬件。

(3) 项目信息门户的建立和运行的理论基础：远程合作理论。【2019 年考过】

(4) 项目信息门户的主持者：业主方或委托代表其利益的工程顾问公司。【2009 年、2010 年考过】

4. 最后还要记住一句话：工程管理信息化有利于提高建设工程项目的经济效益和社会效益，以达到为项目建设增值的目的。【2013 年考过】

专项突破 2　工程项目管理信息系统的功能

例题： 工程项目管理信息系统的成本控制功能包括( )。【2018 年真题题干】

A. 项目的估算、概算、预算、标底、合同价、投资使用计划和实际投资的数据计算和分析

B. 进行项目的估算、概算、预算、标底、合同价、投资使用计划和实际投资的动态比较，并形成各种比较报表【2018 年考过】

C. 计划资金投入和实际资金投入的比较分析

D. 根据工程的进展进行投资预测【2020 年考过】

E. 投标估算的数据计算和分析【2014 年、2016 年考过】

F. 计划施工成本

G. 计算实际成本【2016 年、2018 年考过】

H. 计划成本与实际成本的比较分析【2016 年、2018 年考过】

I. 根据工程的进展进行施工成本预测【2014 年、2016 年、2018 年、2020 年考过】

J. 计算工程网络计划的时间参数，并确定关键工作和关键路线【2014 年考过】

K. 绘制网络图和计划横道图

L. 编制资源需求量计划【2014 年、2020 年考过】

M. 进度计划执行情况的比较分析【2014 年考过】

N. 根据工程的进展进行工程进度预测

O. 合同基本数据查询【2015 年考过】

P. 合同执行情况的查询和统计分析【2015 年、2016 年、2018 年、2020 年考过】

Q. 标准合同文本查询和合同辅助起草【2015 年考过】

【答案】E、F、G、H、I

重点难点专项突破

1. 本考点还可以考核的题目有：

(1) 工程项目管理信息系统的投资控制功能包括（A、B、C、D）。

(2) 工程项目管理信息系统的进度控制功能包括（J、K、L、M、N）。【2014 年、2020 年考过】

(3) 工程项目管理信息系统的合同管理功能包括（O、P、Q）。

2. 工程项目管理信息系统是基于计算机的项目管理的信息系统，主要用于项目的目标控制。考生应能区分投资控制、成本控制、进度控制与合同管理的功能。

3. 本考点在历年考试中都是以多项选择题考核，投资控制、成本控制、进度控制与合同管理的功能会相互作为干扰选项，考核题型多是上述例题题型。